내가 토슈즈를 신은 이유

Life in Motion

내가 토슈즈를 신은 이유

미국 최고 발레단 ABT 최초의 흑인 수석 무용수 이야기

Misty Copeland

미스티 코플랜드 지음 | 이현숙 옮김

동글디자인

세상의 모든 발레리나와 무용수에게

우리의 예술은 생명력이 있다.
계속 살아 숨 쉬고, 성장하고, 더 높이 날아오르리라.

이 책에 대한 찬사

"생각지도 못한 걸작이다. 그녀의 이야기는 역경에 맞서 꿈을 좇아본 적이 있는 모두에게 영감을 주며, 그녀가 승리하는 우아함은 우리 모두에게 본보기가 된다."
—《북리스트Booklist》(특별 추천 리뷰)

"미스티 코플랜드는 매력적이며 침착하고 지적인 작가다. 절제되고 단호하며 의욕적인 그의 기질은 책에 특별한 불꽃을 불어넣는다. 이 책은 고정관념을 거부하는 비범한 이야기이며, 그녀는 자신의 우아함과 관대한 정신으로 활기를 띠며 영감을 주는 이야기를 공유한다."
—《북페이지BookPage》

"미스티 코플랜드는 헐렁한 반바지에서 레오타드로 갈아입고 하얗게 칠해진 발레계를 탐색한다."
—《도서관 저널Library Journal》

"미스티 코플랜드가 수많은 발레리나 지망생들의 롤모델인 것은 놀라운 일이 아니다."
—《댄스 스피릿 매거진Dance Spirit Magazine》

"현대 버전의 신데렐라 이야기. 이 회고록은 특히 후배 댄서들에게 영감을 줄 것이다."
―《제트 매거진JET Magazine》

"쓰라린 계시에 대한 이야기."
―《뉴욕타임스The New York Times》

"마음을 사로잡는 가슴 아픈 이야기."
―리사 조 사골라Lisa Jo Sagolla, 《캔자스시티 스타The Kansas City Star》

"이 책은 한 편의 영화와도 같다."
―《시카고 선타임스Chicago Sun-Times》

"우리가 꿈꾸는 모든 것이 될 수 있다는 미스티의 번함없는 믿음은 우리를 고무시킨다. 그녀는 많은 사람이 자신의 틀을 깨고, 열정을 따르고, 포기하지 않고, 다른 사람들을 도우면서 살아갈 수 있도록 만든다. 미스티가 벽을 허물었기에 내 두 딸은 그럴 필요가 없어졌다. 두 딸에게 미스티와 같은 롤모델이 있다는 사실이 감격스럽다."
―레이첼 로이Rachel Roy, 패션 디자이너

"생생하고 솔직한 이야기. 그녀의 회고록은 열정, 고통, 성공, 그리고 순수한 기쁨으로 가득 차 있다."
―《에보니Ebony》

"남다른 재능과 카리스마를 지닌 발레리나 미스티 코플랜드는 그녀의 춤만큼 황홀한 자서전을 선사한다. 그녀는 스튜디오, 가정 생활, 발레 고유의 전통주의에서 역경을 극복하고 가장 밝은 별 중 하나가 되었다. 그녀의 열정과 인내는 무용수와 비 무용수 모두에게 영감을 줄 것이다."
—엘리자 민든Eliza Minden, 《발레 챔피언The Ballet Companion》의 저자

"이 책은 심오한 주제를 가볍게 풀어나간다. 그녀의 아름답고 압도적인 정신은 모든 페이지에서 빛을 발한다."
—《인랜더The Inlander》

"그녀의 회고록을 읽으면 이 여성이 자신의 천부적인 재능과 극도로 엄격한 규율, 열정 및 집중과 함께 어떻게 뛰어난 경력을 쌓았는지 더욱 분명해진다."
—《노스웨스트 인디애나 타임스The NWI Times》

"이 책은 모든 젊은이에게 영감을 준다. 그녀는 발레계의 재키 로빈슨이자 새로운 발레리나 세대 전체의 진정한 롤모델이다."
—프랭크 산체스Frank Sanchez, 미국 보이스앤걸스 부회장

"정말 놀랍고 고무적인 이야기이다. 자연스럽고 겸손한 문체이며 마치 저자와 대화를 하는 듯한 느낌을 준다. 독자들은 그녀가 넘어질 때마다 움찔하고 다시 일어날 때마다 그녀를 응원하면서 그녀의 승리와 비극을 함께 느낄 것이다. 그녀는 용감하다."
—《빌둥스로맨Bildungsroman》

"고난과 놀라운 성공의 이야기."
―《로스앤젤레스 매거진Los Angeles Magazine》

"우아한 산문으로 전해지는 코플랜드의 업적은 경쟁 분야에서 가능성을 이겨내려는 모든 사람에게 용기를 줄 것이다."
―《퍼블리셔스 위클리Publishers Weekly》

"이 책은 매혹적이고 감성적이다."
―《필라델피아 인콰이어러The Philadelphia Enquirer》

"발레의 중심에 있는 여성 무용수들에게 힘을 실어주고 있고, 발레의 영광과 상처에 대한 비하인드 스토리를 제공한다. 그녀를 응원하고 싶다."
―디드레 갤리Deidre Kelly,《글로브 앤 메일The Globe and Mail》

"흑인 발레리나뿐만 아니라 모든 발레리나를 위한 선물이다."
―에스더 세페다Esther Cepeda

"미스티는 그녀가 그토록 아름답게 뛰어넘은 모순과 장애물의 삶을 반영하면서 대담함과 여성성을 모두 구현한다. 솔로 발레리나가 세대의 이름이 될 준비가 되었다면 지금이다."
―야후Yahoo

"그녀의 이야기는 설득력 있으며 영감을 선사한다."
―《시애틀 타임스Seattle Times》

차례

프롤로그 13

1장 움직이는 삶 23
2장 발레 수업 57
3장 선셋 인 모텔 73
4장 새로운 가족 101
5장 샌프란시스코 145
6장 논란의 중심 165
7장 아메리칸발레시어터 193
8장 체격 변화 229
9장 보이지 않는 벽 243
10장 뉴욕 라이프 265
11장 나의 프린스 297
12장 솔리스트 315
13장 불새 325
14장 다시, 토슈즈 351

감사의 글 363

일러두기

✿ 본문의 각주는 모두 옮긴이 주입니다.
✿ 발레 작품은 「」, 노래 및 TV 프로그램 제목은 〈〉, 정기 간행물과 서적은 《》로 표기했습니다.
✿ 발레 용어는 《발레용어사전(2011)》(메디컬코리아)을 따라 표기하되 필요한 경우 관용적 표기를 따랐습니다.
✿ 국문 제목이 따로 없는 외국 노래 제목과 발레 작품명은 번역하지 않고 원어로 표기했습니다.
✿ 《내가 토슈즈를 신은 이유》는 《Life in Motion(2014)》의 한국어판으로, 미스티 코플랜드가 아메리칸발레시어터의 수석 무용수가 되기 전에 쓴 회고록입니다.

프롤로그

아침이다. 정확히는 오전 8시. 나는 알람이 5초쯤 울리고 나서야 겨우 몸을 일으키고 계속 울려대는 소리를 껐다.

팔을 쭉 뻗는데 몸 여기저기가 쑤신다. 그렇지만 그건 모든 무용수가 알고 있는 기분 좋은 통증이다.

정신없이 바쁜 뉴요커가 으레 그렇게 하듯, 컴퓨터의 버튼을 몇 개 클릭하고 코너 넬리에서 모닝커피(블랙, 무설탕)와 블루베리 머핀을 어퍼웨스트사이드 아파트 문 앞까지 배달시킨다. 10시 30분이면 메트로폴리탄 오페라Metropolitan Opera, The MET에서 수업이 시작될 것이다.

하지만 내 하루의 평범한 루틴과는 달리 오늘 저녁은 매우 특별하다. 난 오늘 하루가 시작되기만을 기다렸다. 그리고 이번 오페라 하우스 무대를 계기로 다시 일어설 수 있기를 간절히 바라고 있다.

오늘 밤 나는 세계에서 가장 권위 있는 발레단으로 손꼽히는 아메리칸발레시어터American Ballet Theatre, ABT에서 이고르 스트라빈스키Igor Stravinsky 작품의 주역을 맡는 최초의 흑인 여성이 될 것이다.

나는 오늘 불새Firebird가 된다.

이것은 갈색 피부의 작은 소녀들을 위한 거야.

오늘 아침 내가 하는 간단한 몸풀기 루틴의 동작들은 모스크바의 수습생이든 디트로이트에서 첫 발레 수업을 듣는 7세 소년이든 모든 발레 무용수에게는 익숙할 것이다. 이 몸풀기 루틴은 느리고 단편적인 동작들로 구성되어 있고, 발레 바에서 시작해서 자유롭게 춤을 출 수 있는 센터로 몸을 움직일 수 있도록 설계되어 있다. 각 동작은 오늘 밤 선보일 솔로 댄스를 세분화한 것들이다.

우선 양쪽 무릎을 구부리는 쁠리에plié로 시작한다. 양쪽 다리의 근육을 풀어주고 지지력을 형성하기 위해 무릎을 점점 더 깊게 구부린다. 이제 더 큰 다리 동작인 롱 드 장브rond de jambe로 전환하여 원을 그리며 움직이고 퐁뒤fondu로 누 다리를 구부리고 점차 허리께와 무릎을 길게 늘인다. 마지막으로 상체를 앞으로, 그리고 좌우로 쭉 펴고 뽀르 드 브라port de bras로 마무리한다. 그 다음 센터로 이동한다. 센터에서는 바에 제한받지 않고 한 동작에서 다음 동작으로 유동적으로 움직일 수 있다.

바닥에서 떨어지는 발을 쓸어가면서 행하는 각각의 우아한 글리싸드glissade(1번 포지션에서 두 다리를 뻗어 사뿐하게 점프하여 5번 포지션으로 마무리한다)는 발끝을 바닥에 붙인 채로 포인으로 세워주는 땅뒤tendu에서 비롯된다.

발레는 겉보기에 기본적인 동작을 큰 규모로 양식화한 무용이다. 바 클래스에서 기본적인 힘과 우아함을 단련하는 것이 블랙 미니 드레스를 입는 것과 같다면 전체 3막으로 구성된 발레를 추는 과제는 어떤 경우에서든 알맞은 액세서리를 착용하는 법을 배우는 것과 같다. 자신의 움직임에 거만함 혹은 갈망을 얹고 싶은지, 아니면 오늘 밤처럼 신화적인 불새의 이국적이고 초현실적인 에너지를 더할 것인지를 생각해봐야 한다.

아울러, 작품 속 이야기와 캐릭터를 몸으로써 표현하는 적절한 방법을 터득해야 한다. 예를 들어 「잠자는 숲속의 미녀 Sleeping Beauty」는 매우 우아하고 장엄한 작품인데, 이를 구성하는 모든 동작은 별다른 악센트 없이 부드럽게 흘러간다. 이때 발레리나는 이러한 동작들에 캐릭터를 불어넣기 위해 자신만의 방법으로 상체를 지탱하고, 머리를 세우고, 팔을 사용할 것이다. 이처럼 자신의 해석을 동작에 반영하여 최고의 이야기를 전할 수 있느냐가 솔리스트가 될 것인지 아니면 단순히 기술만 뛰어난 무용수로 남을 것인지를 결정한다. 후자는 발레리나가 아니라 그저 또 한 명의 무용수일 뿐이다.

발레 전문가들은 나이와 경력에 상관없이 모든 무용수가 자신에게 필요한 힘과 깨끗한 자세를 유지하기 위해서 매일 이러한 루틴을 반복해야 한다는 것을 안다. 난 끊임없이 내 기술을 연구한다. 단 하루라도 쉬면 내 근육이 기억하고 있는 것을 잊어버릴 수 있다. 그래서 발레단은 주 5일 근무더라도 일주일 동안 하루도 빠짐없이 수업을 꼭 챙겨 듣는 것이다.

나는 발레 기술을 결코 완벽하게 해낼 수 없으리라는 걸 안다(언제까지나). 그 사실이 내가 발레를 좋아하는 이유다. 그래서 13년 동안 이 스튜디오에서 이 모든 동작을 한 백만 번쯤은 반복했는데도 절대 지루할 틈이 없는 거다. 스튜디오는 내가 여러 동작을 실험 삼아 해볼 수 있는 안전한 장소다. 이곳에서는 땀으로 뒤범벅이 되고, 신음 섞인 소리를 내고, 메트로폴리탄 오페라 하우스 무대에서는 결코 볼 수 없는 모습으로 얼굴에 인상을 잔뜩 쓰고 있다. 스튜디오에 있는 시간은 바로 내 연기가 깃털처럼 가뿐하고 신선하게 느껴질 수 있도록 한계 밖으로 나를 힘껏 밀어붙일 때다.

모든 사람이 자신을 한계 직전까지 몰아붙이려고는 하지 않겠지만 프로가 된다면 당신은 온정신을 기울여 열중해야 한다. 다시 말해 의지를 꺾는 대신, 한계를 넘어서야 하는 것이 바로 당신이 마주한 현실인 셈이다.

오늘은 점프하지 않을 생각이다. 왼쪽 정강이에서 통증이 느껴져서다. 오늘 밤 공연 전에 괜스레 무리해서 근육에 손상을 입힐 위험을 감수하고 싶지 않다.

나는 언제든 높이 날아올라 무대 위에 깃털처럼 착지할 수 있는, 점프를 잘하는 발레리나로 알려져 있다. 불새는 퍼덕거리며 날아다닌다. 하지만 지난 몇 주 동안 높이 뛰어오르는 불새의 그랑 점프grand jump가 힘에 부쳤다. 다리의 통증이 감당하기 어려운 지경이 되어 실제 공연을 위해 모든 힘을 아껴둬야만 했다.

이제 나는 내 숨소리, 내 심장 박동처럼 불새의 야생적인 몸짓에 익숙하다. 아메리칸발레시어터의 봄 시즌이 6주째 접어들었고 2주를 더 남겨놓고 있는데, 이에 앞서서 고향에서 겨우 한 시간 떨어진 남부 캘리포니아에서 「불새The Firebird」로 두 번 무대에 올랐었다.

나는 메트로폴리탄 오페라에서 안무할 공간을 정하고 무대의 느낌에 익숙해지기 위해 정오쯤 가벼운 리허설을 하기로 했다. 바리에이션variation을 하는 동안에 코르 드 발레corps de ballet와 부딪치거나 혹은 빠 드 되pas de deux를 출 때 파트너와 어긋나게 움직이는 상황을 피할 수 있도록 내 예상대로 제대로 잘 들어맞는지, 항상 바른 위치에 있는지 확인하고 싶다.

일반 관객들이 메트로폴리탄 오페라의 신성한 공간으로 걸어 들어가면 금으로 장식된 로비며 호화로운 후원자 박스석은 물론 웅장한 무대를 보게 된다. 하지만 무대 뒤에는 스튜디오 공간이 마련되어 있어 공연자들이 공연 시작 전, 마지막까지 마법을 갈고닦느라 구슬땀을 흘리곤 한다.

나는 「불새」의 안무가인 알렉세이 라트만스키Alexei Ratmansky와 함께 개인 리허설을 진행하기 위해 연습실에서 오후 한때를 보낸다.

매우 독창적이며 완벽주의자인 알렉세이는 마지막 순간까지 안무를 바꾼다. 그는 여기에서 도약을, 저기에서 몸을 비트는 루틴으로 변경한다. 또한 카운트가 정확히 맞는지 확인하기 위해 모든 솔로 댄스를 검토한다.

한 박자. 발끝으로 선다.

두 박자. 오른쪽으로 쏜살같이 움직인다.

세 박자. 허공을 가르며 높이 뛰어오른다.

알렉세이는 무대 입장 시 선보일 동작을 여러 차례 바꾸었고, 최종적으로 나에게 가장 잘 어울리는 동작에 대해 나와 의견 일치를 보았다. 두 명의 다른 발레리나가 연기하는 불새의 등장은 각기 다르기도 하거니와, 어렵고 독특하다. 비로소 내 몸에서 활력이 느껴진다. 이제 준비가 된 것 같다.

이것은 갈색 피부의 작은 소녀들을 위한 것이다.

나는 메트로폴리탄에서 열두 블록 떨어진 아파트까지 걸어간다. 샤워를 끝내고, 텔레비전을 켜고 푸드 네트워크Food Network 채널을 틀어놓는다. 긴장을 풀고 느긋하게 휴식을 취하는 동안 배경 소음을 깔기 위해서다.

몇 시간 후, 다시 메트로폴리탄으로 돌아왔다. 저녁 7시 30분까지는 막이 오르지 않을 것이고, 난 9시가 돼서야 무대를 차지할 것이다. 하지만 서두르지 않기 위해 일찍 가고 싶었다.

오늘 밤은 특별하다. 비단 나에게만 그런 건 아니다. 아메리칸 발레시어터의 예술감독인 케빈 매켄지Kevin McKenzie에게도 영광스러운 날이 될 것이다. 바로 그의 예술감독 20주년이 되는 날이기 때문이다. 이를 기념하기 위한 연설, 전 세계 거의 모든 주요 고전 발레단의 예술감독들이 보내는 영상 축하 메시지, 그리고 아메리칸발레시어터의 모든 수석 무용수들의 공연이 예정되어 있다.

이제 공연 시간이 다가오고 있다. 나는 5년 동안 솔리스트로 활동했다. 열한 명의 솔리스트들에게는 각자 탈의실이 있지만, 내가 사용해본 적은 없다. 코르 드 발레의 발레리나들이 함께 쓰는 분장실에서 느낄 수 있는 동료애가 더 위안이 되기 때문이다. 난 6년간 코르 드 발레로 지냈다. 그렇다 보니 사랑하는 친구들에게 둘러싸여 고전 발레 작품의 첫 주연을 준비하고 싶었다. 내가 주역을 맡는다고 해도 우리 사이는 크게 달라진 게 없다. 그건 적어도 이 특별한 밤에 익숙한 평범함을 누리게 해준다.

탈의실 구석에 내가 오래전에 맡아놓은 자리가 있었다. 테이블 위로 꽃과 초콜릿, 사진들이 그득했다. 그야말로 휴대전화 하나를 내려놓을 틈이 없을 정도다. 내가 가장 좋아하는 난초 꽃다발과 장미 수십 송이가 보였다. 댄스시어터오브할렘Dance Theatre of Harlem의 설립자인 아서 미첼Arthur Mitchell은 내게 행운을 빌어 주는 음성메시지를 남겼다. 그뿐만 아니라 전국에 있는 친구, 가족, 팬들로부터 온 수십 개의 이메일, 문자, 그리고 카드가 나에게 행운을 빌어주었다.

그 아름다운 것들을 보고 있노라니 감정이 북받치기 시작한다. 하지만 정신을 바짝 차려야 한다. 벅차오르는 감정에 압도당해서도 안 되고.

그래, 이것은 갈색 피부의 작은 소녀들을 위한 것이다.

저녁 공연이 시작되고 30분 정도 지났을 무렵 헤어와 메이크업에 들어갔다. 거울 속에서 미스티가 사라진 자리에 신비로운 생명체가 나타났다. 얼굴에 붉은 반짝이가 흩뿌려지고 눈가에는 눈부신 붉은 나선이 그려졌다. 내 1인치 길이의 인조 속눈썹마저 붉은색으로 물들어 있었다. 발레단의 의상 담당자가 빨간색과 금색 깃털을 더 잘 붙게 하려고 내 머리카락을 반듯한 소용돌이 모양으로 납작하게 만들었다.

"행운을 빌어, 미스티." 한 무용수가 미소를 지으며 내게 소리쳤다.

"잘하고 와!" 또 한 명이 소리를 질렀다.

"즐겨!" 또 한 명이 외쳤다.

난 그들의 말이 진심이라는 걸 안다. 그러나 사실 그 말들은 어떤 밤이든 공연 전에 늘 던질 수 있는 일상적인 인사다. 담담하게, 오늘 저녁의 기념비적인 본질이나 그것이 나와 다른 아프리카계 미국인 커뮤니티에 어떤 의미인지를 구태여 내비치지 않는다.

어쩌면 어떤 말로도 담을 수 없었을 거다.

십오 분.

나는 탈의실의 라운지 바닥에서 스트레칭을 하고, 몸을 구부리고, 거울에 비친 나 자신을 응시했다. 떠오르는 생각을 재빨리 누르고 마음속으로 이렇게 되뇌었다. 이거야, 바로 지금이 나의 순간이야. 마침내 빛나는 순간이 왔다. 나를 증명할 순간, 가장 높은 위치에 오른 흑인 발레리나를 대표할 순간이.

이것은 갈색 피부의 작은 소녀들을 위한 것이다.

하지만 내 정강이가 걷잡을 수 없이 욱신거린다.

그런 고통을 더는 견딜 수 없으리라는 걸 내 마음속 깊이 알고 있었다. 오늘 밤은 뉴욕에서 처음 불새로 공연하는 날이 될 것이다. 이것이 마지막이 되지 않기를 기도한다. 내가 불새로 분할 때까지 아메리칸발레시어터는 여러 곡을 연주했고 두 번의 중간 휴식 시간을 가졌다.

무대를 향해 발걸음을 옮긴다. 예술감독인 케빈 매켄지와 아메리칸발레시어터의 다른 스태프가 커튼 뒤에 서서 나에게 행운을 빌어준다.

메트로폴리탄 오페라 하우스의 무대에 처음 섰을 때를 되새겨본다. 그때 난 열아홉 살이었고, 아메리칸발레시어터에서 여전히 내 자리를 찾으려 고군분투하고 있었다. 토슈즈를 신고 댄스 플로어를 밟고 코르 드 발레의 일원이 아닌 수석 무용수로 무대에 서 있는 나를 상상하면서. 내 느낌이 맞았다. 그건 어떤 약속과도 같았다. 언젠가, 어떻게든, 반드시 이 자리에 서 있을 것이다.

10년 후, 난 여기에서 타오르는 빨간색 황금빛으로 폭발하는 순간을 기다리고 있다.

관객석은 그 어느 때보다도 가장 많은 사람으로 꽉 채워졌다. 아서 미첼, 데브라 리, 스타 존스, 넬슨 조지 등 아프리카계 미국인 커뮤니티의 저명한 인사들과 춤의 세계를 개척한 선구자들이 오늘 밤 이곳에 모두 모였다. 하지만 난 이 자리에 없는 사람들, 발레를 한 번도 본 적 없는 사람들, 메트로폴리탄 오페라 하우스를 지나가면서도 이 안에서 무슨 일이 일어나는지 상상조차 할 수 없는 이들을 위해 춤을 출 것이다. 그들은 나처럼 가난할 수 있다. 내가 그랬듯 불안할 수도 있고. 나처럼 오해를 받았을지도 모른다. 나는 그들을 위해 춤을 출 것이다. 특히 그들을 위해.

이 무대는 갈색 피부의 작은 소녀들을 위한 것이다.

막이 오르고, 난 맨 위층 무대 끝에 서 있다. 왕자 이반의 뒤를 이어 무대에 먼저 입장하는 '불새' 떼가 있다. 나는 그들이 포즈를 취하고 몸단장을 하는 동안 저기 무대에서 새무리로부터 밀려오는 기대감을 느낄 수 있었다. 그들은 내가 그들 사이에 함께 서 있기를 고대하고 있다. 나는 크게 심호흡을 한다. 음악이 시작되고, 음악과 함께 관객들로부터 우레와 같은 사랑의 함성이 터져 나온다.

그 순간, 오늘 밤 내가 무대에서 뭘 하든 상관없다는 걸 깨달았다. 그들은 모두 나를 위해, 나와 함께 이 자리에 있으며, 나를 있는 그대로 받아들이고 내가 이 밤에 대변하고 있는 그 모든 것을 위해 바로 여기에 모였다. 무대로 향하면서 나 자신이 완전히 탈바꿈되고 있다는 것을 느낀다. 내가 무대 중앙으로 다가가자 무리가 흩어지면서 나 홀로 남겨졌다. 잠깐 침묵이 흐른 후 관객들의 박수가 이어진다. 소리가 너무 커서 음악이 거의 들리지 않을 지경이다.

그렇게 공연이 시작되었다.

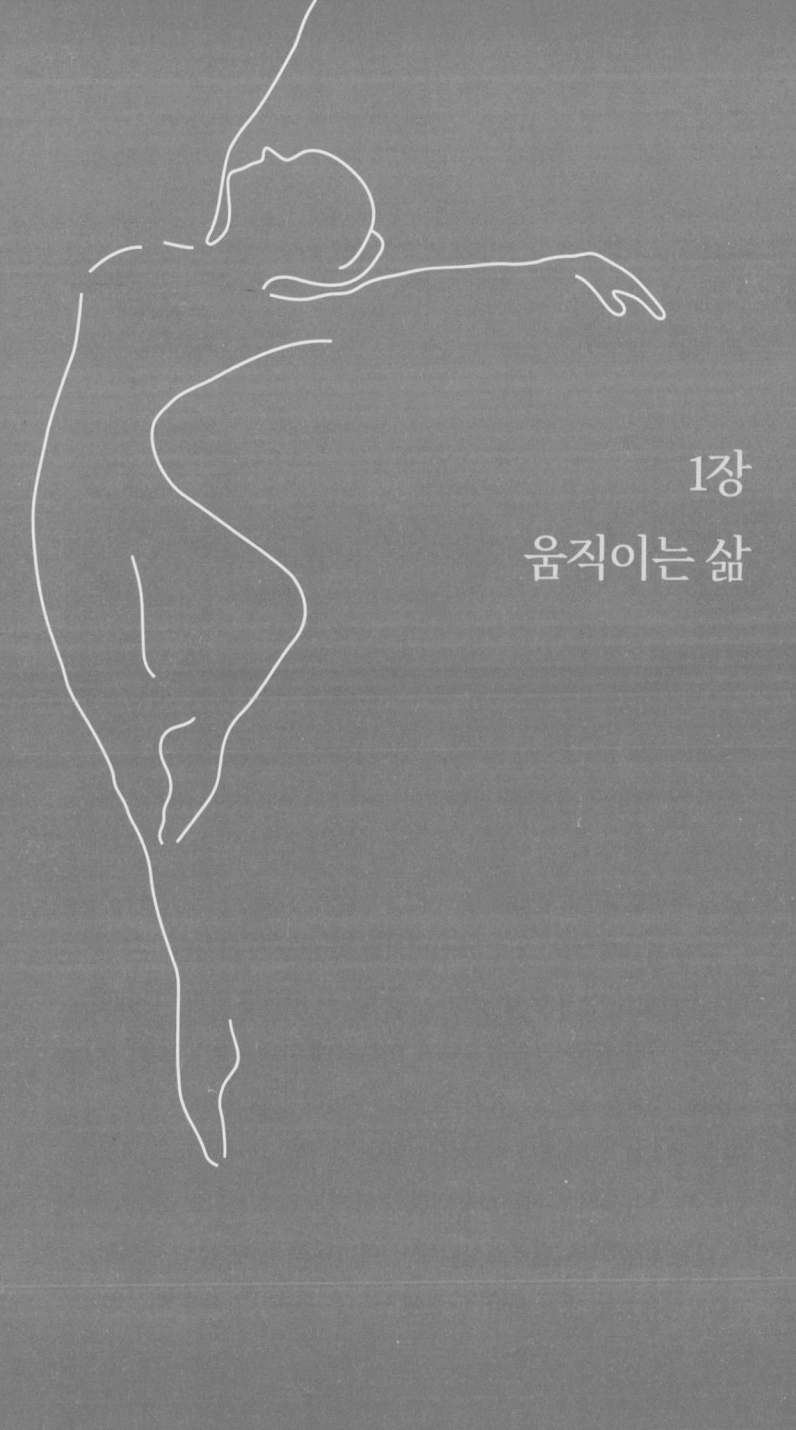

1장

움직이는 삶

　두 살 때부터 내 삶은 끊임없이 움직였다. 어머니가 캔자스시티에서 나와 언니, 오빠들을 장거리 버스에 태우고 아버지를 떠났을 때부터다.
　나는 막내였다. 코와 입이 아버지를 쏙 빼닮은. 하지만 수년간 난 그 사실을 알지 못할 것이다. 아버지를 떠올릴 만한 그 어떤 기억도 사진 한 장도 없었으니까. 이다음에 아버지를 만날 때 내 나이는 스물두 살이고, 아메리칸발레시어터American Ballet Theatre의 무용수로 전 세계를 여행하고 있을 것이다. 그러나 더그 코플랜드는 관자놀이가 희끗희끗해진 중년 남자일 것이다.
　나는 미주리주 캔자스시티에서 어머니의 둘째 딸로 태어났다. 자식으로는 네 번째다. 나중에 남편은 두 명, 자식은 여섯 명으로 불어날 것이다. 서쪽으로 향하는 버스에 엄마가 용케 우리들의 삶을 밀어 넣었을 때부터 나와 형제자매들의 어린 시절을 뚜렷이 알 수 있게 해주는 우리 가족만의 행동 양식이 시작되었다. 짐 싸기, 잽싸게 움직이기, 떠나기, 그리고 간신히 살아남기.

그 여행길은 내 기억 속에 존재하지 않지만, 목적지에 다다르기까지는 꼬박 이틀이 걸렸다. 우리의 최종 목적지는 노동자들이 많이 사는 로스앤젤레스 근교의 벨플라워시였다. 우리는 그곳에서 새 삶을 시작했다. 지나고 보니 무척이나 짧은 시간이었지만 우리에게는 새 아버지와 안락하고 따뜻한 집이 있었다.

새 아버지의 이름은 해럴드였고, 어머니의 소꿉친구였다. 그는 버스 정류장에서 우리를 만났고, 그 후로 일 년이 조금 더 지나 어머니의 세 번째 남편이 되었다. 해럴드는 산타페 레일로드의 영업 책임자였지만 성격은 경직된 직함과는 어울리지 않았다. 큰 키에 근육질의 다부진 몸, 그리고 붉은빛이 도는 밤색 피부는 야구 선수 대릴 스트로베리의 한창때 모습을 닮았다. 3년 뒤 여동생 린지가 태어나기 전까지 난 우리 가족 중 가장 어린 아기였는데, 내 또래에 비하면 몸집이 작았다. 해럴드는 그의 힘센 팔로 나를 들어 올리고 내가 너무 웃어서 눈물이 날 때까지 간지럽히곤 했다.

어린 시절 기억의 대부분은 어머니가 아닌 새 아버지에 관한 것이다. 아이들은 아버지와 노느라 작은 아파트의 현관문과 창문에서 쉴 새 없이 튀어나왔다. 우리 집이 쓰리 링 서커스three ring circus*와 꼭 닮은 모습이었을 때 해럴드는 아이들을 제자리

❖ 세 장면을 동시에 진행하는 서커스

에 붙들어두려는 부모라기보다는 서커스 단장에 더 가까웠다. 장난치는 걸 아주 좋아했고, 그가 웃으면 모두 다 따라 웃었다. 어머니가 아이들을 야단치길 바랄 때조차 해럴드는 그 상황을 놀이로 둔갑시켰다.

"아빠는 너희들을 때리지 않을 거야. 하지만 아빠처럼 소리를 지르렴."

그는 우리를 전부 다 침실로 모아놓고 문을 닫으며 속삭였다. 그리고 나서는 큼직한 손바닥으로 침대를 세게 치곤 했다.

"아빠, 때리지 말아요."

우리는 소리를 질렀고, 빵 터지는 웃음을 가까스로 참았다. 그야말로 아카데미 연기상 감이 따로 없었다. 엄마는 아무것도 모른 채 만족스럽게 거실에 앉아 있었고.

아이가 여럿이었음에도 해럴드는 우리가 그의 하나뿐인 자식이라는 기분을 느끼게 해주었다. 형제자매들이 나를 새라고 불렀던 기억이 난다. 내가 해바라기 씨를 너무 좋아해서였는데, 이러한 집착 덕분에 난 해럴드와 단둘이 소파에 앉아 씨앗을 입에 물고 짭조름한 껍질을 깨물어 부수던 순간을 아로새길 수 있었다. 엄마는 그것을 싫어했다. 껍질이 쿠션 사이로 떨어져서 소파가 엉망이 되곤 했으니까. 그러나 그 오후의 기억들은 여전히 나에게 소중한 순간들로 남아 있다.

철없는 아이들의 시선에서 해럴드는 딱 그런 모습이었다. 쾌활하고, 포근하고, 친절한 아버지. 그러나 그의 웃음과 유쾌한 겉모습 뒤로 어머니가 본 해럴드의 모습은 완전히 달랐다. 그는 알코올 중독자였다. 우리는 아주 잠깐 스쳐 지나가듯 그 모습을 보앉을 것이다. 부모님의 침실 탁자에 날마다 올려져 있었던 맥주 캔처럼 말이다. 하지만 나중에 가서야 우리 눈에는 들어오지 않았던 것이 엄마의 눈에는 빤히 보였다는 걸 알게 되었다.

여덟아홉 살 무렵 우리에게 새로운 집과 새 아빠가 생겼을 때 엄마는 해럴드가 술 때문에 제정신이 아니었고, 그 일로 엄마가 때때로 얼마나 놀랐었는지 하소연을 하곤 했다.

중학교에 다닐 때 해럴드의 친딸인 린지는 종종 그와 함께 지냈다. 나도 일주일에 며칠 밤은 그들과 함께 보냈다. 그때까지 나와 가장 친한 친구는 재키 필립스였고, 우리는 거의 붙어 다녔다. 난 그 친구가 예쁘다고 생각했다. 짙은 갈색 피부에 마른 체형이었고 거의 나를 내려다볼 정도로 키가 컸다. 우리는 학교에서 대부분의 활동을 함께했다.

재키의 집은 우리가 다니던 중학교에서 모퉁이를 돌면 바로 있었기 때문에 엄마는 해럴드가 다시 나를 데리러 올 때까지 일주일에 이틀 밤을 재키네 집에서 보내도 크게 신경 쓰지 않았다.

어느 날 밤이었다. 재키와 내가 숙제를 하다가 머리에 쥐가 나서 티엘씨TLC의 〈Crazy Sexy Cool〉을 크게 틀어놓고 듣고 있을 때였다. 전화기가 울렸고, 재키의 엄마가 나에게 온 전화라고 소리를 질렀다. 전화를 받자 수화기 너머에서 린지가 울고 있었다.

"아빠가 취하셨어." 그녀가 눈물을 흘리면서 말했다. "내가 아빠한테 운전하지 말라고 했어. 혹시 집에 돌아갈 방법을 알아볼 수 있겠어?"

전화를 끊었다. 속이 안 좋았다. 재키의 어머니에게 사정을 말해야 할지, 엄마한테 전화를 걸어야 할지 잘 몰랐다.

나는 다시 재키 방으로 갔다. 어떻게 해야 할지 고민하는 사이 시간이 흘렀는데, 흘러도 너무 많이 흘러버렸다. 초인종이 울렸다. 린지였다. 해럴드는 차에서 기다리고 있었다.

필립스 부인 앞에서 술 냄새를 풍기는 것보다는 그렇게 하는 편이 더 낫다는 걸 알고 있었던 모양이다. 차에 타자 담배 냄새와 맥주 냄새가 코를 찔렀다. 해럴드는 시동을 걸자마자 액셀을 밟았다. 우리는 롱비치 브리지를 향해 질주했다. 가로등 불빛이 휙휙 지나가는 동안 심장이 쿵쾅쿵쾅 뛰었다.

린지와 난 손을 꼭 맞잡고 뒷좌석에 앉았다. 처음으로, 우리는 엄마가 자주 이야기하셨던 해럴드의 상태를 알게 되었다. 그날 밤 우리는 다리 위에서 차선을 엄청난 속도로 왔다 갔다 했다. 그리고 바다에서 수백 피트 상공에 떠 있는 다리 난간에 거의 붙어 있다시피 했다. 우리는 목숨이 달아나지나 않을까 잔뜩 겁을 집어먹었다. 하지만 나와 린지의 내면에는 이미 해럴드의 따뜻하고 부드러운 이미지가 굳건히 자리하고 있었다. 그랬기에 우리는 그가 술에 취했다는 사실을 알고 있었다거나, 혹은 그 사실 때문에 그를 다르게 생각하게 되었다는 것을 절대 드러내지 않으려고 최선을 다했다.

다음번에 린지가 전화를 걸어 해럴드가 술에 취했다고 말했을 때는 그를 바꿔달라고 하고 재키네 집에서 자고 갈 거라고 말해주었다. 그럼 나를 데리러 오지 않아도 될 테니까.

그런데도 나는 해럴드를 사랑했다. 내 어린 시절의 기억 속에서 그는 가장 좋은 모습으로 남아 있다. 토요일 아침이면 잠옷

바람으로 만화를 보고 있는 린지와 날 위해 와플을 만들어 플라스틱 쟁반에 담아 내밀던 아빠였다. 난 아직도 그의 모습을 기억한다. 네 살 때 화장실에서 복통으로 괴로워하며 울고 있을 때 옆에 앉아 내 손을 꼭 잡아주던 모습도. 해럴드에 대한 기억은 전혀 희미하지 않다. 또렷하고 선명하다.

현재 해럴드는 알코올 중독으로 인해 나빠진 건강을 회복하고 있는 중이다.

우리가 해럴드의 아파트에 온 지 5년이 지났을 무렵 엄마는 또다시 짐을 꾸려서 훌쩍 떠날 때가 되었다는 결정을 내렸다. 엄마는 린지를 파란색 메르세데스 스테이션왜건 안에 있는 카시트에 앉히고 벨트를 채웠다. 나머지 우리는 린지 주위의 비어 있는 공간을 찾아 안으로 비집고 들어갔다. 오로지 신만이 알고 있는 곳을 향해 차를 몰고 가는 동안 우리는 서로 치고받지도 고함치지도 않았다. 너무 혼란스러워서 웃음도 안 나왔다. 겁에 질려 장난조차 칠 수도 없었다.

우리는 늘 그렇게 떠났다. 항상 극적이고, 허둥대고, 기진맥진했다.

167cm가 조금 안 되는 호리호리한 체격의 엄마는 중년이 될 때까지 여섯 아이의 엄마라기보다는 누군가의 멋지고 매력 만점인 언니처럼 보였다. 엄마는 한 시즌 만에 캔자스시티 치프스 Kansas City Chiefs 응원단을 떠났지만, 평생 치어리더다운 활기찬 모습으로 아이들을 응원했고 언제나 미소를 잃지 않았다. 결혼 생활이 여러 차례 어긋나고, 때로는 외상을 받아내려는 수금원들이 우리 뒤를 따라다녔어도 말이다.

지금까지도 난 여전히 엄마를 이해하려고 노력하고 있다. 엄마를 형성한 모든 것, 그리고 무엇보다도 그녀가 내린 선택들에 대해. 엄마는 자신의 어린 시절에 관한 이야기를 소상히 들려주진 않았지만, 내가 알기로는 고통으로 가득 차 있었다. 이탈리아인 어머니와 아프리카계 미국인 아버지 사이에서 태어난 엄마는 부모님을 알지 못했다. 그들은 왜 딸을 키우지 않았는지 그 어떤 해명도 남기지 않은 채 엄마를 입양 보냈다. 흑인과 백인이 결혼했다는 이유로 많은 주에서 옥살이를 할 수도 있었던 시절이었다. 그들은 앞날을 내다보았을 것이고 틀림없이 혼혈아를 양육하는 건 감당하기 힘든 일임을 깨달았을 것이다.

엄마에게도 나이 든 아프리카계 미국인 부부, 그러니까 사회복지사와 그녀의 남편을 통해 가정이 생겼다. 하지만 양부모는 엄마가 아직 무척이나 어린애였을 때 세상을 떠났다. 그때부터 엄마는 여러 친척 집을 떠돌기 시작했고, 대부분 혼자 시간을 보내며 자랐다.

해럴드를 떠나면서 어머니의 남자친구들 즉, 어머니가 의지한 끊임없이 바뀌는 여러 남자에 의해 내 하루하루가 달라지는 시기가 시작된다. 이 모든 걸 이해하게 된 것은 훨씬 더 나이가 들어서였다. 우리가 해럴드를 떠나던 날 밤, 난 고작 일곱 살이었다. 내 삶은 아직 내 뜻대로 움직이지 않았다. 우리 가족은 로스앤젤레스 항구 옆에 자리 잡은 산페드로로 향했다. 그곳은 우리가 항상 돌아오는 곳이었고, 형제들과 내가 갑자기 소지품만 대충 챙겨 떠나던 와중에도 영원히 집으로 여기던 장소였다.

해럴드가 아내와 아이들이 자신을 떠나리라는 걸 알고 있었는지는 잘 모르겠다. 하지만 곧 새 아버지가 될 남자는 우리가 그곳으로 가고 있다는 걸 알고 있었다. 어머니의 네 번째 남편이 될 로버트는 세 번째 남편이었던 남자와는 정반대였다. 성공한 방사선 전문의였고, 약간 통통했으며, 이탈리아 혼혈인 어머니처럼 하와이, 한국, 필리핀, 포르투갈, 일본 혈통을 지니고 있었다.

한 세기 전에는 크로아티아, 그리스, 이탈리아는 물론 일본의 어부들까지 산페드로의 바다에서 정어리와 날개다랑어를 잡았고, 1920년대까지 이곳 로스앤젤레스 항구를 미국에서 가장 어업이 발달한 항구로 만들었다. 낚시는 힘든 업이었다. 나는 부두에서 목숨을 잃은 하역부들에 관한 이야기를 들으면서 자랐다. 그렇지만 돈벌이가 제법 괜찮아서인지 그 지역에 사는 남자, 이를테면 학교 친구의 아버지, 형제, 삼촌들 모두 바다의 부름에 응했다.

산페드로에서의 삶은 바다에 아로새겨져 있다. 그렇다 보니 딱히 수영을 배운 기억은 없는데 거기에서 살기 시작할 무렵부터는 힘들이지 않고도 물에서 미끄러지듯이 헤엄칠 수 있었다. 십 대에 접어들면서 내 옷에는 해변의 모닥불에 타버린 나무 향기가 배어 있곤 했다. 또 엔젤스 게이트 등대Angel's Gate Lighthouse로 수학여행도 많이 갔다. 1913년도에 지어진 이 등대는 여전히 항구의 보초 역할을 한다. 배에 길잡이가 필요할 때면 무중 호각foghorn✿이 30초마다 두 번씩 울려서 고요함을 가른다. 어릴 적 그 소리는 틀림없이 줄넘기 게임이나 수업 혹은 기도를 방해했을 것이다. 그러나 너무 자주 울리는 통에 거기에 오래 살수록 그 소리를 덜 의식하게 되었고, 어느새 그 존재마저 희미해졌다. 마치 심장 박동처럼.

우리는 로스앤젤레스에 속한 곳에서 살았지만 이 도시는 화려하고 신화의 중심에 있는 할리우드와는 멀리 떨어져 있었다. 야자수를 제외하면 산페드로는 흑백 텔레비전에서만 볼 수 있는 가상의 시골 마을, 메이베리와 흡사했다. 수세대가 그곳에서 살다가 죽었다. 그들은 조부모가 모래로 뒤덮인 토양 속에 깊이 묻어둔 자신들의 뿌리를 절대 뽑으려 하지 않았다.

고층 빌딩은 없었다. 대신, 시내 중심가에는 가스등과 빅토리아 시대의 상점들이 있었다. 마치 오래된 은판 사진 속 풍경이 살아 숨 쉬는 것만 같았다. 산페드로에서 중요한 것은 단순하고 익숙한 것이었다. 옛 이웃들은 내가 도로시 챈들러 파빌리온에서 「돈키호테Don Quixote」의 키트리 역으로 일생일대의 상을 탔던 때를 전혀 기억하지 못한다. 심지어 내 사진이 《데일리 브리즈Daily Breeze》의 1면을 장식했었는데도 말이다. 그렇지만 포인트 페르민 초등학교에서 열렸던 장기자랑은 아직까지도 기억한다. 그때 난 새하얀 웨딩드레스를 입고 있었고, 반 친구였던 작고 마른 아론이 무릎을 꿇고 내게 세레나데를 불러주었다. 산페드로에서 사람들이 기억하는 건 바로 이런 것들이다. 아론, 주름 장식이 주렁주렁 달린 의상, 그리고 진심이긴 하지만 듣기 괴로

✿ 항해 중인 배에 안개를 조심하라는 뜻에서 울리는 고동

울 정도로 음정이 안 맞는 사랑 노래 같은 거.

로버트의 집으로 가는 길에는 언덕과 급커브길이 많았다. 어찌나 많았던지 차가 급작스럽게 방향을 틀어 바로 다음 급커브에 바짝 붙기 전까지 마치 태평양에 그대로 돌진하는 듯이 보였다. 집은 지중해 스타일로 지어진 단층 건물이었고 앞마당이 널찍했다.

완벽한 주택단지에 있는 완벽한 집이었다. 그것은 마치 완벽한 삶의 입구처럼 보였다. 심지어 현관에서도 아침 안개 속에서 신기루처럼 반짝이는 카탈리나섬을 볼 수 있었다. 하지만 완벽해 보이는 건 허상에 불과한 경우가 많은 법이다. 마치 무용수가 햄스트링 부상으로 극심한 통증에 시달리면서도 나비처럼 섬세하게 착지하는 순간, 얼굴을 찡그리는 대신 만면에 미소를 띠는 것과 같다고나 할까.

아이들은 주변 환경의 아름다움에는 별로 주의를 기울이지 않았다. 우린 우리가 왜 여기에 있으며, 무엇이 잘못된 것인지, 그리고 무엇보다도 언제 해럴드를 다시 볼 수 있는지 알아내느라 정신이 없었다. 하지만 이곳은 당시 우리가 살 집이었고, 조만간 우리는 새로운 삶의 리듬에 맞춰야 했다.

처음으로 쓰레기를 내다 버리고, 설거지를 하고, 바닥에 떨어진 아침 식사 부스러기를 치우는 등 집안의 자질구레한 일을 했다. 그리고 더는 접시를 손에 움켜쥐고 소파에서 먹는 일도 없어졌다. 아침, 점심, 저녁 모두 식탁에 앉아 식사를 해야만 했다.

그럭저럭 괜찮았다. 우리 코플랜드 가족은 유목민 부족 같았다. 강인하고, 자기 집단을 맹렬히 보호하고, 새로운 환경에 잘 적응했다. 우리는 서로 꼭 달라붙어 있었다. 게다가 인원도 많아서 우리끼리 파티를 열고, 우리끼리 재미있게 놀 수 있었다. 어디에 있든, 규칙이나 상황이 어떻든 간에.

우리가 로버트와 함께 이사했을 때 언니인 에리카는 열두 살이었다. 그녀는 어머니와 가장 많이 닮아서인지 활기차고 솔직했다. 매일 우리 형제자매들을 이끌고 등교하며 내 머리카락도 매만져주곤 했다. 머리를 뒤로 꽉 잡아당겨 묶어주거나 목욕 후에는 손으로 탈탈 털어 말려주었다.

큰오빠인 더그 주니어는 열한 살이었다. 훗날 우리는 그가 아버지와 이름이 같고, 아버지를 빼다 박았다는 걸 알게 될 것이다. 큰오빠는 매우 총명했고 지식에 대한 열정이 특별히 남달라서 다른 형제들이 만화책에 푹 빠져 있을 때 똑같이 의자에 웅크리고 앉아서 사전을 읽곤 했다.

수많은 아프리카계 미국인들처럼 우리 가족도 여러 조상이 뒤섞였다. 어머니 쪽으로는 이탈리아인 할머니가 계셨고, 아버지 또한 독일 여성과 아프리카계 미국인 남성 사이에서 태어났다. 하지만 더그 주니어는 흑인의 정체성을 굳건히 밀고 나갔다.

어느 날 내가 3학년이 되던 해, 집에 돌아오니 더그 주니어가 현관에 앉아 있는 게 보였다. 무언가 작고 하얀 것을 손에 쥐고 만지작거리고 있었는데 이마에는 잔뜩 주름이 잡혀 있었다.

"뭐 하는 거야?" 내가 더그에게 물었다.

"노예제, 그러니까 우리 역사에 대해 읽고 있어. 그게 우리 조상들에게 어떤 느낌이었을지 알고 싶었어." 그가 대답했다. "그래서 목화를 따는 중이야."

모래나 조개껍데기와는 달리 목화는 산페드로에서 쉽게 찾을 수 있는 게 아니었다. 그러나 그는 손에 쥔 자그마한 양의 하얀 목화 다발에서 씨앗을 가려내면서 시간을 보내고 있었다. 참으로 더그 오빠다운 모습이었다. 진지하며, 의식 있고, 문화에 대한 호기심이 충만한.

더그 다음으로 크리스 오빠가 있다. 매사에 자기 말이 옳다며 입씨름하던 모습을 떠올려보니 언젠가 변호사가 될 떡잎이 일찌감치 엿보였던 것 같다. 그가 틀리더라도 어지간하면 말하지 않고 넘어가는 편이 좋다. 크리스 오빠에게는 두려움이 없었다. 그는 테니스, 농구, 풋볼 등 안 해본 스포츠가 없다. 늘 기운이 넘쳐서 집 주변을 뛰어다니다가 말 그대로 벽에 들이받기도 했다.

전력 질주 끝에 캘리포니아주립대 치코 캠퍼스에서 육상 장학금을 받은 여동생 린지는 해럴드와 어머니 사이에서 태어났다. 그녀는 밝은 미소와 자신의 아버지처럼 떠들썩한 유머 감각을 지녔다.

티볼T-Ball을 하면서 울다가 피아노 앞에 앉아 자신의 재능을 발견한 우리 아기 동생 카메룬은 어머니가 로버트와 살면서 낳은 남동생이다.

그리고 그 중간에 내가 있었다. 조용하고 내성적인. 활기 넘치는 가족의 왁자지껄한 분위기 속에서 눈에 띄지 않으려고 하던.

나는 예민한 아이였다. 그리고 끊임없는 완벽의 추구가 불안과 만나면서 내 삶은 필요 이상으로 힘겨웠다.

난 걱정을 달고 태어난 사람 같다. 특히 학창 시절에는 불안감을 느끼지 않은 날이 단 하루도 없었을 거다. 잠에서 깨는 순간부터 불안한 상태가 시작되었다. 수업 시간에 늦을까 봐 늘 초조해했다. 그리고 불안은 이른 저녁 집에 돌아올 때까지 계속되었다. 난 그저 삶에 불안함을 느꼈을 뿐이다. 그게 다였다. 어디에도 어울리지 않는 것처럼 어색했고, 엄마나 선생님 혹은 나 자신을 실망시키면 어쩌지 하는 거듭되는 두려움 속에서 살았다.

그렇다고 엄마가 야단치는 건 아니었다. 이 글을 읽는 누군가는 틀림없이 엄마의 칭찬을 받았겠지만, 나는 그것을 간절히 원했다. 형제자매가 여럿이다 보니 엄마의 관심을 끌기가 어려웠고, 워낙 수줍음이 많았던 탓에 들릴락 말락 했던 내 목소리는 언제나 형제자매들 소리에 묻혀 거의 들리지 않았다.

나는 학교에서도 완벽해지려고 부단히 애썼다. 지각할지도 모른다는 걱정에 늘 일찍 집을 나서곤 했다. 에리카, 더그, 그리고 크리스에 이어 데이나 중학교에 입학하기 전 여름, 나는 엄마와 내가 미리 학교에 방문해서 교내 동선을 기억해놓아야 한다고 나 자신에게 되뇌었다. 가령, 어떤 계단이 수학 교실로 이어지는지, 건물 어디에서 영어 수업을 받을 수 있는지와 같은 것들이다. 행여 길을 잃고 시작종이 울린 후에 도착하기라도 하는 날이면 날 쳐다보는 수많은 얼굴들 앞에서 걸어가야 한다는 사실이 너무나도 두려웠던 것 같다.

엄마는 내가 여름 내내 길 찾기 연습하는 것을 허락하지 않으셨다. 그녀는 항상 내가 긴장을 풀고 여유를 가질 수 있게끔 하려고 애썼다. 하지만 나중에 고등학생이 되어 혼자 돌아다닐 수 있게 되었을 때는 아무도 내가 노동절 전날 경로 탐색을 위해 하는 예행 연습이나 늦지 않기 위해 고안해낸 다른 전략들을 막을 수 없었다. 거의 12학년 때까지 난 학교에 한 시간 일찍 도착해서 사물함 앞 바닥에 자리를 잡고 공부를 하면서 첫 수업을 기다렸다.

내 사전에 지각이란 없었다. 단 한 번도.

처음으로 무대에 섰던 때를 기억한다. 다섯 살 때였지만 이후의 공연들과는 달리 가장 기억에 남았던 건 관중들 앞에서 느꼈던 자신감이나 박수갈채가 쏟아지는 동안의 휘몰아치던 흥분이 아니었다. 바로 공연 후 엄마의 반응이었다.

우리가 아직 벨플라워에서 헤럴드와 함께 살고 있을 때였다. 그 무렵, 엄마는 크리스와 에리카 그리고 나를 제퍼슨 초등학교 장기자랑에 내보냈다.

엄마가 직접 만든 의상을 입고, 우리는 몇 주 동안 〈Please Mr. Postman〉에 맞춰 엉덩이를 흔들고 립싱크로 노래를 따라부르며 연습했다. 난 빠르게 습득했고, 방과 후 매일 집으로 달려가 거실에서 연습하던 그때의 경험이 더할 나위 없이 좋았다. 무엇보다도 공연 당일 밤에 우리를 준비시키면서 잔뜩 흥분한 모습의 엄마를 보는 게 무척 즐거웠다.

오, 잠깐만요, 우체부 아저씨.
Oh yes, wait a minute Mister Postman.

공연이 막 시작되었다. 에리카와 내가 열심히 마블레츠 Marvelettes를 흉내내는 동안 남색 반바지에 흰색 셔츠를 입은 일곱 살 꼬마 크리스가 책가방을 들고나와 관객들에게 편지 봉투를 던졌다. 우린 가히 인기 만점이었다. 특히 엄마한테.

"너희들 정말 멋졌어!" 엄마는 칭찬을 쏟아냈고, 그녀는 관객들이 다가와 우리가 얼마나 귀여웠는지 늘어놓는 동안 카메라 셔터를 눌러대면서 환하게 웃었다. "너희들 정말 타고났더라! 미스티, 넌 완전 무대 체질이야."

그날 밤은 내가 매우 특별하게 느껴졌다. 비단 나 혼자 스포트라이트를 받은 건 아니었지만, 코플랜드 형제자매들 틈바구니에서 이번만은 내가 가장 눈에 띄었고, 엄마의 관심이 온전히 나한테 집중되었음을 느꼈다.

그런 일은 가령 내가 좋은 성적표를 받아들거나, 데이나 중학교에서 홀 모니터hall monitor❖로 뽑혔을 때처럼 어쩌다 한 번 일어나는 드문 일이다. 엄마는 상으로 해바라기씨가 든 가방이나 해바라기 스케치가 있는 문구류, 혹은 해바라기라고 불리는 고약하리만치 달콤한 어린이 향수를 주곤 했다. 나는 내게 주어진 보상을 기꺼이 받아들였다. 할 수 있는 한 오랫동안 엄마의 관심에 매달리면서.

학교에 관해서라면 특별히 잘하는 게 있다고 느끼진 않았다. 그래서 엄청나게 열심히 공부했다. 방정식, 대명사, 그리고 남북전쟁 당시 전투가 벌어진 날짜들이 내 머리에 완전히 각인될 때까지 확인하고 또 확인했다. 나는 거의 모든 시험에서 A를 받았

❖ 미국에서 학교 복도의 질서유지를 담당하는 학생 혹은 직원을 일컫는다.

다. 십 대에 들어 발레를 발견하고야 비로소 내가 눈으로 본 것을 기억하는 일에 진정한 재능이 있다는 것, 즉 움직임을 보고 빠르게 모방하는 능력이 있다는 것을 깨닫게 되었다.

내가 처음으로 움직임을 모방한 상대는 무용수가 아니었다. 바로 체조 선수 나디아 코마네치였다. 체조 종목에서 처음으로 10점 만점을 기록하고 평균대와 평행봉에서 힘과 우아함으로 금메달을 딴 최초의 여자 체조 선수. 코마네치가 1976년 올림픽에서 역사를 썼을 당시 난 이 세상에 태어나지도 않았다. 대신, 일곱 살 때 코마네치를 발견하고 전기영화에서 그녀의 이야기를 보았다. 그 영화에 홀딱 빠져서는 비디오카세트리코더로 방송을 녹화하고 텔레비전 앞에 자리를 딱 잡고 앉아서 되감기 버튼을 눌러가며 같은 작품을 보고 또 봤다. 체조에 꽂혀 체조 경기나 연기 모습을 보여주는 채널을 발견하기라도 하면 무조건 거기에 맞추고 집중했다. 그러나 처음부터 난 공중 곡예보다는 마루 운동에 더 끌렸다. 그건 아마도 마루 운동이 내가 본 고전적인 동작과 춤에 가장 가까워서였던 것 같다.

나는 혼자 체조를 터득했다. 내 몸은 머리로는 아직 이해하지 못한 것을 알고 있었다. 바로 리드미컬한 동작이 내게는 숨 쉬는 것만큼이나 자연스러웠다는 것. 로버트와 함께 살던 새집에는 집 앞뒤로 널찍한 마당이 있었는데 난 맨발로 풀밭에 몸을 쭉 뻗고서 혼자서 백벤드 워크오버backbend walkover❖, 옆돌기, 물구나무서기를 터득했다. 아무도 나에게 보여주지 않았지만 이미 다리를 직선이 되게끔 양쪽으로 벌리는 동작도 할 줄 알았다. 내

❖ 선 자세에서 손이 바닥에 닿도록 몸을 뒤쪽으로 구부리면서 움직이는 동작

다리는 자연스럽게 자세를 잡았다. 다른 사람들이 굳건히 서 있는 것처럼 땅에 머리를 대고 균형을 잡을 수 있었다. 왜 다른 사람들은 몇 달에 걸쳐 익힐 수 있는 동작을 난 즉시 할 수 있는지, 왜 내 팔과 다리가 고무줄처럼 탄력이 있는지 궁금해하지도 않았다. 내 다리와 팔이 그냥 그렇게 했고, 난 그냥 알았다.

방과 후와 주말이면 뒷마당에서 이와 같은 동작을 몇 시간이고 연습했고, 시간 가는 줄도 몰랐다. 난 등을 구부리고, 양팔을 높이 들어 올렸다. 그러면 오직 내 귀에만 들리는 박수갈채가 나를 압도했다. 마치 내가 나디아가 된 것만 같았다.

결국엔 정말로 되고 싶은 건 체조 선수가 아님을 깨달았다. 나를 사로잡은 건 마루 운동이지, 온갖 텀블링 기술과 재주넘기가 아니었다. 그러나 처음으로 움직임의 힘을 활용할 수 있게 되었고, 이러한 몸의 움직임이 선사하는 사색적인 우아함을 느꼈다. 그 안에서 나는 탈출구를 찾았다.

❦

이 무렵, 처음 편두통을 앓기 시작했다. 엄마도 나와 비슷한 나이에 편두통을 경험하기 시작했다고 한다. 비록 유전이긴 해도 구토와 시야가 흐릿한 증상과 더불어 내가 경험했던 극심한 통증은 주로 스트레스에서 비롯한 것 같다. 나는 항상 두려움에 떨었다.

결국 공부에 집중할 수 없을 만큼 아프거나 놀 수조차 없을 정도로 통증이 심한 날에는 학교를 조퇴할 수밖에 없었다. 그런 날이면 침대에 몸이 닿자마자 옷을 벗을 새도 없이 그대로 잠들어버렸다. 불빛이 내 통증을 악화시켰기 때문에 나는 칠흑같이 어두운 방에 누워 있어야 했다. 로버트는 퇴근하고 집에 돌아와 나를 깨우고 잠옷으로 갈아입을 수 있도록 도와주었다. 수년간 나를 찾아오는 이 지독한 통증은 일상이 되었지만, 그렇다고 통증이 덜한 것도 아니었다.

우리 집은 한순간도 조용한 날이 없었다. 모든 의자에는 한 사람씩 널브러져 있었고 구석구석에 책이나 장난감이 아무렇게나 던져져 있었다. 매일 아침 나는 아이들의 고함, 요란한 음악, 그리고 크게 틀어놓은 텔레비전 소리가 한데 뒤섞인 '소리의 벽' 때문에 잠이 깨곤 했다.

텔레비전은 우리 가족이 모시는 제단이 되었다. 가족 모두가 스포츠를 보기 위해 일제히 그 앞으로 모였기 때문이다. 어떤 스포츠든, 어떤 경기든, 어떤 팀이든 상관없었다. 시카고 불스든, 샌프란시스코 포티나이너스든 상관없었다. 저마다 자기가 좋아하는 팀이 있었다. 나만 빼고. 하지만 캔자스시티 치프스만큼은 우리 모두의 팀이었다. 우리가 태어나기 전 엄마는 미국 풋볼팀 캔자스시티 치프스의 치어리더로 활약하셨고, 덕분에 팀의 경기를 무료로 관람할 수 있는 표를 얻을 수 있었다고 한다.

사방에 팝콘이 튀는 주말과 월요일 밤이면 가족들은 모두 거실에 모여 팀이 야드를 갱신하거나 공을 놓치면 집이 떠나가라 소리를 질러댔다. 엄마와 형제자매들은 경기에 완전히 마음을 빼앗겼다. 반면, 난 침실로 물러나 머라이어 캐리의 음악을 크게 틀어놓고 무언가를 창조했다. 그때는 그것을 안무라고 부르는지 몰랐다.

그냥 엉덩이와 머리를 흔드는 게 다였다. TV에 자주 나오는 뮤직비디오에서나 보던 춤을 그대로 따라 하면서 몸짓과 손짓으로 노래 가사에 맞춰 연기했다.

머라이어가 노래한다.

나는 당신을 생각해.
I've been THINKING about YOU.

나는 관자놀이에 손가락을 댔다가 상상의 남자친구를 향해 팔을 뻗는다. 엉덩이와 어깨는 비트에 맞춰 들썩거린다.

그러다가 그녀는 사랑에 빠졌다고 나직이 읊는다. 난 팔을 떨어트리며 천천히 바닥에 쓰러지곤 했다.

뭐, 조지 발란신George Balanchine❋까지는 아니더라도 MTV 채널에 나오는 뮤직비디오를 감독하는 내 모습 정도는 쉽게 상상할 수 있었다.

이따금 린지를 내 놀이에 끌어들여 내가 창작한 안무가 다른 사람의 몸에서 살아나는 모습을 지켜보곤 했다. 그럴 때마다 린지는 꼭 마지못해 불려 나온 학생 같았다. 조금도 과장이 아니다. 우리 형제자매 중에서 린지는 리듬감을 전혀 타고나지 못한 것 같았다. 우리는 그런 린지를 짓궂게 놀리곤 했다. 가족을 잘못 찾아온 것 같다거나, 혹은 은밀하게 코코아 빛 피부로 위장한

❋ 러시아 출신의 미국 무용수이자 안무가로, 1948년에 뉴욕시티발레단을 공동설립하여 예술감독으로서 일했다.

백인 소녀가 아니냐며 물어보곤 했다.

"제발, 린지, 날 위해 이 춤을 춰줘." 내가 애원했다. "싫어어어어." 린지는 거의 울부짖었다.

눈에는 눈물이 그렁그렁했다. "크리스와 더그가 TV를 양보하게 해서 네가 〈시스터, 시스터Sister, Sister〉를 볼 수 있게 해줄게." 나는 이런 식으로 린지를 꼬드겼다.

보통은 그거면 충분했다. 린지는 티아와 타메라 모우리Tia and Tamera Mowry를 아주 좋아했으니까. 그렇지만 스텝을 밟는 내내 린지는 입을 삐죽 내밀었다.

춤은 로버트와 함께 살면서 알게 되었지만 아직은 나의 성역으로 발전하기 전이었다. 우리의 삶은 혼돈 그 자체였다. 어머니에게 남편이 생기면 막간에 집과 안정이 생기고 그사이 우리에게는 붐비고 어수선한 아파트가 존재했다.

우, 얘야, 이제 힘든 일은 끝났어.
Ooh, child, things are gonna get easier.
우, 얘야, 모든 게 잘 풀릴 거야.
Ooh, child, things are gonna get brighter.

나는 샤쎄chassé❖ 스텝으로 엄마 침실을 돌아다니며 투팍Tupac의 노래를 들었다. 정말로 그의 노랫말이 맞기를 바라면서.

❖ 미끄러지듯 발을 내딛는 동작을 일컫는 프랑스어에서 유래한 단어로 발레 용어로 많이 쓰인다. 한 발을 다른 발이 있는 자리로 미끄러지듯 옮기면서 발을 벌리고 모으고 벌리는 무용의 연속 동작이다.

탕!
bam!

나는 손으로 얼굴에 부채질을 하고, 엉덩이를 왼쪽으로 흔들면서 솔트 앤 페파Salt-N-Pepa의 〈Whatta Man〉에 맞춰 몸을 흔들었다.

펑!
pop!

크레이그 맥Craig Mack의 〈Flava in Ya Ear〉을 듣는 동안에는 머리를 오른쪽으로 홱 젖히고 팔을 흔들었다.

어릴 때 재방송으로 즐겨 보던 〈브래디 번치The Brady Bunch〉라는 시트콤이 있었다. 여기에서 여섯 명의 아이들은 티끌 한 점 없는 깨끗한 집에서 방을 함께 쓴다. 그들에게 닥치는 가장 큰 위기는 고작 졸업 무도회 전날 밤 마샤의 피부가 확 뒤집히거나, 아니면 장기자랑 전날 밤 그레그의 목소리가 변하는 게 다였다.
해럴드와 친아버지를 떠났듯, 우리가 결국 로버트를 떠났을 때는 파란색 스테이션왜건마저 포기해야만 했다. 버스로 이동하면서 난 내가 누려보지 못한 온갖 것들을 상상해보곤 했다. 가족을 위해 저녁 식사를 준비하는 엄마. 반짝반짝 빛나는 깨끗한 집. 기껏해야 여드름이 가장 큰 문제인 가족….
하지만 춤을 출 때면, 안무에 몰두하는 순간만큼은 언제나 마음이 맑아졌다. 침대가 없는 거실 바닥에서 어떻게 잠을 잤는지, 언제 엄마의 새 남자친구가 다음번 새 아빠가 될지, 혹은 우리의 끼니를 해결해줄 25센트 동전 몇 개를 찾을 수 있을지 따위는 전혀 생각하지 않았다. 내 걱정은 춤에 눈 녹듯 사라졌다. 그야말로 머라이어 캐리의 노래가 치유하지 못할 위기란 없었다.

하지만 내가 공연 예술에 빠져들 줄은 꿈에도 몰랐다. 여전히 학교에서는 수업 시간에 이름만 불러도 덜컥 겁이 나서 속이 울렁거렸었는데.

6학년 영어 선생님이셨던 슈베블 선생님은 종종 큰소리로 이렇게 외치곤 하셨다. "미스티, 다음 문장을 읽어보렴."

그럼, 난 덜덜 떨면서 《호밀밭의 파수꾼》을 꽉 움켜쥐었다. "인생은 게임이야." 내가 읽었다. 말이 목구멍에 걸려 숨도 쉴 수 없을 만큼 끽끽거리는 탓에 겨우 말했다. "누구든 규칙에 따라야 하는 게임이네."

하지만 실수라도 할까 봐, 남들 앞에서 쩔쩔매거나, 혹은 질타를 받을까 봐 두려움에 벌벌 떨던 어린 소녀에게 어떻게 된 일인지 무대는 오아시스처럼 느껴졌다. 나중에 가서야 내가 왜 아메리칸발레시어터의 단원이 되고, 뉴욕 메트로폴리탄 오페라, 모스크바 볼쇼이 극장, 도쿄문화회관Tokyo Bunka Kaikan에서 공연하게 되었는지 깨닫게 되었다.

무용수라면 프로로서 무대에 오르기까지 엄청난 양의 비판과 평가를 감내해야 한다. 무용 교사가 손뼉을 치면서 당신을 멈춰 세우고 비평하기 전까지 당신은 리허설에서 거의 한 발짝도 내디딜 수 없다.

하지만 실제 무대에 섰을 때 음악이 크게 울리고 관중들이 숨 죽이고 있는 동안에는 모든 것, 즉 숨을 고르고 얼마나 높이 뛸 것인지는 오롯이 당신에게 달렸다. 더는 걱정하거나 더 나아지기 위해 노력할 시간이 없다. 해내든 해내지 못하든 둘 중 하나일 뿐이다. 다시 말해 우아하게 착지하거나, 혹은 비틀거리며 넘어지거나 둘 중 하나라는 거다. 그와 같은 절대성, 변경할 수 없는 최후는 자유로움이다. 무대는 내가 그러한 자유를 느꼈던 유일한 장소였다.

어린애였을 때조차 그 정도는 알았다. 그때 무대는 발레 교사나 무용 평론가에게서 나를 보호해주는 공간은 아니었다. 그보다는 내가 적응하지 못할까 봐 걱정하거나, 여러 번 결혼한 엄마에 대해 느꼈던 당혹감, 혹은 해럴드를 볼 수 없었을 때의 고통을 잊게 해주는 곳이었지.

6학년 때 가장 친한 친구인 다니엘과 레이나와 함께 해마다 열리는 포인트 페르민 초등학교 장기자랑에 나가기로 마음을 먹었고, 내가 안무를 맡았다. 긴 짙은 갈색 머리에 반은 멕시코계 미국인이고 반은 백인인 다니엘은 셋이 함께 서 있으면 혼자 우뚝 솟아 있을 만큼 키가 컸다. 멕시코계 미국인과 아시아계 혼혈인 레이나는 나처럼 작고 까무잡잡했다. 우리 셋은 떼려야 뗄 수 없는 사이였다. 나는 매일 오후 방과 후에 다니엘의 집에 가서 숙제를 하고, 뉴 에디션New Edition과 보이즈 투 맨Boyz II Men 의 노래에 맞춰 춤을 추며 놀았다. 다니엘과 레이나와 나, 이렇게 셋은 자매였다.

하지만 내가 공연의 서막이라고 부른 필수 예행 연습을 하는 동안에는 돈독한 정이 혹독하게 채찍질하는 데 방해가 되지 않도록 주의를 기울였다. 우리는 다니엘의 거실에 한 줄로 섰다. 난 앞으로 나갔고 우리의 정해진 춤동작을 연습했다. 애석하게도 다니엘과 레이나는 나만큼 열정적이지 않았고, 마침내 장기자랑 무대에 오른 금요일 밤, 강당의 흐릿한 흰색 조명 아래 다소 열성적이지 못한 두 친구의 모습이 고스란히 드러났다.

내가 머라이어 캐리의 〈I've Been Thinking About You〉에 맞춰 립싱크로 노래하는 내내 레이나와 다니엘은 내 뒤에서 스텝을 마구 뒤섞으면서 어색하게 춤을 추었다. 정말이지 실망이라는 말로는 내 기분을 다 설명할 수 없었다. 하지만 난 단 한 순간도 내가 무대 위에서 펼친 탁월한 공연에 대해서는 의심하지 않았다. 그 순간만큼은 저기, 수많은 관객 앞에서 스포트라이트를 받으며 격렬한 감정을 느꼈다.

이후 어느덧 나는 언니가 활동하는 데이나 중학교 군무 팀에 들어가려고 기를 쓰는 신입생이 되었고, 그렇게 무대에 다시 서게 되었다.

드릴 팀Drill Team❖으로 불리는 데이나 중학교의 군무 팀은 전설적이었다. 주 전역에서 개최된 대회의 상을 휩쓸었는데 언니인 에리카가 바로 팀의 스타 중 한 명이었다. 언니는 항상 내 우

❖ 보통 미국의 고교나 대학에서 정해진 루틴에 따라 질서 있게 춤을 선보이는 댄스 팀으로 학교 행사나 지역사회 홍보 활동 등에 참여한다.

상이었다. 예쁘고, 인기도 많았고, 종종 나를 얼어붙게 만드는 자기 회의와 같은 감정으로 고생한 적도 없어 보였으니까. 나는 언니처럼 되고 싶었다. 또 오랫동안 내 삶의 모든 영역을 괴롭히던 두려움이 무대에서 펼치는 공연을 떠올리면 사라지는 것 같기도 했으니까. 난 단지 군무 팀의 구성원이 되는 것을 목표로 삼지 않았다. 나는 주장이 되고 싶었다.

주장에 지원하려면 두 개의 댄스 루틴을 수행해야 한다. 팀의 모든 예비 팀원이 수행해야 하는 루틴과 내가 직접 짜서 선보여야 하는 루틴 두 가지다. 에리카는 안무로 내게 도움을 주기로 했지만 현재의 군무 팀은 언니가 활동하던 시절의 그 유명한 팀이 아닐 수도 있다고 귀띔했다. 많은 우승을 이끈 코치가 지난 학년도 말에 학교를 떠나는 바람에 최근 채용된 역사 교사인 엘리자베스 캔틴이 그 자리를 대신 맡게 되었다는 것이다.

그렇더라도 나는 지원해보고 싶었다. 우리 가족은 듀오였던 웸Wham! 해체 후 솔로로 활동한 조지 마이클George Michael을 굉장히 좋아했기 때문에 〈I Want Your Sex〉에 맞춰 춤을 추기로 했다.

그러나 에리카는 내 춤이 좀처럼 마음에 들지 않은 모양이었다. 내가 언니의 창의적인 비전을 제대로 표현하지 못한 것 같았다. 결국 에리카는 폭발했다.

"너 정신이 있어 없어!" 어느 날 오후, 결국 언니가 소리를 꽥 질렀다. 참다못한 언니는 거실로 뛰쳐나갔고 난 그저 눈물만 뚝뚝 흘리고 있었다. 내가 다시 가서 도와달라고 애원했지만, 언니가 완강히 거절하는 바람에 결국 혼자 댄스 루틴을 완성할 수밖에 없었다.

그로부터 몇 년 후, 안무가들이 본능적으로 자신들의 걸음걸이를 기억하고 곧잘 따라 하는 나의 재능을 발견하고 그들과 함께 작업하게 되리라는 걸 고려해보면 당시 언니의 평가는 정말 특이했다는 말밖에는 할 말이 없다. 만약 그날 언니가 안무를 결정했다면 나는 「해적Le Corsaire」은 말할 것도 없고, 저예산 뮤직비디오에도 캐스팅되지 못했을 것이다.

이틀 후, 난 학교 체육관에 나타났다. 내 기량을 증명해 보일 생애 첫 오디션이었다.

막상 심판대 앞에 서자 약간 주눅이 들었다. 책상 너머로 세 명의 '학교 운동장' 프리마돈나가 있었다. 그들은 한 해 전 팀에 들어오고 싶어 안간힘을 쓰던 새내기 시절의 성과를 조금이나마 과시할 기회를 만끽하려는 듯이 보였다. 그들 옆에는 새로운 코치인 엘리자베스가 앉아 있었다. 몸집은 나처럼 작고 가냘팠고, 차분한 시선을 돋보이게 하는 갈색 곱슬머리에 본차이나처럼 섬세한 이목구비를 지닌 여성이었다.

먼저 팀에 뽑히고 싶어 하는 열두 명의 다른 소녀들과 함께 춤을 추었다. 이제 내가 솔로 춤을 선보일 시간이다.

난 똑바로 섰다. 시선을 땅에 고정하고 두 손을 모은 채 한쪽 무릎을 내민 자세로 테이프에서 노래가 시작되기를 기다렸다.

"베이비."

조지 마이클의 외침에 나는 곧바로 안무를 시작했다. 이어지는 3분 동안 발을 쿵쿵 구르고, 빙그르르 돌고, 엉덩이를 돌렸다. 그리고 시선을 천장에 고정한 채 팔을 앞으로 쭉 내밀고 다리를 길게 일자로 찢으면서 루틴을 끝냈다. 그리곤 잠시 동안 침묵이 흘렀다.

"고생했어."

오디션 심사를 보던 한 선배가 노란색 노트에 뭔가를 메모하면서 던진 퉁명스러운 한마디가 침묵을 깼다.

그때 내 눈에는 엘리자베스 코치님이 미소를 짓고 있는 모습이 들어왔다.

그날 저녁 집으로 돌아온 나는 내내 거실을 서성거렸다. 내가 뽑혔는지 마음 졸이며 결과를 기다리고 있었다. 그때 전화벨이 울렸다.

결과는 합격이었다. 심지어 주장의 임무까지 맡게 되었다.

이제 나의 학교생활에 새로운 물결이 일었다. 교내 군무 팀 연습은 6교시 체육 시간에 있었는데, 이 활동 덕에 학교 수업이 꽉 채워져서 무척 좋았다. 나는 6학년 회계 담당이자 준장 commodore이었다. 준장은 데이나 중학교에서 홀 모니터를 부르는 멋진 이름이었다.

교내 군무 팀으로 결성된 서른 명의 여학생은 학교 체육관 옆 방에 모였다. 보통은 체육복을 입고 연습하다가 경기가 있을 때면 학교를 상징하는 새이 유니폼으로 갈아입었다. 파란색과 흰색 테두리를 댄 노란색 치마를 걷어 올려서 더 짧고 앙증맞게 만들고, 두꺼운 끈이 달린 노란색 V넥 상의와 케즈Keds 스니커즈와 비슷하게 생긴 흰색 고무 밑창의 슬립온 신발을 신었다. 내

셔츠 구석에는 '캡틴 미스티'가 흰색 실로 수놓아져 있었다.

교내 군무 팀의 주장이 되면서 나는 자연스레 인기를 얻었지만, 정작 팀원들과는 잘 어울리지 못하는 것 같았다. 9월생이라 같은 학년 내에서도 막내였고 심지어 팀원 중 몇 명은 나보다 더 나이가 많았다. 그런 데다가 나는 샌님이었다. 여전히 바비 인형을 가지고 놀았으며, 아직도 기말고사 기간인 줄 모르고 스페인어 수업을 듣다가 구술시험을 보는 악몽을 꾸곤 했다.

반면 팀원들은 핑크와 보랏빛이 도는 립글로스를 듬뿍 바르고 눈에는 검은색 아이라이너를 진하게 그리고 다녔다. 그야말로 엄마가 소위 '날라리'라고 부르는 여학생들의 표본이었다. 내가 홀 모니터로서 학생들이 제시간에 맞춰 수업에 도착하는지 확인하는 동안 그 여학생들은 사물함에 기대어 서서 농구 팀에서 누구랑 어울리고 싶은지 이야기했다.

나는 연습이나 경기가 있는 날 외에는 그 여학생들과 어울리지 않았다. 나와 가장 친한 친구는 여전히 재키였고 나처럼 학생회에 있었다. 우리는 함께 앉아 점심을 먹었고, 주말에는 재키의 집에서 하룻밤 지내면서 놀았다.

하지만 팀원들은 친절했다. 친절한 것 이상으로 내게 존경심을 보여주었다. 내가 춤을 제일 잘 춘다는 건 의심의 여지가 없었다. 그래서 내가 주장이었던 거다. 그 연습실에서 난 내 목소리를 찾았다.

사람들이 교내 군무 팀을 '드릴 팀'이라고 부르는 데는 다 그만한 이유가 있다.

"차렷!" 내가 구령한다. "좌향좌!"

비록 팀에서 막내였지만 여학생들은 내 말에 경청했고, 내 명령을 잘 따랐다. 난 그 힘을 대단히 좋아했다. 그러나 연습이 끝나고 일상으로 돌아오면 '그 힘'이 가져다준 자신감은 사라지고 다시 불안이 엄습했다. 그리고 발을 헛디뎌 넘어지지는 않을지 두려워하는 삶 속으로 다시 걸어 들어갔다.

그렇긴 해도 내게 어느 정도 편안함을 안긴 공간이 한 군데 더 있었다. 바로 산페드로 보이스앤걸스클럽Boys and Girls Club✽이다. 방과 후 매일 형제자매들과 함께 두 블록을 걸어 그곳에 갔고, 우리는 엄마가 퇴근 후에 데리러 올 때까지 보이스앤걸스클럽에서 함께 시간을 보냈다.

⌬

드릴 팀 연습은 내 예상을 빗나갔다. 엘리자베스 선생님은 어려서 배운 고전 발레에서 몇 가지 기본적인 기술을 가져와 몸풀기 동작이나 안무에 통합했다. 우리가 모인 첫날, 나는 선생님의 지시에 따라 발끝으로 서서 두 팔을 벌리고 오른쪽으로 스텝을 밟고 두 팔을 모아 빙 돌았다. '쉐네chaîné'라는 스텝의 이름은 낯설었지만, 회전할 때 '휙' 소리를 내면서 붙는 가속도는 내가 우리 집 마당에서 옆으로 재주넘기를 할 때 느꼈던 확 솟구치는 느낌과 비슷했다.

엘리자베스 선생님은 나에게 무릎을 구부리고, 빙그르르 돌

✽ 1886년에 창립되어 청소년 선도사업 등을 펼친 비영리단체로 청소년들에게 방과 후 프로그램 등을 제공하고 있다.

고, 내 체중을 빠르게 한쪽 다리로 옮겨 다른 쪽 다리를 비스듬히 들어 올린 후 발가락으로 서는 방법을 가르쳐주셨다. 그녀는 그 동작을 '삐께piqué'라고 불렀다. 스텝의 이름이 특이하다고 생각했지만 그 움직임 자체는 결코 낯설게 느껴지지 않았다.

학년이 시작되고 몇 주 만에 나는 머라이어 캐리의 〈All I Want for Christmas Is You〉에 맞춰 군무 팀의 댄스 루틴을 짜야겠다고 마음먹었다. 나는 그 일에 강박적으로 매달렸다. 로버트의 어머니인 마리 할머니에게서 배운 바느질 솜씨까지 발휘해가며 모든 의상을 직접 만들었다.

나는 엘리자베스 선생님께 군무 팀 예산의 일부를 사용하여 우리에게 빨간 레오타드를 사달라고 부탁했고, 테두리에 가짜 모피를 댄 작고 빨간 치마를 바느질하는 데 몇 주를 보냈다. 그런 일이 즐거웠다. 바느질, 공예, 상상, 창작. 그래서 오래전 크리스마스 공연 후 학교의 지하실에 남겨둔 빨간 지팡이를 무대에서 소품으로 쓸 요량으로 가져와 흰색 테이프로 감았다.

나는 팀이 스텝을 완전히 터득하도록 하겠다고 마음먹었다. 레이나, 다니엘과 함께했던 처참하기 이를 데 없는 장기자랑이 되풀이되는 일은 두 번 다시 없을 것이다. 공연을 완벽하게 준비하기 위해 팀원들에게 주말에도 리허설을 주문했다. 삐께, 도약, 그리고 간혹 엘리자베스 선생님이 우리에게 연습시킨 완벽하게 일직선으로 정렬된 턴 아웃turn out❃ 대신—재즈 안무처럼, 물론 나중에 안 것이지만—무릎을 앞으로 향하게 한 삐루에뜨

❃ 발레에서 두 발꿈치의 등을 맞추고 무릎뼈와 발끝을 바깥쪽으로 향하게 벌린 다리 자세

pirouette❉가 있었다.

그것은 우리 팀이 엘리자베스 선생님을 통해 배운 새로운 모든 스텝을 혼합한 것이었다. 그러나 마지막에는 〈징글벨〉만큼 익숙한 동작을 사용하여 라디오 시티 로켓츠Radio City Rockettes처럼 일렬로 서서 발뒤꿈치를 허공에 높이 들어 올려 차는 동작으로 피날레를 장식했다. 관객들이 우리에게 기립 박수를 보냈다.

크리스마스 공연은 학기 말에 있었고 그 후 우리는 2주간의 겨울 방학에 들어갔다. 우리가 돌아왔을 때 엘리자베스 선생님은 나와 이야기하고 싶다고 말했다.

"넌 발레를 하기에 완벽한 체격 조건과 타고난 능력을 겸비했어." 그녀가 말했다. "네가 방과 후에 보이스앤걸스클럽에 가는 걸 알고 있단다. 한 친구가 그곳에서 발레를 가르치고 있는데, 이름은 신디 브래들리야. 한번 가보지 않겠니?"

나는 당황했다. 발레? 내가 왜 그걸 하고 싶겠어?

난 한 번도 발레를 본 적이 없었다. 발레가 어떤 것인지에 커다란 인상을 받은 적이 있었나 싶을 정도로 기억이 나지 않았다. 언젠가 엘리자베스 선생님이 군무 팀에 커다란 리본을 들고 움직이게 했던 그 동작처럼 서정적이고 느린 춤인가?

그때 그 춤은 모든 동작이 재미있었기 때문에 흥미로웠다. 하지만 편안한 일상에서 벗어나야 한다고 생각하니 갑자기 두려워

❉ 제자리에서 한쪽 발끝으로 도는 회전

졌다. 난 보이스앤걸스클럽에서 발레를 지도하는 선생님이 누군지 알지도 못할뿐더러 생소한 무용을 배우러 생면부지의 사람을 찾아간다는 생각에 지레 겁부터 났다.

그런데도 그날 오후 코치가 내게 부탁을 했고, 또 난 항상 시키는 대로 잘했으니까, 의무적으로 보이스앤걸스클럽 체육관으로 걸어가 조용히 지붕 없는 관람석에 무릎을 감싸고 앉아서 무대를 지켜보았다. 그 후 일주일 정도 대부분 나보다 나이가 어린 줄잡아 열두 명의 여자애들과 두세 명의 남자애들이 발끝으로 서고, 박자를 맞추고, 몸을 구부리고, 스트레칭을 하면서 수업받는 모습을 지켜보는 관중이 되었다. 어느 날, 그들의 선생님인 신디가 뒤를 힐끗 돌아보고는 내 앞으로 걸어왔다.

"매일 여기에 앉아 있던데 무슨 일이니?" 그녀가 물었다.

"저희 학교 군무 팀 코치이신 엘리자베스 캔틴 선생님께서 보라고 하셔서요." 내가 조용히 말했다. "제가 소질이 있다고 생각하시거든요."

"엘리자베스가 네 얘기 하더라." 신디가 그제야 알아봤다는 듯이 눈을 크게 떴다. "와서 같이 수업 한번 받아볼래?"

하지만 난 그렇게 할 수 없었다. 아직은 어림도 없다. 다른 여자애들은 꽤 오래전부터 발레를 배운 게 틀림없었다. 게다가 부드러운 슬리퍼에 산뜻한 분홍빛 타이즈며 화려한 레오타드가 잘 어울리는 것 같았다. 하지만 그런 게 나한테 어울리겠어?

"저는 레오타드나 타이즈가 없어요." 내가 중얼거렸다.

"그건 걱정하지 마. 그냥 체육복 입어도 돼." 신디가 말했다.

나는 그 후로도 그냥 앉아서 바라보기만 했다. 그렇게 일주일이 지나갔다. 나는 형제자매들에게 체육관에 간다고 말하지 않았다. 왜냐하면 그들이 내게 익숙하지 않아 두려워하는 걸 한번 해보라며 부추기는 게 싫었으니까. 그 수업을 들으면서 괜한 웃음거리가 되지는 않을까? 다른 아이들은 어떻게 생각할까? 신디가 엘리자베스 선생님께 나에 대해서 안 좋게 얘기하면 어쩌지? "미스티는 내 말을 하나도 못 따라와." "이 학생은 드릴 팀에 충실해야겠어." 내 상상 속에서 신디는 내가 얼마나 한심한지 어이가 없다는 듯 고개를 절레절레 흔들며 말했다.

마침내 어느 날 오후 내가 혼자서 중얼거렸다. '어쨌든 보이스앤걸스클럽 체육관에 갈 거라면 한 번쯤은 시도해보는 것도 괜찮지 않을까.'

그런데 막상 탈의실에 들어가 옷을 갈아입고 있자니 무릎을 스칠 만큼 긴 파란색 면 반바지에 흰색 티셔츠, 그리고 오래된 스포츠 양말을 신고 있는 내 모습이 약간 창피하게 느껴졌다. 아무튼 최대한 의지력을 발휘해 농구장 한가운데로 걸어갔다. 그리고 한 군데 자리를 발견했다. 똑바로 서서 정면을 응시하고 처음으로 발레 바에 손을 얹었다.

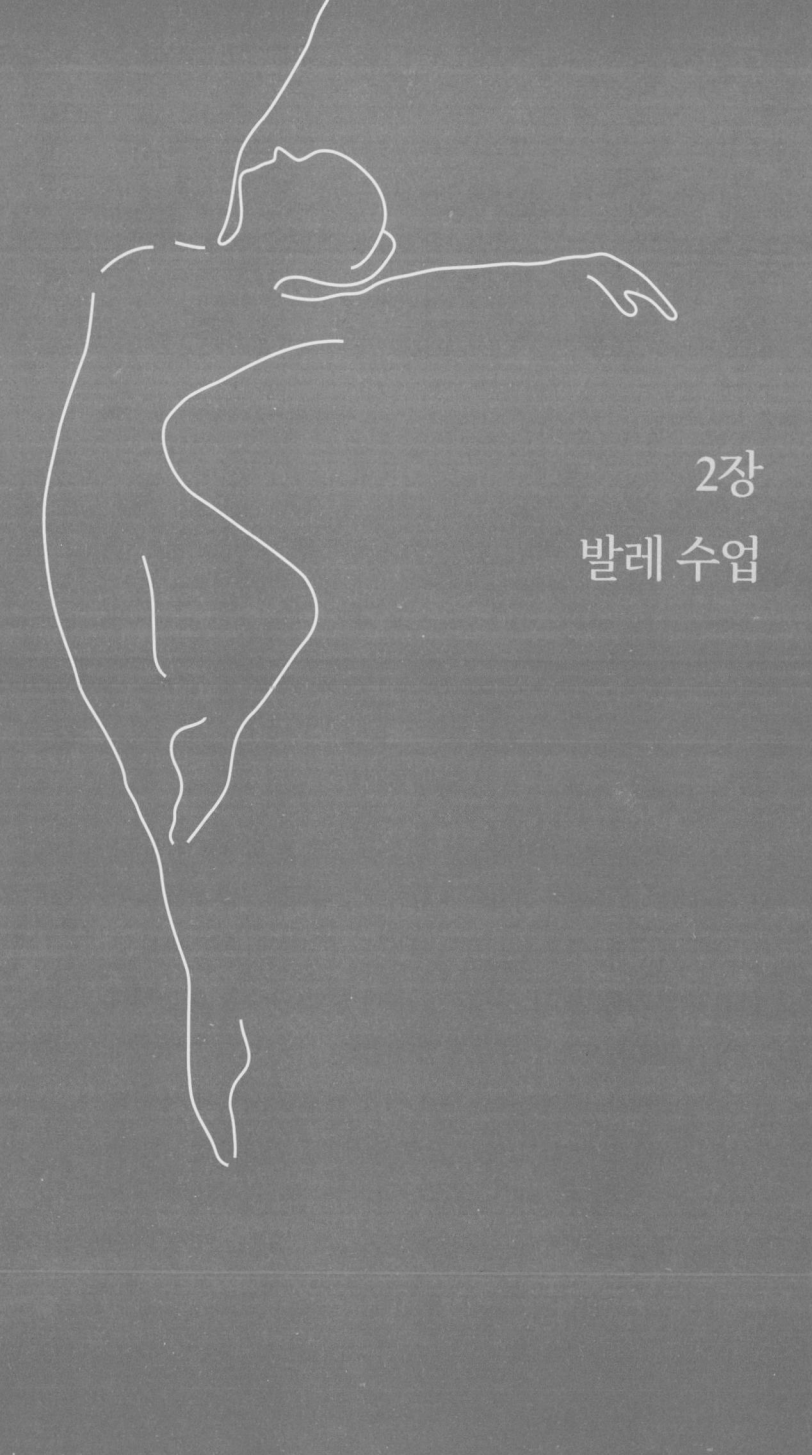

2장
발레 수업

이젠 안 해.

나는 보이스앤걸스클럽에서 첫 발레 수업을 마치고 걸어 나오면서, 또 그 수업이 마지막이 되리라 결심하면서 혼잣말을 했다. 한 시간 내내 몸통을 비틀고 팔을 쭉 뻗고 있었는데, 마치 망가진 마리오네트가 된 것 같은 기분이 들었다. 수업 시간 내내 무얼 하고 있는지 도통 알 수가 없었다.

이게 춤이라고? 여자애들 열댓 명과 한 줄로 나란히 서서 발가락 구부리기, 팔 들고 있기, 무릎 굽히기나 하면서 한 시간을 보낸다? 이건 내가 군무 팀에서 즐겨 하던 발 구르기나 점프와는 전혀 달랐다.

다음 날, 그다음 날, 또 그다음 날에도 나는 다른 활동을 하러 가는 길에 체육관을 잰걸음으로 서둘러 지나쳐 갔다. 하지만 신디는 포기하지 않았다. 내가 계속하지 않기로 마음먹은 지 일주일쯤 지났을 때였다. 그녀가 지나가는 나를 발견했다.

"미스티!" 신디가 나를 불러 세웠다. "잠시 여기로 와줄래?"

덫에 걸린 듯, 난 마지못해 그녀를 따라 교실 앞까지 걸어갔다. 나이도 많고 신경이 예민한 나로서는 이보다 더 나쁜 상황은 없으리라 생각했다. 첫 수업 때부터 따라가기 벅차다고 느꼈다. 한꺼번에 너무 많은 정보가 쏟아진 데다 다른 학생들보다도 한참 뒤처져 있었기 때문이다. 난 준비되지 않은 상태에서 밀려오는 혼란스러운 느낌이 싫었다. 내가 뭘 하고 있는지도 모르는 판국에 모든 시선이 나에게 고정되어 있다? 정말이지 무서워 죽을 지경이었다.

하지만 신디는 나를 다른 아이들의 본보기로 삼아 내 몸을 부드럽게 스트레칭하고 다양한 자세로 만들었다. 내 다리를 귀에 닿을 만큼 높이 들어 올리고, 또 내 발을 잡아당겨 구부렸다. 그녀가 어떤 자세를 만들든 난 참을 수 있었다. 신디는 오랫동안 무용을 하면서 나 같은 사람은 처음 본다고 말했다.

내가 그녀의 말을 믿었는지는 확실히 모르겠다. 하지만 신디의 칭찬이 내 호기심을 자극했던 건 맞고, 소심하게나마 발레 바에 있는 나머지 학생들과 합류하면서 그녀의 수업을 다시 들어보기로 했다.

신디 브래들리는 설득력이 있다.

누구라도 신디를 처음 만나면 한눈에 그녀가 자유로운 영혼임을 알아볼 것이다. 그녀는 불타오르듯이 빨간 머리칼에 짧고 매끈한 단발머리를 하고 있었다. 신디의 크고 반짝이는 귀걸이는 어찌나 무거운지, 그녀의 양쪽 귓불이 늘어졌다. 가늘고 긴 체구가 어떻게 그 무게를 버티고 있는지 궁금할 정도였다.

신디는 어릴 적 부모님의 전축으로 〈King of the Road〉를 들었을 때부터 무대에 서고 싶었고, 거실에서 로저 밀러의 노래를 따라 부르는 그녀의 모습에 즐거워하던 가족들보다 훨씬 더 많은 관중 앞에서 노래하고 싶었다고 말했다. 어려서 발레를 배운 신디는 열일곱 살에 전문 무용수로 무대에 설 기회를 얻었고, 버지니아 발레단과 루이빌 발레단에서 공연을 했으나 부상으로 발레리나로서 꽃을 피워 보기도 전에 무용을 포기해야만 했다.

결국, 그녀는 무용에서 음악으로 전환하여 이름을 '신디 보도Cindy Vodo'로 개명하고 위그스Wigs라는 펑크 밴드를 결성하였고, 이후 산페드로 펑크 신scene에서 적잖은 화제를 불러왔다. 히트곡으로는 1980년대에 여러 라디오에서 흘러나오던 〈Stiff Me〉가 있다. 하지만 집세를 마련하려면 한 푼이라도 더 벌어야 하는 상황인지라 발레를 포기할 수는 없었다. 그래서 산페드로에서 그리 멀지 않은 남부 캘리포니아의 고소득층 밀집 지역인 팔로스 베르드에 댄스 스튜디오를 열어 부업으로 발레를 가르쳤고, 결국에는 그녀한테서 무용을 배우던 패트릭 브래들리와 결혼에 골인했다. 나중에 안 사실이지만, 패트릭 브래들리는 엉뚱하고 극적인 성향이 있는 신디와 달리 한결같고 조용한 사람이었다.

그녀의 밴드 위그스는 산페드로에 정착했다. LA 음악 비즈니스의 중심부이기도 하거니와 밴드 멤버 대부분이 낮에는 근처 라구나 니구엘Laguna Niguel에서 일을 했기 때문이다. 신디도 패트릭과 함께 산페드로에 발레 학교를 열어 모든 수업을 그곳에서 진행했다.

신디는 우아함과 별난 성격, 자기도취와 이타주의 사이의 경계를 넘나들었다. 그러나 그녀는 나(막대 인간 같은 체구에 비하면 여전히 큰 235의 발 치수로, 똑바로 서 있어도 무릎이 뒤로 휘는 소녀)를 세상에서 가장 아름답고 사랑받는 삭은 발레리나처럼 느끼게 해주었다. 신디 같은 사람은 태어나 처음 보았다.

신디의 발레 수업에서 몇 번의 오후를 보낸 후, 나는 십여 명의 햇병아리 무용수들 사이에서 용케 내 자리를 찾았다. 그들은 스트레칭을 하고 몸을 구부리면서 각자 동작에 집중하느라 이마에 주름이 잔뜩 잡혀 있었다. 하지만 신디는 온전히 나에게만 집중하는 것 같았다.

그때 받았던 수업은 매우 기초적이었다. 우리는 발레의 가장 기본적인 스텝만을 배웠다.

1번 포지션: 발뒤꿈치를 마주 대고, 발가락은 반대 방향을 향한다.

2번 포지션: 똑같은 자세지만, 발뒤꿈치 사이를 두 발 간격을 두고 벌린다.

3번 포지션: 한쪽 발의 발뒤꿈치가 다른 쪽 발의 장심(발바닥의 오목한 부분)과 만난다.

4번 포지션: 한쪽 발이 발 하나 간격의 공간을 두고 다른 쪽 발 앞에서 바깥쪽으로 향하게 한다.

5번 포지션: 두 발은 밖으로 향하고 있으나 등호(=)처럼 서로 앞에서 엇갈려 있다.

발레 교사들은 일반적으로 학생들이 수행할 수 있는 발레 기술의 여러 스텝과 자세를 짜 맞춰서 다양하게 조합하지만, 신디는 대부분 동작을 간결하게 유지했다.

신디가 리드하면 난 망설이다가 바에서 벗어나 그녀를 따라갔다. 그리고 발끝으로 서서 거대한 풍선을 껴안듯 팔을 내밀었다. 내 팔은 둥글게 떠 있었다. 상상의 구체를 떨어뜨리지 않을 만큼 힘 있게, 터지지 않을 만큼 부드럽게. 그런 다음 한 발을 들어 올렸다가 5번 포지션으로 내려놓고, 체육관을 반쯤 가로지르며 몸을 계속 빙그르르 돌렸다. 나의 첫 삐루에뜨였다.

어느 날 오후, 난 팔을 머리 위로 들어 올리고 높이 뛰었다. 오른쪽 다리는 곧게 앞으로 쭉 펴고, 왼쪽 다리는 뒤로 길게 늘였다. 내가 뒷마당이나 교내 군무 팀 연습 중에 하던 다리 찢기와 같았지만, 단지 공중에서 하는 것뿐이었다. 이것이 나의 첫 그랑 쥬떼grand jeté였다.

이외에도 더 많은 동작을 해냈다. 그리고 그 순간들, 내가 날아오르고, 힘을 얻어 더 높이 올라갈 때면 그렇게 신이 날 수가 없었다. 신디는 내가 무엇을 하든 감동했다.

"벌써 이 모든 걸 할 수 있다니 놀랍네." 신디는 내가 아라베스끄arabesque를 해내거나 내 몸을 이리저리 구부리고 나서 이렇게 중얼거리곤 했다.

내 몸은 신디가 제안하는 대로 움직였다. 마치 평생 발레를 해온 것처럼, 팔다리가 본능적으로 내 의식 속에서 잊고 있던 동작들을 기억해내고 있는 것만 같았다. 나는 이 본능을 의심하지 않았지만, 그렇다고 당연하게 여기지도 않았다. 학교 공부, 교내 군무 팀 안무, 그리고 내가 하기로 마음먹은 모든 일과 마찬가지로 발레 수업에서도 완벽해지고 싶은 엄청난 욕구가 내 안에 도사리고 있었다.

더불어 내 불안감도 꿈틀거렸다. 내게는 뛰어난 기량이 있었지만, 당시의 나는 수영으로 치면 이제 겨우 물에 얼굴을 처박는 수준에 불과한 나를 신디가 계속해서 수영장 저 깊은 쪽에 빠트리고 있는 것 같다고 생각했다. 매일 체육관에 들어서면 나 혼자 아웃사이더인 것처럼 느껴졌다. 나는 발레에서 꼭 필요한 레오타드와 타이즈 대신 여전히 교내 군무 팀 연습 때 입은 헐렁한 옷을 걸치고 있었고, 함께 무용을 배우는 친구들을 보면 발레계에서 내 나이가 많은 편이라는 게 너무나도 분명해 보였다.

발레리나들 대부분은 유치원에서 종이팩 주스를 홀짝일 때부터 무용을 배우기 시작한다. 반면, 난 열세 살이었다. 자기 회

의가 나를 조롱했다. '넌 너무 나이가 많아. 넌 한참 뒤처졌어. 넌 절대 따라잡지 못할 거야.'

그러나 신디는 동의하지 않았다. 그녀는 자신이 찾고 있던 것을 발견했다.

보이스앤걸스클럽에서 신디의 활동은 늘 한시적이었다. 신디의 스튜디오인 산페드로무용센터San Pedro Dance Center는 내가 사는 동네보다 훨씬 더 부유하지만, 인종적으로는 훨씬 덜 다채로운 지역사회의 한 곳에 자리 잡고 있었다. 그러나 신디는 춤이 선사하는 마법과 학습법을 공유하지 않고서는 많은 이들이 결코 이러한 춤을 경험해보지 못하리라 생각했다. 결국 이들에게 배움의 기회를 주고 싶었던 신디는 자신의 열망이 이끄는 대로 이곳 사우스 카브릴로 애버뉴South Cabrillo Avenue까지 오게 되었다. 신디와 그녀의 친구이자 보이스앤걸스클럽의 지부장인 마이크 랜싱은 본인들의 클럽을 일종의 피더 프로그램Feeder Program 혹은 스카우팅 베이스Scouting Base✽로 만들고 싶어 했다.

신디는 소외 계층의 아이들에게 발레의 기초를 가르쳐주려고 이 클럽에 왔다. 그 후, 가장 재능 있는 학생들을 선발하여 실력을 더 갈고닦을 기회를 마련해주었는데, 내가 다른 유망한 학생 몇 명과 함께 뽑힌 것이었다.

"너에게는 좀 더 집중적인 훈련과 널 격려해줄 실력 있는 무용수들과 함께 연습할 기회가 필요해." 내가 45분 수업 내내 똑같은 기본자세와 쁠리에plié를 연습하고 나자 신디가 이렇게 말

✽ 피더 프로그램과 스카우팅 베이스는 재능 있는 아이들을 발굴하고 육성하는 프로그램이다.

했다. "내 발레 학교에서는 그렇게 할 수 있을 거야. 가능한 한 빨리 시작하는 게 좋아."

고분고분 듣고는 있었지만 내 속마음은 그렇지 못했다. 뭐하러 도심을 가로질러 가면서 힘겹게 발레를 배우러 다녀야 하지? 거기에 갈 방법이나 있겠어?

난 춤을 출 때 즐겁다. 그리고 나에게 재능이 있다는 것도 알겠다. 하지만 여전히 교내 군무 팀에서 신나게 잘 지내고 있었다. 처음 군무 팀 합격 소식을 들었을 때 정말이지 뛸 듯이 기뻤었다. 마침내 에리카 언니와 한때 캔자스시티 치프스의 치어리더였던 엄마의 뒤를 따라갈 수 있게 되었다. 교내 군무 팀, 그것이 내 꿈이었다.

내게 말해봐야 소용이 없다는 걸 깨달은 신디는 다음으로 내 편에 어머니에게 쓴 쪽지를 전달했다. 그녀는 내가 자신의 제자가 되면 얼마나 기쁠지 잘 알 수 있게 설명했다. 그러나 그녀는 메신저를 잘못 골랐다. 내 재능과 잠재력에 찬사를 보낸 메모는 서류 폴더 뒤에 뭉개지거나 기름 범벅인 샌드위치 포장지나 남은 점심 찌꺼기와 함께 쓰레기통에 버려지곤 했으니까.

물론 신디에게는 그녀가 써준 쪽지가 집으로 가는 길에 무사히 살아남지 못했다고 말하지 않았다. 그 대신 어머니가 바쁘시다거나, 아직도 생각 중이라거나, 아니면 확실히 답하지 않았다고 변명했다. 하지만 신디는 계속해서 간청했고, 내 훈련과 복장에 드는 비용을 장학금으로 전액 지급하겠노라고 약속했다. 마침내 난 레오타드를 가질 수 있게 될 것이고, 신디가 매일 오후 학교에서 그녀의 댄스 스튜디오까지 나를 데려다줄 것이다.

이제는 엄마에게 털어놓아야 한다는 걸 알고 있었다. 그건 마치 정말로 원치 않는 일자리에 제안을 받았지만, 그 특혜와 혜택이 너무 좋아서 마지못해 받아들이는 것과 비슷했다. 나는 신디에게 어머니와 얘길 나눠봐야 할 것 같다고 말하면서 망설이듯 우리 집 전화번호를 건넸다.

그날 저녁, 신디에게 전화가 왔다. 엄마가 무슨 말을 할지 잘 몰랐다. 매일 학교에서 차로 25분이나 걸리는 거리가 엄마의 구미를 떨어트릴 줄 알았다. 나는 제발 그러길 바랐다. 하지만 곧바로 엄마는 신디와 함께 발레를 공부하는 게 나한테 좋을 것 같다고 말했다. 분명히 내 불안이나 상반된 감정은 보지 않으셨던 것 같다. 엄마는 오로지 기회만을 본 것 같았다.

"있잖아, 너 어렸을 때 발레를 무척 좋아했었어." 엄마가 전화를 끊고 환한 표정으로 말했다.

"내가 그랬다고요?" 난 도무지 믿기지 않았다. 보이스앤걸스 클럽 체육관에서 수업을 받기 전까지 발레가 뭔지도 몰랐던 것 같은데.

"그래." 엄마가 대답했다. "네가 네다섯 살 때였을 거야. 핼러윈 때 입을 의상으로 튀튀를 사 줬지. 넌 그걸 안 벗으려고 했어. 프리스쿨에도 입고 가고 싶어 했고, 집에 돌아오면 매일 오후에 그걸 입고 있었지. 심지어 튀튀를 입고 잠이 들었어. 결국 너무 너덜너덜해져서 몰래 들어가서 내다 버려야 했단다."

나는 아직도 엄마가 무슨 말을 하는지 몰랐다.

"어쨌든…" 엄마가 마지막으로 이야기를 정리했다. "한번 해보고 난 뒤에 어떻게 되는지 보자."

그렇게 발레를 향한 첫걸음을 뗐다. 이따금씩 차를 얻어 타고 갔다. 이제 열일곱 살이 된 언니 에리카와 그녀의 남자친구인 제프와 함께 그의 1989년형 스즈키 사무라이의 뒷좌석에 몸을 싣고 도심을 가로질러 신디의 부유한 동네로 갔다. 하지만 대부분은 우리 중학교 앞에서 내 작은 체구와 커다란 발이 하교하는 학생들 틈에서 나타나기를 기다리고 있었던 신디와 함께 움직였다.

아직은 발레리나처럼 느껴지지 않았지만 장학금으로 제공된 검정 레오타드, 분홍 스타킹, 분홍 슬리퍼 덕분에 어설프게나마 발레리나처럼 보이긴 했다. 일주일에 5일은 강습생들 사이에서 최선을 다해 연습에 몰두했다. 이들은 보이스앤걸스클럽에 있을 때 내 옆에서 춤을 추던 아이들보다 훨씬 더 실력이 출중했다.

딱딱한 나무 바닥에서 춤을 춰야 했던 보이스앤걸스클럽 체육관과는 달리 신디의 스튜디오는 진짜 발레 강습소 같았다. 그렇긴 한데, 어딘지 모르게 신디처럼 별난 구석이 있었다.

신디의 스튜디오는 전면이 유리로 된 쇼핑센터 안에 자리 잡고 있었다. 가장 나이가 어린 강습생들은 쇼핑센터 앞쪽에 있는 작은 연습실에서 탭댄스를 연습했는데, 누구나 유리벽 너머로 그 모습을 구경할 수 있었다.

그 뒤쪽에 발레단 연습실이 있었다. 그곳은 마치 여러 개의 거울이 달린 작은 상자 같았다. 미끄러지는 듯한 스텝으로 연습실에 깔린 스프링 플로어sprung floor❖를 가로지르면, 회색 벽을 마주하게 된다. 구석에는 몇 개의 작은 탈의실과 욕실이 눈에 안

❖ 충격을 흡수하는 바닥재로 무용 동작 시 무용수에게 전해지는 충격을 흡수함으로써 상해를 방지하는 것은 물론 성능을 향상한다.

띄게 숨겨져 있었다. 또한 대부분의 발레 수업에서는 음악적인 배경을 제공하는 피아노 연주자가 있기 마련인데, 산페드로무용센터에는 피아노 자체가 아예 없었다. 휴대용 사운드 시스템, CD, 테이프만이 잔뜩 쌓여 있었다.

나는 앞으로 3년 동안 그 공간의 모든 그루브를 알게 될 것이고, 공연이 없거나 특별히 멀리 떨어진 프로그램에 참여하지 않는 한, 거의 매일 그 스튜디오에서 시간을 보낼 것이다. 수업을 함께 듣는 친구들은 대부분 백인이었지만 다른 피부색을 가진 친구들도 몇 명 있었다.

지금까지도 나의 가장 친한 친구 중 한 명인 카타리나는 둥그스름한 얼굴형에 목소리가 크고 성격이 밝은 라틴계 여자아이였다. 그녀는 금박이 붙은 검은색과 분홍색의 유니폼을 입고, 머리에 작고 선명한 색상의 꽃을 땋아 장식하곤 했다. 비록 내 나이가 더 많았지만, 워낙 30kg도 채 안 나가는 몸무게에 120cm가 조금 넘는 작은 체구였기에 아무도 그 사실을 짐작하지 못했던 것 같다. 카타리나는 즉시 언니의 역할을 맡았다.

"도움이 필요해, 꼬마 아가씨?" 수업 첫 주에 탈의실에서 레오타드를 펴고 있는데 그녀가 내게 말을 걸었다.

"아니, 괜찮아." 나는 카타리나를 곁눈으로 흘끗 보면서 대답했다. 꼬마 아가씨? "넌 몇 살이야?" 내가 그녀에게 물었다.

"열 살." 카타리나가 대답했다.

"있지," 내가 약간 거만하게 말했다. "난 열세 살이야." 아몬드 같은 카타리나의 눈에 불신이 가득했다. 그러나 그날 이후 우리는 한시도 떨어지지 않고 붙어 다녔다.

그다음으로 나와 매우 친해진 아프리카계 미국인 소년 제이슨 헤일리Jason Haley가 있었다. 큰 키에 검은 피부를 가진 우아한 제이슨은 센터에서 나와 모든 수업을 함께 들었고 가끔은 내 댄스 파트너가 되어주었다. 제이슨 역시 늦은 나이에 발레에 입문했고, 신디의 장학생 중 한 명이었으며, 보이스앤걸스클럽의 회원이었다. 이 사실 말고도 우리에게는 훨씬 더 많은 공통점이 있었다.

우리 두 사람에게 발레는 부침이 많고 환경이 자주 바뀌는 삶에서 잠시 쉬어가는 휴식처였다.

제이슨은 어렸을 때 아버지가 떠나고, 어머니가 가난과 씨름하는 동안 이 집 저 집을 오갔다. 우리가 만났을 무렵 그는 이모와 함께 살고 있었는데, 재능 있고 우아했지만 많은 부분에서 미숙함을 드러냈다. 우리는 공연 때마다 그가 나타날지 안 나타날지 알 수가 없었고, 발레 수업에도 제시간에 도착하는 일이 거의 없을 정도였다. 결국 제이슨은 스튜디오에서 줄행랑을 쳤다.

그러나 한동안 갈색 피부의 아이들은 우리 셋뿐이었고, 우리의 존재는 신디의 성격과 비전을 반영하고 있었다. 그녀는 가냘프고 새하얀 피부의 순결한 요정만이 지젤과 오데트를 가장 잘 표현할 수 있다고 믿었던 발레계의 사람들과는 사뭇 달랐다. 신디는 발레가 다양한 형태와 피부색을 수용할 때 더욱 풍요로워진다고 믿었다. 발레리나로 살아가는 동안 그 사실을 잊지 않으려 고군분투할 날이 있을 것이다. 하지만, 결국 내가 오른 무대는 내가 함께했기에 더 밝게 빛이 날 수 있었다는 확신을 마음속에 되살리게 될 것이다. 설령 관객 중에, 혹은 내 옆에서 춤을 춘 동료 무용수 중 일부는 항상 그 의견에 동의하지 않았더라도 말이다.

◈

한동안은 그저 여러 동작을 하나씩 익히고 있었다. 그러더니 돌연 그 순간이 찾아왔다.

정확히 그때가 언제였는지는 잘 기억이 나지 않는다. 신디의 스튜디오에서 첫 주를 보내면서 새로운 세계에 푹 빠져든 나를 발견했을 때였는지, 아니면 몇 주가 더 지나 무용센터의 수업들이 어느새 동트기 전 어둠 속에서 자명종을 누르듯 너무나 자연스러운 일상이 되었을 때였는지.

나와 동료 강습생들은 마치 이슬람 첨탑처럼 완벽한 모습으로 바에 나란히 서 있었을 것이다. 어쩌면 유리세정제 냄새를 풍기는 거울 벽을 들여다보다가 문득 뒤를 응시하고 있는 발레리나의 모습이 너무나 우아하다는 걸, 꽤 괜찮아 보인다는 걸, 그리고 그것이 바로 '나'임을 깨달았을 때일지도 모르겠다. 다만, 내가 기억하는 건 초등학생 시절 내 꿈이었던 군무 팀의 중요도는 차츰차츰 낮아지더니 어느새 발레가 재미있어지기 시작했다는 거다. 그리고 그것이 내가 원하고 내게 필요한 전부가 되었다는 거다.

신디는 처음부터 나를 거침없이 몰아붙였다. 과연 내가 수년간 훈련받은 무용 강습생들을 따라갈 수 있는지 알아보려고 나를 상급반에 배정했고, 난 할 수 있다고 생각했기에 그렇게 했다. 그건 신디가 나를 더 멀리, 더 빠르게 밀어붙이겠다는 신호였다. 신디의 말에 따르면, 보통 젊은 무용수가 완전히 몸에 익히는 건 고사하고 배우는 데만 몇 달, 심지어는 몇 년이 걸려 숙달하는 기술을 나는 단 몇 분 만에, 혹은 그 정도 시간에 익숙하게 단련했다.

신디의 발레 학교에 들어간 지 8주 만에 처음으로 앙 뿌엥뜨 en pointe✿ 자세로 섰다.

발레리나가 발끝으로 춤을 출 수 있도록 보강된 토슈즈를 신고 앙 뿌엥뜨로 움직인다는 건 젊은 무용수들에게는 통과의례와 같은 일이다. 나중에 안 사실이지만, 대부분 신예 발레리나들은 교사들에게 한 번이라도 좋으니 토슈즈를 신어만 볼 수 있게 해달라고 몇 년씩 조른다고 한다. 그뿐만이 아니다. 처음 한 켤레를 받고 나서도 일반적으로 몇 년 동안은 더 간단하고도 반복적인 훈련만 한단다. 이는 발이 동작에 잘 적응했는지, 또 푸에떼fouetté, 삐루에뜨, 랑베르쎄renversé와 같은 복잡한 스텝을 시도하기 전에 발을 튼튼하게 만들기 위해서다. 지나치게 빠른 시도는 위험하다. 아직 준비되지 않은 무용수들이라면 발을 심각하게 해칠 수 있고, 이후에도 수년간 그들의 무대와 기술에 손상을 가할 수 있을 뿐만 아니라, 가장 근본적으로는 그들의 발레 인생이 본격적으로 시작되기도 전에 발레를 접어야 할 수도 있기 때문이다.

그러니 신디는 내가 처음으로 발레 수업을 들은 지 몇 달 만

✿ 토슈즈를 신고 발끝으로 서는 동작

에 앙 뿌엥뜨로 설 힘과 기술이 있다고 믿었다. 그녀의 확신이 어느 정도였느냐 하면 손수 카메라를 준비하고 가장 중요한 이 정표를 직접 사진에 담았다. 엄마들이 아기가 엄마 손을 떼고 처음으로 걷는 순간을 포착하듯 말이다. 많은 사람이 그 순간을 놓치곤 하지만 신디는 달랐다. 처음부터 신디의 마음속에는 내가 스타의 반열에 오를 것이라는 믿음이 굳건히 자리했기에 모든 턴과 스텝, 그리고 도약의 순간을 기록하기로 결심했다는 생각이 든다.

"완벽한 발레리나는 작은 머리, 처진 어깨, 긴 다리, 큰 발, 그리고 좁은 흉곽을 가지고 있어." 어느 날, 신디는 조지 발란신이 밝힌 이상적인 무용수에 관한 글을 읽으면서 말했다.

신디가 나를 올려다보며 사랑스러운 눈길로 말했다. "그게 너야." 그녀가 부드럽게 말했다. "넌 완벽해."

내가 활짝 웃었다.

"너는 왕과 왕비 앞에서 춤을 추게 될 거야." 신디는 확신을 굽히지 않았다. "대부분 사람은 상상조차 하기 힘든 멋진 삶을 살게 될 거야." 난 그녀의 말이 믿어지기 시작했다.

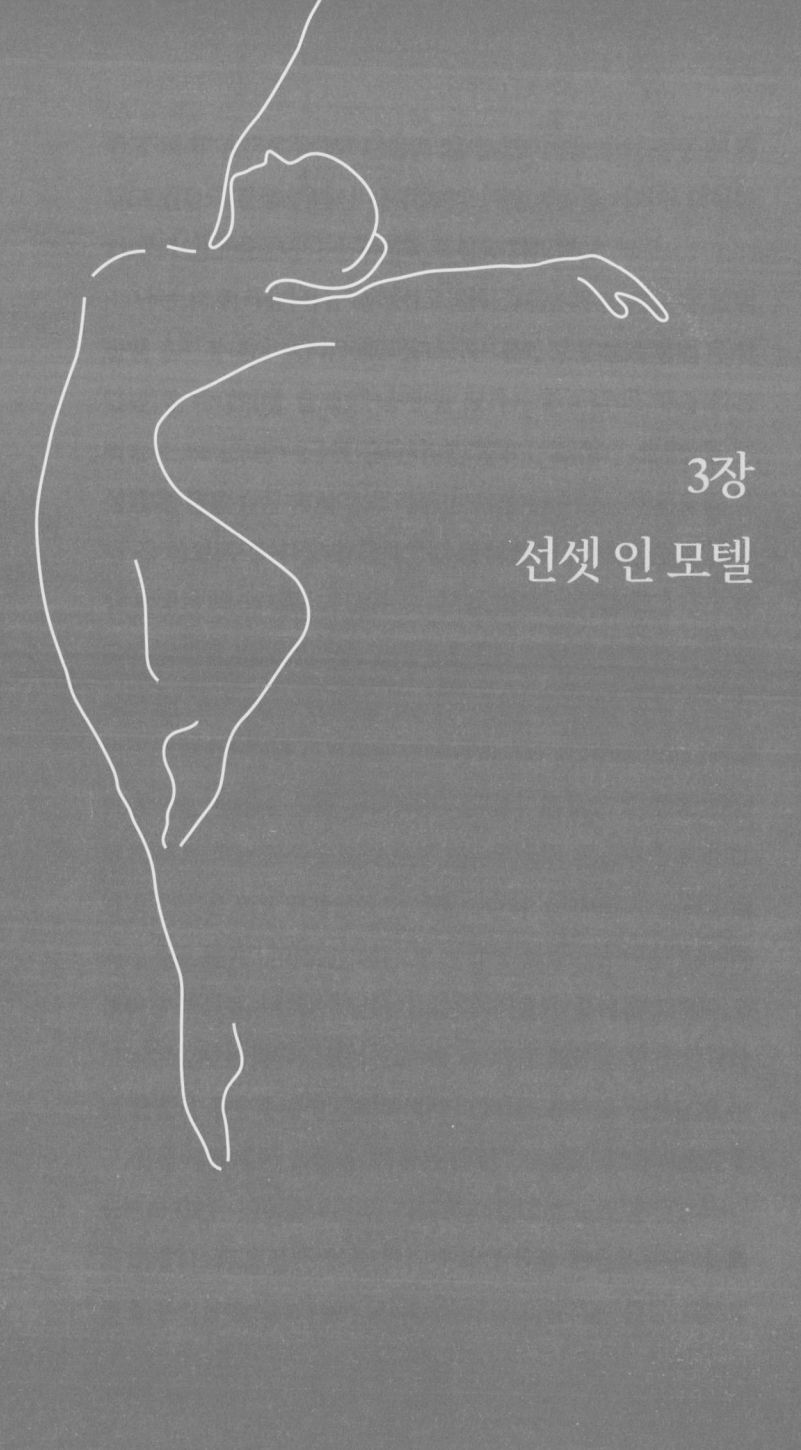

3장
선셋 인 모텔

발레는 내 삶에 우아함과 체계를 선물했다. 내 능력만으로 온전히 해낼 수 있는 유일한 일이었다. 무용센터에서 하는 모든 트위스트와 턴은 내가 하기에 달렸기 때문이다. 그건 걷잡을 수 없이 빙글빙글 돌고 있었던 바깥 생활과는 완전히 반대였다.

우리가 로버트와 함께 살던 집에서는 에리카와 린지가 나와 아름다운 방을 함께 썼다. 그 방에는 푸릇푸릇한 뒷마당으로 이어진 널찍한 스테인드글라스 문이 있었고, 우리는 그 문을 통해 뒷마당으로 나가 춤을 추면서 놀곤 했다.

그러나 로버트는 해럴드와 달리 고지식한 면이 있었다. 이제 저녁 식사 시간에 음식을 입에 가득 물고 웃는 일도, 식탁에 팔꿈치를 털썩 내려놓는 일도 없어졌다. 때때로 침묵을 지키려는 몸부림이 우리를 더욱 낄낄거리게 만들긴 했지만, 식사를 하는 동안에는 침묵을 지켜야 했다. 그렇지만 서로 바라보면서 얼굴을 씰룩거리다가 이내 웃음보를 터뜨리곤 했다.

그럴 때면 로버트는 우릴 노려보거나, 조용히 하라며 소리를 질러댔다. 어디 그뿐인가. 채소를 싫어하는 에리카를 가만히 두고 보지 않았다. 숱한 저녁, 나머지 사람들이 식사를 끝내고 접시를 치운 것도 모자라 〈코스비 가족 만세The Cosby Show〉 또는 〈로잔느 아줌마Roseanne〉가 중반에 접어들 때까지 에리카는 여전히 저녁 식탁에 앉아 당근과 완두콩을 먹고 있어야 했다.

그래도 로버트의 엄격한 규칙은 나처럼 불안을 많이 느끼는 아이에게는 어떤 면에서 위안이 되었다. 나중에야 난 잠시나마 우리 집에 존재했던 질서에 감사했다. 로버트를 떠난 후로 우리 가족의 삶은 로버트와 살 때와는 달리 눈에 띄게 불안정해졌다.

해럴드와 여러 해 함께 살았을 때처럼 우리는 더 바랄 게 없었다. 냉장고에는 언제든 음식이 그득했고, 옷장 안은 잘 어울리는 옷들로 꽉 채워져 있었으며, 장난감들과 책들도 여기저기에 널려 있었다.

엄마가 요리에 소질이 없었던 탓에 로버트는 가족의 대표 요리사가 되었다. 그는 우리들이 부엌을 친숙하게 대할 수 있게 했고, 상자에 담긴 즉석 음식을 데우는 대신 처음부터 밥 짓는 방법을 가르쳐주었다.

나는 형제자매들보다 로버트와 더 많은 시간을 보내기 시작했다. 다른 사람들의 기분을 살필 줄 알았기에 그가 심부름을 할 때나 자신의 사랑하는 지프를 닦으려고 도구나 밀랍을 주울 때면 내가 그와 함께 가겠다고 나섰다. 그 후로 로버트는 은근히 나를 찾았다.

"돼지 저금통 챙기고 드라이브하러 가자." 그가 속삭였다. 우리는 차를 몰고 식료품점에 갔고 로버트가 이것저것 둘러보면서 과일이나 햄을 집어 드는 동안 난 스니커즈 바, 쿠키, 그리고 해바라기 씨앗을 사는 데 25센트, 그리고 10센트를 쓰곤 했다.

"안녕, 하와이의 꼬마 아가씨." 퇴근하고 집에 돌아와 내가 바비 인형과 노는 모습을 볼 때면 그는 늘 이렇게 흥얼거렸다. 로버트 역시 내게 거는 꿈이 있었다. 체구가 작아서 내가 훌륭한 기수가 될 거라고 했다.

"네가 승마 강습을 받아보도록 해야겠어." 로버트가 나에게 말했다. "넌 지금 활약하고 있는 최고의 기수들처럼 키도 작고 몸무게도 많이 나가지 않아. 승마는 매우 권위 있는 스포츠야. 켄터키 더비라고 들어봤어?"

로버트는 내가 그와 그의 친척들과 얼마나 많이 닮았는지도 자주 언급했다. 아몬드 모양의 눈이나 긴 갈색 머리 때문에 다른 형제자매들보다 내가 더 폴리네시아인이나 동양인처럼 보였던 건 사실이다. 나의 그런 생김새가 로버트와 그의 몇몇 가족들의 기분을 훨씬 좋아지게 만든다는 걸 깨닫기 시작했다.

누가 봐도 로버트는 우리 형제 중에서 나를 가장 좋아했다. 그 덕분에 머라이어 캐리의 최신 히트곡이나 〈먼데이 나이트 풋볼Monday Night Football〉✤ 주제곡 못지않게 우리 가족 사이에서 유행하던 멘트가 있었다.

✤ 미국 ABC 방송에서 방영하는 미식축구 경기 프로그램

더그 주니어가 장난스럽게 내 손에서 책을 낚아채자 내가 소리친다. "그만해." 그러면 그가 책을 등 뒤에 숨기고 묻는다. "어쩔건데? 로버트한테 이를 거야?" 내가 소리쳤다. "그래!"

이 끈질긴 놀림은 오랫동안 반복되었다. 하지만 진짜로 이른 적은 없었다. 무엇보다도 큰오빠를 사랑했고, 로버트는 성미가 고약했으니까.

※

나는 로버트의 어머니인 마리 할머니와 가까웠다. 여름 방학에 엄마가 치장 벽토를 바른 작은 집에 나를 내려주면 마리 할머니가 집에서 운영하는 어린이집 아이들을 같이 돌보곤 했다. 마리 할머니가 바로 나에게 바느질하는 법을 가르쳐준 분이다. 인형 의상을 만들기 위해 반짝거리는 바늘을 잡아당길 때면 나는 제법 예술가가 된 기분이 들었다.

얼마 후, 로버트의 부모님 댁에 자주 방문하는 나와는 달리 형제자매들이 거의 초대를 받지 못했다는 사실을 알아차렸다. 그리고 로버트의 아버지인 마틴 할아버지는 우리 가족이 어쩌다 한번 아주 잠깐 들를 때조차 세상 침울한 얼굴로 그의 방에 몸을 숨기는 통에 우리에게는 거의 투명인간 같은 존재였다. 우리 형제 중 그 누구도 그와 말을 섞어본 적이 없다. 난 마틴 할아버지가 우리를 인정하지 않았다고 생각한다.

다시 우리 집 얘기로 돌아와서, 내가 제아무리 로버트의 총아라고 한들 그의 훈육마저 피해 갈 수 있는 건 아니었다. 내 형제들과 마찬가지로 침대를 정리하지 않았거나 너무 시끄럽게 떠들면 구석에 조용히 서 있어야 하는 건 별반 다르지 않았다. 하지만 여자아이들은 더그와 크리스만큼 자주, 또는 아주 오랫동안 구석에 있을 필요는 없었다. 오빠들은 보통 무거운 책을 머리에 이고 몸의 중심을 잡으면서 한 시간 이상 주름진 벽을 응시하고 있어야 했다. 오빠들도 고통스러웠겠지만, 그 모습을 지켜봐야 하는 나 역시 고통스럽기는 매한가지였다.

로버트가 자랄 때는 아버지가 아들을 때리는 행위가 딱히 드문 일이 아니었을 것이다. 다만, 그는 다섯 아이를 키우는 아버지 역할에 너무 몰두해 있었던 나머지 자신이 자라온 방식으로 아이들을 키우려고 했던 것 같다. 로버트는 내 오빠들, 특히 거만하고 시끄러운 크리스에게 가혹했다.

한번은 크리스가 저녁에 먹을 밥을 짓다가 밥을 태워먹는 바람에 쌀이 솥 바닥에 두껍게 눌어붙은 적이 있었다. 로버트는 크리스의 귀를 잡고서 부엌으로 질질 끌고 와서는 소리를 꽥 질렀다. "치워!" 크리스는 재빨리 그가 하라는 대로 해야만 했다. 또 한번은, 더는 뭘 잘못해서였는지 기억조차 나지 않지만, 로버트가 프라이팬으로 크리스를 때린 적도 있었다.

게다가 로버트는 폭력을 행사할 뿐만 아니라 폭력을 조장하기도 했다.

어느 토요일이었다. 크리스와 더그는 으레 그렇듯 언성을 높였다. 이번에는 서로 응원하는 풋볼 팀 중 어느 팀이 더 나은 시즌 성적을 거둘지를 놓고 설전이 벌어졌다.

"포티나이너스지!" 크리스가 소리쳤다.

"말도 안 돼." 더그가 목청을 높였다. "올해 랜달 커닝햄 Randall Cunningham이 이글스를 위해 뭘 했는지 알아?"

갑자기 로버트가 끼어들었다. "둘 다 양보할 수 없다고 하니 끝까지 싸워야겠는데."

로버트는 오빠들을 뒷마당으로 불러냈다. 그러고 나서 차고 안에서 지프를 닦는 데 쓰던 다 해진 천을 몇 개 가져와서는 오빠들의 주먹을 감쌌다.

"자." 로버트가 고함쳤다. "싸워!"

그 장면은 우리가 계속해서 보던 끔찍한 의식과도 같았다. 마치 로버트가 우리 모두에게 자신의 힘을 과시하려고 하는 배틀 로얄이라고나 할까. 엄마는 그 옆에 서서 지켜보다가 눈물을 흘리곤 하셨다. 하지만 싸움을 말리지는 않았다. 그 싸움은 보통 두 오빠 중 한 명이 포기하겠다고 말하고 둘 다 눈물범벅이 되고 나서야 끝이 났다.

우리는 로버트를 무서워했다. 그의 지프가 길모퉁이를 돌아 우르릉거리면서 긴 차도로 들어오는 소리만 들려도 우리는 서둘러 장난감을 줍고 잡지들을 제자리에 갖다 놓았다. 집이 깨끗하지 않거나 그가 좋아하는 방식으로 정리되어 있지 않을 때 따라올 후폭풍이 두려워서였다. 에리카는 가능한 한 자주 친구 집에서 자고 왔다. 더그와 크리스는 방에서 잘 나오지 않게 되었다.

나는 종종 방에 처박혀 있는 오빠들과 함께 있었고, 더그의 이층 침대로 기어 올라가 뉴 에디션의 테이프나 MC 해머와 LL 쿨 J의 최신 노래를 듣곤 했다.

전화국 아저씨, 제 회선에 문제가 있어요.
Mr. Telephone Man, there's something wrong with my line.

더그와 나는 비트에 맞춰 고개를 흔들었다. 우리는 거기에 함께 있을 때, 그저 우리끼리 음악만 듣고 있을 때 안전하다고 느꼈다.

방에 있는 동안에는 로버트를 아주 오랫동안 피할 수 있었고, 그를 화나게 할 일만 저지르지 않는다면 괜찮았다. 로버트가 남자아이들을 거칠게 다룬 데에는 세 보이려는 의도가 다분했다. 하지만 린지는 아무 짓을 안 해도 그의 분노를 샀다.

막내 린지의 어두운 갈색 피부며 꼬불꼬불한 고동색 머리는 아버지인 해럴드를 빼다 박았고, 혼혈인 우리 가족 중에서도 가장 아프리카계 미국인처럼 보였다. 유리가 깨지거나, 바닥 한가운데에 장난감이 널브러져 있거나, 일요일 아침에 큰 소리가 날 때면 린지는 항상, 어김없이 혼나야만 했다. 로버트는 간혹 화가 날 때면 린지를 검둥이nigger라고도 불렀다. 그 소리에 나는 화들짝 놀랐다. 아주 오래전 남부 지역에 관한 흑백 다큐멘터리에서만 들어본 말이었기 때문이다. 내 여동생을 그런 식으로 부르는 건 경악할 만큼 끔찍한 일이라는 걸 잘 알고 있었다.

우리는 앞으로도 몇 년간 더 많은 비방과 욕설을 듣게 될 것이다. 로버트는 가게에서 마주친 아랍 남자를 두고 '모래 검둥이 sand nigger'라고 했다. 그는 냄새나는 인디언 이야기도 했다. 흑인 남자가 고속도로에서 끼어들면 비속어를 내뱉었고, 운동장에서 놀고 있는 라틴계 십 대들을 볼 때면 그들을 모욕하는 단어를 내뱉었다.

로버트와 엄마 사이의 틈은 더욱 벌어졌다. 엄마는 우리에게 비밀을 털어놓기 시작했고, 사실 딱히 우리가 알 필요까지는 없었던 로버트의 가족에 관한 이야기도 들려주었다. 가령 그들은 막내 남동생 카메룬이 로버트의 친아들이 아니라고 믿었다고 했다. 하지만 갓 태어난 아기의 보송함이 사라지고 점차 이목구비가 뚜렷해질 무렵 카메룬은 누가 봐도 로버트와 붕어빵이었다.

돌이켜보면 로버트네 가족은 어머니의 말을 믿지 않았던 것 같다. 그리고 그들 중 몇 명은 엄마를 아주 싫어했다. 어떤 면에서 난 그들을 비난하지 않는다. 로버트는 혼자서 편안하게 잘 살았다. 그런데 느닷없이 어떤 여자가 다섯 명의 아이들을 데리고 들어왔다. 게다가 그녀는 그보다 나이도 더 많았고, 아직 다른 남자와의 결혼 생활을 정리하지도 않은 상태에서 1년 반 동안 그와 함께 살다가 아들을 출산하고 나서야 시청에 가서 혼인 신고를 했다. 그 모든 게 떳떳하지 못했고, 시간이 흘러 멀찌감치서 되돌아보니 그들이 엄마를 경계했던 이유를 비로소 이해할 수 있었다.

그렇다 하더라도 그들이 어머니를 미워하고 내 형제자매들이 들르는 것조차 싫어하던 가장 큰 이유가 우리가 흑인이기 때문인 것 같다는 사실을 깨달았을 때는 충격을 받았다. 우리 가족의 외모나 정체성 때문에 부정적인 감정을 느껴보긴 그때가 처음이었다.

그러나 나는 내심 로버트가 다섯 자녀를 둔 여성과 결혼하고 나서, 적어도 처음에는, 그녀의 자녀들을 제 자식처럼 대해야겠다는 선한 마음을 품었을 거라 믿고 있다. 게다가 나의 사랑하는 남동생 카메룬의 아버지이기도 했고, 우리가 한 가족이 되기 위해서라도 결혼이 제대로 유지되길 원했으리라 생각한다. 하지만 로버트의 집안에는 그토록 부정적인 성향과 극심한 편견이 존재했다. 그가 자기 가족의 압박을 견뎌내기란 쉽지 않았을 것이다. 더욱이 성장하면서 자연스레 몸에 배어 있던 못난 감정이 스며 나오기 시작했던 것 같다.

발레를 하면서 이력을 쌓아가는 동안 나는 그와 같은 극심한 편견을 몇 번이고 보게 될 것이고, 그럴 때마다 매번 아픔을 느낄 것이다. 하지만 로버트와 함께 살고 나서부터 그런 감정은 더는 낯설게 느껴지지 않았다.

열여섯 살에 뉴욕에 갔을 때였다. 나를 본 다른 발레리나들이 내가 흑인인지 아닌지 긴가민가했었던 모양이었다. 하지만 적어도 백인이 아닌 것만큼은 확신하고 나서는 나를 무시했던 기억이 난다.

여섯 군데에 이르는 발레단의 여름 프로그램에 지원했는데 그중 단 한 군데에서 초대장 대신 거절의 편지를 보내왔다. 신디는 그 발레단에서 거절한 이유가 내 피부색 때문이라고 말했다.

"이거 네가 가지고 있어." 그녀가 여러 우편물 속에 있는 거절의 편지를 언급하면서 말했디. "언젠가 반드시 그 사람들이 후회할 날이 올 거야."

그들이 그랬는지는 모르겠다. 하지만 난 아직도 그 편지를 보관하고 있다.

엄마는 로버트에 대해 점점 더 불평을 늘어놓기 시작했다.

"사람들한테 그런 말이나 지껄이고 아주 눈에 뵈는 게 없나 봐." 엄마가 말했다. "동양인을 싫어하는 사람들도 얼마나 많은데." 혹은 "저 입을 조심하는 게 좋을걸. 언젠가는 사람들이 등 뒤에서 자기들 욕하는 소릴 듣게 될 거야. 그럼 흠씬 두들겨 맞을 거다."

그러나 그 모든 불평은 로버트 뒤에서 중얼거리는 혼잣말에 불과했다. 그가 집에서 우리에게 고함치고, 오빠들에게 싸움을 붙이고, 인종차별적인 농담을 잇달아 되풀이하고, 큰 소리로 시끄럽게 웃어도 엄마는 아무 말도 하지 않았다. 소심하게 무릎만 내려다보고 있을 뿐이었다. 거기가 무슨 피난처라도 되는 듯이. 그렇지만 엄마는 로버트를 나무라지 않았다. 엄마는 우리를 보호하지 않을 것이다. 그러니까 우리 아이들이 알아서 헤쳐나가야 했다.

로버트는 가끔 엄마가 서둘러 화장실을 청소하려고 하거나, 혹은 카메룬에게 옷을 입히려고 할 때 엄마의 팔을 홱 잡아당기곤 했다. 내 눈에 엄마가 블라우스 속에 받쳐 입은 캐미솔 밑으로 멍이 보였다.

우리가 로버트와 함께 산 지 약 4년이 지났을 무렵, 엄마는 우리 아이들의 생명이 위협받고 있는 것 같다고 말했다. 그렇게 해서 내가 데이나 중학교 1학년이 된 지 5개월 만에, 우리 앞에 또다시 서둘러 짐을 챙겨 집을 떠나야 할 때가 왔다.

우리가 떠나기 몇 주 전, 엄마가 아이들 모두를 끌어안았다.

"우린 여기서 나가야 해." 엄마는 로버트가 집에 없었는데도 거의 속삭이듯 말했다. "로버트는 우리가 떠난다는 걸 전혀 눈치채지 못할 거야. 적당한 때가 되면 알려줄게. 준비하고 있어."

엄마에게는 매우 극적인 상황일 수 있다. 사실 상황이 그렇게 긴박하지만 않았어도 코믹하거나 재미있었을 수 있다. 난 거의 우리가 스파이 영화의 배우들이거나, 또는 유배지에서 탈출을 계획하는 공모자인 척 할 수도 있었다.

에리카, 더그, 크리스는 로버트를 좋아한 적이 없었다. 그들은 우리가 거의 친아버지처럼 여기던 해럴드에게만 정을 붙였다. 그리고 거의 매주 주말이면 우린 여전히 그를 만났다. 수년간 로버트의 고함과 욕설에 시달리고 또 간간이 폭력을 당하면서 형제자매들의 혐오는 증오로 굳어졌다. 이제는 탈출을 계획하고 있었던 만큼 그가 아무리 소리를 질러도 웃음밖에 나오지 않았다. 앞으로는 참고 살지 않아도 될 것이다. 엄마 역시 로버트의 장황한 비난에도 우리에게 슬쩍 곁눈으로 다 안다는 듯 눈짓을 했다. 그러고 나서는 시선을 무릎으로 떨구고 계속 로버트가 하라는 대로 했다.

어느 날 아침 로버트는 평소처럼 지프를 타고 사무실로 향했다. 엄마는 보통 그가 떠난 후 30분 정도 지난 뒤에 당시 직장이었던 사무용품 회사에 출근했다.

하지만 오늘은 아니다.

린지, 에리카, 그리고 난 셔츠 단추를 잠그고 머리를 빗고 있었다. 갑자기 엄마가 우리 방에 들어오더니 오늘 우리는 학교에 가지 않을 거라고 말했다.

"오늘이 그날이야." 그녀가 숨죽이며 말했다.

우리는 잽싸게 여행 가방을 움켜쥐고 그 안에다 가지고 갈 수 있는 건 모조리 쓸어 담았다. 아기 카메룬까지 이제 7명이었지만, 처음 로버트의 집에 왔을 때와는 다르게 황급하게, 거의 옷만 걸치고 로버트의 집을 떠날 참이었다.

대략 한 시간 후, 차가 집 앞에 섰다. 노크 소리가 들렸다.

"갈 시간이야." 엄마가 문을 열면서 말했다.

거기에 헝클어진 갈색 머리에 금속 테 안경을 쓴 키 크고 마른 백인 남자가 서 있었다. 난생처음 보는 남자였다. 그는 우리 여행 가방을 도요타로 나르기 시작했다. 나중에야 그가 친구에게서 빌린 차였다는 것을 알게 되었다. 그 차는 엄마의 회색 쉐보레 코르시카Chevy Corsica 뒤에 주차되어 있었다.

"레이야." 엄마가 트렁크에 가방을 한가득 싣고 나서 황급히 말했다. 신비에 싸인 레이가 우리의 탈출에 모종의 역할을 맡고 있었던 건 분명했지만 아무도 그와 함께 차를 타고 싶어 하지 않았다. 우리는 엄마 차에 비집고 들어갔다. 엄마는 운전대를 잡았고, 형제자매와 나는 마지막으로 태평양을 향해 뛰어내리는 것만 같은 굽이치는 산길을 돌아내려갔다.

나는 엄마를 사랑하지만, 진정으로 이해해본 적은 없다.

엄마는 아름다웠다. 그녀의 등에 풍성하게 늘어져 출렁거리던 긴 밤색 곱슬머리는 꼭 머라이어 캐리 같았다. 붉은빛과 금빛으로 얼룩진 머리칼은 엄마의 짙은 갈색 눈과 사암색 살결 주위에 곱슬곱슬한 후광을 만들어냈다.

머라이어 캐리와 자매였던 건 아닐까? 이런 생각을 할 정도로 닮았다. 그래서인지 우리 가족은 황금 머리칼을 뽐내는 머라이어 캐리를 무척이나 좋아했다. 에리카는 훗날 머라이어의 이름을 따서 외동딸의 이름을 지었고, 머라이어 캐리의 데뷔 앨범도 스포츠 경기 못지않게 줄곧 틀어댔다. 〈Vision of Love〉는 심지어 남동생의 자장가였다. 카메룬은 머라이어의 5옥타브 음역의 목소리가 들리기 전까지 계속 울었다. 머라이어의 CD를 틀고 나서야 아기 침대에서 몸을 웅크리고 깊이 잠들곤 했다.

엄마는 가는 곳마다 반드시 그 장소에서 가장 예쁜 여자였고, 나는 활짝 웃으면서 모든 사람이 그들 사이에 있는 이 아름다운 여성이 나의 어머니라는 걸 알아주기를 기다렸다. 그녀 역시 이런 일을 당연하게 여겼고, 우편함으로 걸어갈 때조차도 산호색 립스틱이나 마스카라를 꼭 발랐다.

어머니는 캔자스시티에서 간호사 교육을 받긴 했으나 항상 영업직에 종사하셨고, 이른 저녁에 퇴근하면 아이들을 데리러 보이스앤걸스클럽으로 차를 몰고 오셨다. 내 생각엔 클럽에 있던 모든 사람이 딱딱한 나무 바닥 위의 또각거리는 엄마의 하이힐 소리를 듣고 싶어 했던 것 같다. 그들은 엄마에게 인사하길 기다렸다. 공을 스파이크하려다가 얼빠진 미소를 건네려 멈칫하던 10대 소년부터, 들고 있던 전화기를 잠시 내려놓고 머리를 매만지며 사무실 문밖으로 머리를 내밀고 인사하던 남자 상담사에 이르기까지.

오빠들은 사람들의 그런 관심을 싫어했다. 특히 더그 주니어는 "그냥 차 안에 계시면 우리가 나갈게요."라며 드세게 불평했다. 그러나 엄마는 말을 듣지 않았다. 귀에 듣기 좋은 가벼운 여담이 너무 좋았던 모양이다. 그 순간들로 힘겨운 삶에서 위안을 얻고, 힘들고 비극적인 삶에서 잠시나마 한숨을 돌릴 수 있었던 것 같다.

어머니는 고등학교를 졸업한 지 얼마 되지 않아 첫 번째 남편인 마이크와 결혼했다. 그는 하늘을 찌를 듯이 높이 치솟은 아프로헤어에 허쉬 초콜릿처럼 까만 피부를 지녔으며 농구를 아주 좋아했다고 한다. 하지만 단 한 발의 총알이 그의 야망, 그리고 그가 엄마와 함께 세워둔 미래의 모든 계획을 앗아갔다. 마이크와 엄마는 마약에 연루된 그의 남동생을 돕기 위해 캘리포니아 오클랜드로 갔고, 그곳에서 마이크는 총에 맞아 죽었다.

어머니는 마이크의 절친인 더그와 함께 흐느끼며 애도했다. 1년 후, 두 사람은 결혼에 골인했다. 그 남자, 더그 코플랜드가 바로 내 아버지였다.

그토록 비극적인 젊은 시절을 견뎌내려면 회복력이 필요했을 거다. 어쩌면 거듭되는 슬픔과 상실은 어머니가 내 형제자매와 나를 헌신적으로 보살피는 데 도움이 되었을지도 모른다. 엄마 곁을 떠나지 않고 언제나 함께 살아갈 가족이 있었으니까. 그러나 우리의 삶이 엄마의 어린 시절을 괴롭히던 정처 없는 삶과 똑같이 닮아가기 시작했을 때, 나는 그 이유가 궁금했다. 어려서 겪어봐서 누구보다 잘 알았을 텐데, 왜 엄마는 자식들만큼은 자신이 갈망하던 안정된 삶을 누리게 하려고 더 이를 악물지 못했을까? 난 어머니에게서 물려받은 정서적 유산은 그녀의 끈기지, 결코 남자에게 의존하거나 밤에 정신없이 도망가는 게 아니라고 주장하고 싶었다.

로버트를 떠났을 때 우리는 어머니의 친구들과 함께 LA 시내에서 지냈다. 우리가 모니크 이모와 찰스 삼촌이라고 불렀던 엄마의 친구들은 멋진 분들이셨다. 두 사람은 엄마와 내 형제자매, 그리고 나에게 작은 집 문을 활짝 열어주었다. 하지만 그들이 따듯하게 대해줬음에도 나의 불안은 당장 눈앞에 보이는 위험에 대한 두려움으로 인해 더 커졌다. 로버트와 살면서 겪었던 끔찍했던 날들에 그랬던 것처럼.

이런 지역에서 살아보기는 또 처음이었다. 모니크 이모와 찰스 삼촌이 살던 동네는 크립스Crips❖의 근거지로 LA에서 가장 악명 높은 갱단들의 전쟁터였다. 남자들은 어느 파벌이든 폭력 조직에 자신들의 충성을 맹세하기 위해 파란색 두건을 두르고 울타리와 일단정지 표지에 그래피티graffiti를 휘갈겨 쓰고 다녔다.

엄마가 차창에 자랑스럽게 내건 캔자스시티 치프스 문양이 일부 갱단원들을 자극하는 것 같았다. 치프스의 가장 치열한 라이벌인 L.A. 레이더스L.A. Raiders는, 아니나 다를까, 이 도시에서 가장 뜨거운 이슈였다. 하지만 풋볼이 갱단 구성원들 사이에 긴장을 유발할 수 있다는 사실 말고도 치프스의 색은 크립스와 라

❖ 미국의 흑인 길거리 갱단이며 캘리포니아 서해안을 기점으로 창립되었다. 미국에서는 길거리 갱단의 대명사로 불릴 정도로 악명이 높다. 조직원 대다수는 흑인이지만 백인이나 히스패닉, 아시아인, 폴리네시아인 등 비흑인 조직원들도 있다.

이벌인 블러드 갱단Bloods❖을 대표하는 빨간색이었다. 내가 확신하는 건 우리가 엄마 차를 타고 지나갈 때마다 그들이 우리를 냉혹한 눈초리로 살펴봤다는 것, 그리고 엄마가 학교에서 우리를 집으로 데려다줄 때마다 총알이 앞 유리를 관통하지는 않을까 전전긍긍했다는 것이다.

우리가 옳았다. 어느 날 저녁 거실에서 텔레비전을 보고 있었는데, 찰스 삼촌과 모니크 이모의 집 현관 쪽에서 팡팡 터지는 총소리에 이어 발소리가 들리기 무섭게 무언가가 무겁게 쿵 내려앉는 소리가 들렸다. 우리는 잽싸게 밖으로 뛰어나갔다. 이십 대 초반쯤 되어 보이는 한 남자가 고통에 몸부림치고 있었고, 청바지에는 피가 잉크 얼룩처럼 번져 있었다.

"맞았어요." 그가 힘없이 중얼거렸다.

모니크 이모는 911에 전화하려고 집 안으로 달려갔고, 찰스 삼촌이 명령했다.

"물 좀 가져와." 그가 소리쳤다. 나는 안으로 뛰어 들어가 부엌 수도꼭지 아래에 냄비를 쑤셔 넣어 물을 받고 나서 다시 베란다로 뛰어갔다. 하지만 눈물이 펑펑 흐르는 통에 앞이 잘 보이지 않아서 카펫 위로 그만 물을 쏟고 말았다.

"그게 뭐야?" 찰스 삼촌이 몸에 상처 입은 낯선 남자의 머리를 껴안고서 구급차를 기다리는 동안 드라이브 바이 총격을 당한 피해자에게 가장 절실한 게 뭔지 전혀 모르고 있는 나를 황당한 눈빛으로 쳐다보았다. "이 남자는 지금 목이 말라! 마실 물이 필요해." 나는 다시 집으로 달려가 유리잔을 집어 들었다. 몸이

❖ 크립스와 라이벌인 갱단으로 서부에서 활동하며 L.A.를 근거지로 활동한다.

부들부들 떨렸다. 속수무책이었다.

그 사람에게 무슨 일이 있었던 것인지, 혹은 그가 살았는지 죽었는지 전혀 기억이 나지 않는다. 그 후로도 모니크 이모와 찰스 삼촌과는 몇 주 더 지냈고, 엄마는 그 집에서 나올 거라고 말했다. 그때만큼은 정말 기뻤다. 그러나 안도감은 잠시뿐이었다.

알고 보니 우리 형제자매 모두가 참기 힘들어하던 엄마의 새 남자친구 레이와 함께 이사하는 거였다. 그는 온몸으로 '쿨'하게 보이고 싶어 해서 되려 전혀 '쿨'하게 보이지 않은 괴짜였는데 아침부터 저녁까지 아이스 큐브Ice Cube❖와 EPMD❖❖의 음악을 귀청이 찢어져나갈 듯 쾅쾅 울리게 틀어놓았다.

"야, 더그! 에리카! 피트 록Pete Rock과 CL 스무스CL Smooth가 새로 음반을 냈어." 레이가 말했다. "들어봐."

에리카는 눈알을 굴리다가 이내 다시 잡지를 읽었고, 더그는 당장 폭발할 기세로 그를 쳐다보다가 밖에 나가 드리블을 연습했다.

엄마 역시 우리 모두를 불안하게 하는 모습으로 자꾸 변해가기 시작했다. 근엄한 어머니가 되기보다는 혈기 왕성한 십 대 시절의 자아로 되돌아간 것만 같았다. 엄마와 레이는 어깨에 검은 색 잉크로 서로의 이름을 소용돌이 꼴로 새긴 커플 문신을 했다. 이뿐만이 아니었다. 엄마는 우리 앞에서도 레이에게 열정적으로 키스했다. 해럴드나 로버트와는 단 한 번도 그런 적이 없었다.

❖ 미국의 래퍼이자, 배우, 연예 기획자, 그리고 영화인으로 본명은 오셰이 잭슨(O'Shea Jackson)이다.

❖❖ 미국 뉴욕 브렌트우드에서 결성된 힙합 그룹

우린 민망해 죽을 지경이었다.

언니와 오빠들은 로버트와 함께 살 때부터 엄마를 원망하기 시작했다. 이제는 내 입에서도 똑같이 비뚤어진 말이 튀어나왔다. 우리는 결혼 생활을 유지하든, 아니면 독신으로 지내든, 아무 남자나 닥치는 대로 만나는 엄마 말고 자녀를 먼저 생각하는 책임감 있는 어머니를 원했다. 스포츠에 열광하는 우리 가족의 표현을 빌려 말하자면, 엄마는 경기에서 물러나기 전까지 얼마나 많은 결혼 생활을 헛발질로 실수했는지, 얼마나 많은 관계를 놓쳤는지 이해하지 못했다. 우리는 엄마에게 왜 남자가 필요한지 전혀 이해할 수 없었다. 왜 우리로는 충분하지 않았는지.

레이는 엄마와 함께 사무용품 회사에서 일했지만 돈을 잘 벌지는 못했던 것 같다. 엄마는 판매부서에서 일했으나 그녀의 수입은 밀물과 썰물처럼 들어왔다가 빠졌다. 로버트가 진짜 가장이었다. 상황이 이렇다 보니 돈이 빠듯했다. 우리는 인스턴트 라면과 감자칩, 탄산음료로 근근이 하루를 버텼고, 가끔은 캔에 든 채소를 요리에 넣어 먹었다. 엄마는 요리에 젬병이었고, 오븐에는 거의 손도 대지 않았다. 또 자신의 급여나 레이의 봉급에서 몇 달러를 추려 더그나 에리카에게 식료품점에서 음식을 사 먹으라고 몇 푼 쥐여주고는 책임을 회피하는 데 만족해하는 것 같았다. 그러면 부엌에서 로버트의 가장 좋은 제자였지만 겨우 열다섯 살에 불과했던 크리스가 가족의 식사를 준비했고, 할 수 있는 한 쭉 늘려서 잘게 부순 2파운드의 소고기로 타코나 스파게티를 잽싸게 만들어냈다.

우리는 레이와 약 1년간 함께 지내다가 한때 우리 집이 있었던 산페드로에서 훨씬 더 멀리 떨어진 몬테벨로라는 도시로 이사했고, 그곳에서 우리는 엄마의 다음 남자친구인 알렉스와 함께 또다시 비좁은 아파트에서 생활했다. 그는 라틴계였고 레이보다는 조금 더 느긋하며 자신감이 있어 보였지만, 그렇다고 벌이가 더 안정적인 건 아니었다. 우리는 알렉스가 진짜 직업이 있는지조차 알 수 없었다. 그리고 레이의 집에서 그랬듯 엄마와 알렉스는 침실에서 잤고, 우리 아이들은 거실에서 그나마 깨끗하다 싶은 공간이면 어디든 바닥에 이불과 베개를 깔고 잤다.

레이와 알렉스가 살았던 동네는 모니크 이모와 찰스 삼촌이 살던 거리처럼 시끌벅적하지는 않았지만, 그들의 아파트는 밤새워 놀고 정오에야 눈을 뜨는 젊은 사람들에게나 적합한 기본 주거공간이지, 여섯 아이가 살 만한 집은 아니었다. 그리고 마치 협소하고 어수선한 공간이 소음을 더 증폭시키는 것처럼 비좁은 공간에서의 주방 의자 등받이가 긁히는 소리나 전화벨 소리는 어쩐지 더 크게 들리는 것 같았다.

우린 점차 파산해갔다. 엄마는 항상 지나칠 정도로 말끔한 모습을 좋아하는 사람이었지만, 이제는 식구가 너무 많아서 구태여 치울 공간조차 없었고, 더 이상 하이힐과 멋진 정장을 차려입지도 않았다. 딱히 그럴 만한 이유도 없었고.

레이에서 알렉스로 넘어오는 사이 엄마는 마지막 직장을 잃었고, 새로운 직장을 찾기 위해 고군분투하고 있었다. 우리의 회색 쉐보레 코르시카도 없어졌다. 아이들은 여전히 일치단결된 부족과 같았다. 그 어느 때보다도. 나는 결코 혼자서 버스를 타거나, 혹은 혼자 집까지 걸어가는 일이 없었다. 하지만 엄마와 우리 사이의 거리는 계속 벌어졌다.

　　　　　　　　　　✼

　우리가 알렉스와 함께 살기 시작한 지 몇 달 지나지 않아 그는 아파트를 잃었다. 이번에 우리는 모텔로 이사했다. 알렉스도 함께였다.

　선셋 인Sunset Inn이라는 이름의 모텔은 번잡한 고속도로에서 약간 떨어진 곳에 자리한 2층짜리 치장 벽토 건물이었다. 우리는 이제 산페드로 바로 옆 동네에 있는 가데나에 있었다. 예전에 살던 동네와 더 가까워졌는데도 이 장소는 전혀 집처럼 느껴지지 않았다.

　우리 방은 맨 위층 뒤편에 있었다. 우리 아이들은 큰 거실 소파와 바닥에서 잤지만, 난 이따금씩 방과 후에 엄마 침실로 사라져 꿈이나 춤에 빠져들고 싶었다. 태평양이 내려다보이는 현관은 오래전에 없어졌고, 대신에 우리와 다른 모텔 세입자가 공유하는 야외 복도가 있었다.

　나는 그 공간을 최대한 활용하려고 노력했다. 복도를 베란다로 생각하고 거기에 앉아서 햇볕을 쬐곤 했다. 그리고 난간을 나만의 발레 바로 둔갑시켰다. 난간을 붙들고 균형을 잡으면서 하늘을 향해 몸을 쭉 뻗었다. 혹은 카메론의 작은 손을 차가운 금속 난간 위에 올려놓고 신디가 처음 내게 했던 것처럼 카메론의 몸을 다양한 발레 포지션으로 바꿔놓거나.

　그 무렵 카메론은 우리의 삶을 드나들었다. 카메론의 아버지인 로버트가 아들이 모텔에서 지내는 것을 원치 않았기에 엄마를 법정으로 데리고 가서 1차 양육권을 받아내는 바람에 카메룬은 주말에만 우리와 함께 지내게 되었다. 나는 슬픔에 잠겼다. 카메룬의 부재가 내 마음에 난 상처를 벌어지게 했고, 난 이제 나를 아프게 하는 감정을 꾹꾹 누르지 않았다. 작별 인사를 해야 할 순간이 오면 우리 모두 왈칵 눈물을 쏟아냈다. 그때 그 감정은 지금까지도 기억 속에서 생생하다. 태어나 처음 경험해보는 감정이었을 거다. 더그 시니어나 해럴드, 혹은 로버트를 떠날 때도 그런 감정은 들지 않았다. 하지만 카메룬은 내 아기였다. 우리 아이들은 모두 막냇동생을 키우는 데 나름의 공이 있었다고 느꼈다. 주말에 카메룬이 모텔에 오지 않으면 내가 로버트의 집에 가서 계속 남동생을 만났다. 하지만 가서 만나는 건 집에서 보는 것과 단순히 똑같지 않았다. 특히 다른 형제자매들조차 밖으로 나돌고 있었을 때는 더더욱. 린지는 항상 한 번 나가면 몇 주씩은 아버지인 해럴드와 함께 보냈다. 우리가 로버트와 함께 살았을 때부터 최대한 친구들과 함께 시간을 보내기 시작했던 에리카는 이제 집에서 거의 잠을 자지 않았다.

 우리 가족은 주어진 상황이 아주 좋을 때조차 자주 부딪히곤 했는데, 이제는 관계 자체가 흐트러지고 있었다.

 이따금씩 돈이 한 푼도 없어서 우리는 동전을 찾으려고 소파 쿠션을 이리저리 들추고 카펫을 살피곤 했다. 그러고 나서 뭐라도 사 먹을 수 있을까 해서 구멍가게에 갔다. 결국 엄마는 푸드

스탬프food stamps✿를 신청했다.

그러면서도 나는 학교에서만큼은 완벽한 모습을 보이려고 노력했다. 첫 종이 울리기 훨씬 전에 도착해 홀 모니터와 교내 군무 팀의 리더로 맡은 바 임무를 다했고, 친구들에게 우리가 다시 이사했다는 말도, 침대는 고사하고 내 방 자체가 없다는 사실도 말하지 않았다. 모든 걸 비밀로 하려고 안간힘을 쓰는 동안 나는 더욱더 내 안에 틀어박혔다. 대부분은 우리 집보다 친구들 집에서 더 많은 시간을 보냈기 때문에 내 삶에 별문제 없는 척하는 건 그리 어렵지 않았다.

오히려 나 스스로 현실을 잊는 게 더 힘들었다. 그나마 댄스 스튜디오에서는 잠시라도 이 모든 혼돈으로부터 몸을 숨길 수 있으니 고마울 따름이었다. 나는 온전히 발레에 집중했다. 그 속에는 규칙이 존재했고, 삶에 품위가 있었다. 아름다웠다. 집은 아수라장이었지만 난 하루도 빠짐없이 스튜디오에 갔다. 학교에서 신디와 함께 차로 30분, 그러고 나서 돌아올 때 모텔까지 버스로 한 시간이 걸렸다.

몇 주가 빠르게 지나갔다. 내 발레 기술은 완성도를 높여갔고, 곧 첫 공연이 다가왔다. '미술, 음악, 풍요로운 문화의 오후'로 지역 주민에게 홍보된 이 공연은 200명을 웃도는 노인들과 백인 관객을 대상으로 팔로스버디스아트센터Palos Verdes Art Center에서 열렸다.

나보다 더 나이가 많고 무난한 스탠더드 팝을 부르는 십 대

✿   미국에서 저소득층 또는 취약계층에 식료품 구매 비용을 지원해주기 위해 발행하는 식료품 할인 구매권

여학생, 현대무용 루틴을 선보이는 고등학생 그룹, 그리고 유일한 발레리나인 나까지 프로그램에 참여했다. 신디는 내가 그때까지 배운 자세와 회전 및 도약을 혼합한 간단한 루틴을 구성했다. 그때 나는 핑크 시폰 치마에 검정 레오타드를 입었고 머리에는 붉은 장미를 꽂았다.

엄마는 공연장에 없었다. 형제자매들도 마찬가지였다. 오로지 신디뿐이었다.

하지만 난생처음 사람들 앞에서 발레 솔로를 선보였고, 그때쯤 난 이미 발레와 사랑에 빠져 있었다. 재미있었고, 신났다. 매일 6교시 종이 울리기를 기다렸다가 문을 뛰쳐나와 신디의 차에 올라타고 곧바로 스튜디오로 향했다.

하지만 엄마는 발레리나가 되고 싶어 하는 내 꿈을 다시 생각해보기 시작했다.

언니의 남자친구인 제프가 에리카를 태워줄 수 없게 되자 언니가 한 시간씩 버스를 타고 나를 데리러 왔고, 그 덕에 다행히 발레 수업이 끝난 뒤 혼자서 대중교통을 타고 오는 일은 없었지만, 우리 두 사람은 날이 어두워진 후에야 녹초가 다 되어 집에 돌아왔다.

에리카와 내가 발레 학교에서 장시간 버스를 타고 집으로 돌아온 어느 날 밤, 엄마가 내 옆에 앉았다. 엄마는 발레 학교가 너무 멀어서 앞으로 다니기 어려울 거라고 말했다.

"그건 무리야." 엄마가 고개를 내저었다. 슬픔이 그녀의 눈에 희미하게 어두운 그림자를 드리웠다. "집에 일찍 와서 형제자매들과 시간을 보내는 게 좋겠다. 너하고 에리카 둘 다 친구들과 보내는 소중한 시간을 놓치고 있잖니. 네가 이 수업을 좋아한다는 건 알아, 하지만 어린 시절은 한 번뿐이야."

엄마가 걱정스러운 마음에 좋은 뜻으로 한 말이라는 건 알았다. 하지만 내 생각에는 엄마가 정말로 이해하지 못하는 것 같았다. 내게 발레는 취미 이상이었다는 것을. 발레 덕분에 내가 혼자 있을 수 있고, 심지어는 환하게 빛날 수 있다는 것을. 난 발레가 절실하게 필요했다.

엄마가 나한테 발레를 그만둬야 한다고 말한 다음 날이었다. 신디가 학교 앞에서 수첩을 뒤적이며 이따금 내가 나타났는지 확인해보려고 올려다보면서 기다리고 있었.

내가 차 문을 열고 그녀 옆에 탔다.

"발레를 그만둬야겠어요." 난 눈물이 왈칵 쏟아지기 전에 불쑥 말을 꺼냈다. "엄마가 발레 학교가 너무 멀대요. 아무래도 무리라고 하셨어요. 친구들이나 가족들과 함께 보낼 수 있는 즐거운 시간을 너무 많이 놓치고 있다고요."

아마도 자식 걱정에 근심이 많은 보통 발레리나의 부모들처럼, 엄마가 나의 힘든 학업이나 피로에 대해 걱정하셨다면 신디가 더 잘 이해했을지도 모르겠다. 하지만 이 변명은 내가 듣기에도 어설퍼 보였다.

신디는 마치 숨 쉬는 법을 잊어버린 사람 같았다. 휘둥그레진 두 눈만 반짝거렸다. 우리는 몇 분간 조용히 앉아 있었다.

"그럼," 마침내 신디가 입을 열었다. "최소한 내가 너를 집까지 태워줄 수는 있겠구나." 너무 지친 나머지 저항할 기력도 없었고 슬픔에 잠겨서 더는 내 비밀을 지킬 여력도 없었다. 나는 신디에게 모텔 주소를 알려주었다.

우리는 차 안에서 아무 말도 하지 않았다. 난 발레가 차지했던 공간을 이제 무엇으로 채울 수 있을지 상상해보려고 했지만, 그저 공허할 뿐이었다. 마침내 신디가 차를 세웠다. 우리 가족이 사는 낡은 모텔을 바라보더니 내가 그녀와 함께 춤을 출 수 없다고 말했을 때처럼 망연자실한 표정을 지었다.

"데려다주셔서 감사합니다." 나는 속삭이듯 말하고 서둘러 차에서 내렸다. 위층으로 곧장 올라가 방 열쇠를 더듬어 찾아 얼른 문을 열고 들어갔다. 밤에 임시 침대로 사용할 이불이 한쪽에 둘둘 말려 있었다.

엄마는 자신이 가정을 등한시한다고 여기진 않았을 것이다. 어쨌든 우리가 항상 바닥에 모포를 깔고 이 모양으로 살지는 않았으니까. 항상 로비에 방세를 낼 수 있는 창문이 달린 모텔을 집이라고 부르지는 않았으니까. 항상 술집과 값싼 타코 가게가 즐비한 고속도로 모퉁이에서 잠을 자지는 않았으니까.

하지만 그것이 지금 우리가 사는 모습이었고, 신디가 본 모습이었다.

문을 두드리는 소리가 났다. 알렉스와 함께 침실에 있던 엄마가 나와 문을 열었다.

신디가 머뭇머뭇하면서 문 앞에 서 있었다. 작은 공간에 거의 손에 만져질 듯한 긴장감이 감돌고 있음을 느낄 수 있었다. 난 그냥 사라지고 싶었다. 신디가 바닥에 주저앉은 나와 눈을 맞추었다. 그날 밤 신디는 이미 알고 있었던 것 같다. 내가 태어나는 순간부터 이미 나의 운명이 될 그 세계로 데리고 가지 않으면 내가 다시는 춤을 추지 않으리라는 것을.

두 여자는 잠시 몸을 웅크린 채 나직이 이야기를 나누었고, 이따금 눈물을 보이기도 했다. 엄마는 나 말고도 자식이 다섯 명이나 더 있다는 사실을 토로했다. 엄마의 세상에서 나는 중심이 아니었고, 그렇게 될 수도 없었다. 나도 그걸 알고 있었다. 하지만 누군가에게는 틀림없이 그런 존재였던 것 같다. "저는 미스티를 떠나보낼 수 없어요." 신디의 눈에 눈물이 글썽였다. "미스티가 저와 함께 살았으면 해요." 엄마는 깊은 한숨을 내쉬면서 북적거리는 모텔 방을 둘러보았다.

그리고 나를 보내주었다.

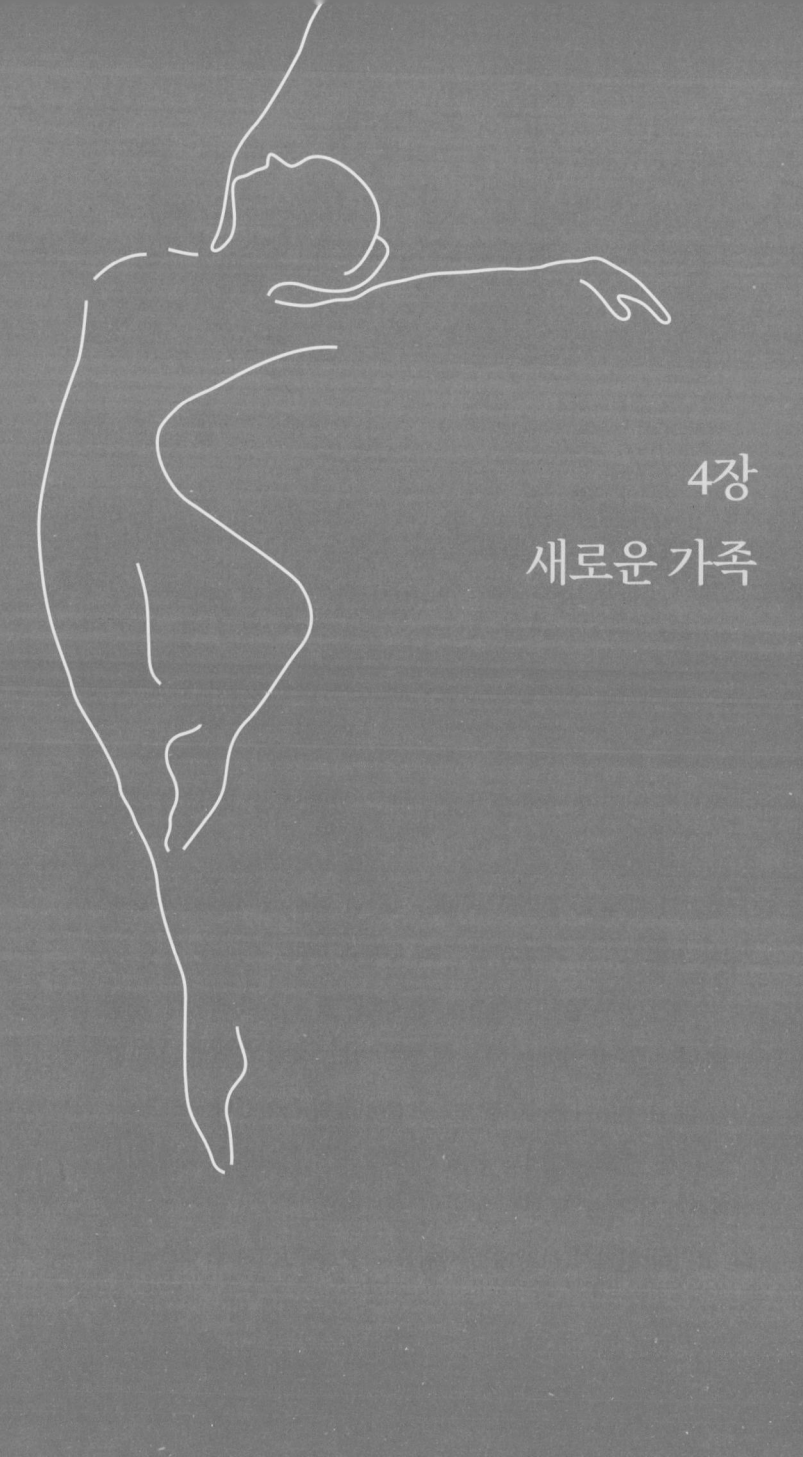

4장
새로운 가족

우리가 신디의 집에 도착했을 때는 이미 어둑어둑해진 늦은 저녁 시간이었다.

엄마가 떠나도 좋다고 말했을 때, 난 기분이 멍했지만 어떻게든 나의 세상을 배낭 안에 쑤셔 넣었다. 겨우 청바지, 잠옷, 상의 몇 개가 전부였다. 그때까지 나에게는 많은 것이 없었다. 모텔 방을 나서기 전, 엄마는 나를 꼭 껴안았다. 이제 나는 하나의 삶에서 또 하나의 다른 삶 속으로 천천히 걸어 들어갔다.

신디는 엔젤스 게이트 등대 근처의 도시 건너편 언덕에 있는 아파트에서 살았다. 그녀의 남편 패트릭은 정규직 예술 교사였다. 그러나 한가한 시간에는 서핑을 즐겼다. 그리고 파도를 타지 않거나, 산페드로무용센터에서 무용을 가르치지 않는 시간에는 언제나 디저트를 만들곤 했다. 집 정문은 카브릴로 비치에서 겨우 두 블록 떨어져 있었고 아파트에서는 계피와 바다 냄새가 스며 있었다. 집안에는 그림이며 조각품 등 작고 아름다운 것들로 가득했다. 그렇게 깨지기 쉬운 물건들은 우리 집에서는 절대 남아나지 못했을 거다.

우리가 문을 들어서자마자 신디가 말했다. "미스티랑 같이 왔어. 앞으로 우리와 함께 살게 될 거야. 식탁에 자리를 하나 더 마련해주겠어?"

"물론이지." 패트릭은 순간적으로 주저하는 기색도 없었다.

난 그제야 신디가 그에게 허락을 구하지도 않았고, 내가 온다는 얘기도 하지 않았다는 걸 알았다. 그들은 가장 너그럽게 두 팔 벌려 나를 환영해주었다. 우리는 그날 밤 저녁 식탁에서 숭늉 음식을 먹었다. 내가 항상 그 자리에 있었던 것처럼 모든 게 자연스러웠다.

저녁 식사 후, 신디는 커다란 침실로 나를 안내했다. 그녀의 3살 난 아들 울프와 함께 쓸 방이었다. 난 울프가 스튜디오에서 탭댄스를 추는 모습을 간간이 보았다.

울프는 이층 침대 아래쪽에서 잠들어 있었다. 나는 옷을 갈아 입고 위쪽으로 올라갔다. 신디가 와서 이불을 덮어주었다.

"잘 자라." 그녀가 내 뺨에 입을 맞추며 나직이 속삭였다. "네가 우리 집에 와서 정말 기뻐."

문득 갑작스럽게 일어난 모든 일—엄마가 나를 보내줘서 모텔을 나오게 된 상황—만큼이나 무용 선생님과 함께 사는 게 이상한 일이 아닌 것 같다는 생각이 들었다. 재능 있는 젊은 무용수나 운동선수가 훈련에 집중할 수 있도록 집을 떠나 코치나 교사와 함께 생활하는 건 가끔씩 볼 수 있는 일이다. 신디조차 십대에 전문 무용수로 춤을 추려고 어릴 때 살던 집에서 나와 이사한 적이 있지 않았던가.

그렇긴 한데, 난 여전히 겁을 집어먹고서 어둠 속에 누워 있었다. 이제 학교뿐만 아니라 이 새로운 집에서도 적응하기 위해 노력해야 한다. 그것은 합격해야 할 또 다른 시험, 또 다른 사회적 미로를 헤쳐나가는 것이었다.

하지만 난 알고 있었다. 발레를 더는 할 수 없다는 걸 알았을 때 내 마음이 얼마나 황폐했었는지, 그 상처가 내 영혼을 얼마나 아프게 찔렀는지를.

"그래, 이거야." 내가 중얼거렸다. "이렇게 하면 계속 춤을 출 수 있어." 난 그 사실을 받아들여야만 했다. 그리고 마침내 잠이 들었다.

다음 날 아침 눈을 뜨자 울피(울프의 애칭)가 내 침대 가장자리에 서서 눈을 크게 뜨고 나를 바라보고 있었다. 울피는 내가 그의 방에서 살았던 2년 동안 종종 나를 그런 식으로 바라보곤 했다. 그 아이는 갑자기 나타난 이 갈색 피부의 누나를 감탄스럽게 바라보는 것 같았다. 가끔 한밤중에 잠에서 깨어나 울피가 내 얼굴을 부드럽게 어루만지는 걸 본 기억이 난다. 울피는 그저 나를 귀여워했고, 나는 그 꼬마가 귀여웠다. 우리 사이는 자연스러웠다. 울피가 나의 새로운 남동생이라고 생각될 만큼.

그동안 내가 겪었던 여러 번의 이동은 항상 충격적이기만 했다. 로버트와 함께 살기 위해 해럴드를 떠나고, 레이를 쫓아 로버트에게서 도망치고, 결국 내 가족은 알렉스와 함께 모텔에 남겨졌다. 하지만 이번에는, 이번의 움직임만큼은 달랐다. 신디와 패트릭은 나를 무척 반갑게 맞아주었고, 따뜻했으며, 울피와 함께 지내면서 내가 엄청나게 아끼고 사랑했던 두 동생, 카메룬과 린지가 떠올랐다. 나는 애써 적응하려고 몸부림칠 필요가 없었다. 브래들리 가족은 나를 있는 그대로 받아주었다.

이제는 데이나 중학교에 가거나 저녁에 집에 올 때 버스를 타지 않아도 되었다. 신디가 아침에 학교 앞에 나를 내려주고 마지막 수업 종이 울리면 다시 나를 차에 태워 곧장 그녀의 스튜디오로 향했기 때문이다.

난 여전히 교내 군무 팀의 주장이었고 6교시 체육 시간에 매일 오후 연습을 하러 갔지만 군무 팀에 대한 내 관심은 점차 시들해졌다. 군무 팀에서 하는 동작들은 어떠한 영감도 주지 못했고 단순해 보이기만 했다. 그와 달리 마치 잔잔히 퍼지는 물결처럼 강인함과 우아함이 어우러진 발레의 스핀은 칙칙한 방마저 오르골로 바꿔버렸고 나를 오르골 안에서 빙글빙글 도는 아름다운 인형으로 만들어주었다.

엘리자베스 캔틴 선생님은 그런 나를 이해했다. 그녀는 교내 군무 팀의 코치였지만 연습 첫날부터 내가 발레리나가 되기에 제격인 몸의 라인과 유연성을 가지고 있다는 걸 누구보다 먼저 알아차렸다. 보이스앤걸스클럽에서 신디의 수업을 들어보라고 권유한 이도 그분이었고, 또 앞으로 다가올 몇 년간 이제 막 싹 트기 시작한 발레 경력은 물론, 더 나아가 내 인생 전반에서 중요한 역할을 하게 될 분도 역시 엘리자베스 선생님이다.

처음에 내가 잘 몰랐던 사실이 있었다. 신디가 내게 장학금을 주기로 하고 발레 수업에 참석할 수 있도록 했을 때, 그녀가 이미 친구인 엘리자베스와 의논을 마쳤다는 것, 그리고 엘리자베스와 남편인 리처드가 내 발레용품을 구매하는 데 도움을 주기로 했다는 것이었다. 그건 결코 소소한 일이 아니었다. 토슈즈는 한 켤레에 무려 80달러에 달한다. 어디 그뿐인가. 나는 마치 농구 선수가 운동화를 소진하듯 그것들을 금세 다 써버릴 테고, 또 성장기에 있었으므로 새로운 타이즈와 레오타드가 끊임없이 필요할 것이다. 엘리자베스와 리처드는 더 많은 세월에 걸쳐 나를 재정적으로 도와줄 것이다. 그만큼 그들은 나를 믿고 아껴줬다.

엘리자베스는 나의 여러 멘토 중 한 분이셨고, 고등학교에 다닐 때 엘리자베스와 그녀의 남편은 자칭 내 명예 대부모 godparents가 되셨다. 엘리자베스는 신디의 스튜디오에 와서 수업을 참관했고, 단 한 번도 빠지지 않고 내 공연을 보러 왔다. 이따금 나는 엘리자베스의 집에서 밤을 보내곤 했다. 그녀는 신디와 내가 어쩔 수 없이 헤어지게 된 이후에도 오랫동안 내 삶 속에 남아 있었다. 지금까지도 나는 여전히 나의 대부모인 엘리자베스와 리처드를 자주 만난다.

내가 늘 하는 말이 발레에는 지름길이 없고 스텝을 생략하고 그냥 넘어가는 방법 역시 존재하지 않는다는 것이다. 그건 확실히 나에게만큼은 진실이었다. 푸에떼로 다리를 휘저을 수 있으려면 우아하게 무릎을 구부리는 쁠리에와 발을 무릎 위쪽으로 쓸어 올리고 뒤로 움직인 다음 원래 있던 자리로 다시 내리는 빠쎄passé를 할 줄 알아야 한다.

그래서 나는 산페드로무용센터에서 (내가 가장 어린 학생들을 지칭하는 소위) 아기들과 함께 밑바닥에서부터 시작했다. 비록 체구가 작아서 구경하는 사람들이야 내가 거의 열네 살이고 반 친구들보다 나이가 더 많다는 사실을 알 리는 없었겠지만.

가장 기본적인 수업에서 우리는 쁠리에를 연습하고, 양손으로 바를 잡고 발레의 기본자세인 첫 번째, 두 번째, 세 번째, 네 번째, 다섯 번째 자세를 복습하곤 했다.

그 후 계속해서 뿌엥뜨pointe 수업에 들어갔고, 우리는 바에서 연습했던 것과 같은 동작을 수행하되 발끝으로 섰다. 하루에 무려 세 개의 수업을 들었다. 각 수업은 이전 수업보다 더 상급반이었다. 그룹별로 스무 명 정도의 학생들이 있었는데 대부분은 여학생이었고 또 대부분은 백인 학생이었다. 각각의 수업이 너무 빨리 진행되는 통에 난 복잡한 프랑스어 이름과 생소한 철자의 동작들이 어떻게 불리는지 잘 몰랐다.

그렇지만 신디는 내가 주변을 잘 인식하고 빠르게 터득한다고 믿고서 처음부터 나를 상급반에 포함시켰다. 나는 그냥 발레 교사나 그 교사가 공연하는 비디오, 또는 다른 학생들을 보기만 하면 되는 거였다.

처음 푸에떼 회전을 배우기 시작했을 때가 떠오른다. 난 항상 그 수업을 간절히 원했었는데, 그 복잡한 움직임을 계속해서 되풀이한 끝에 어떻게 하면 그것을 더 좋게 만들 수 있고 또 제대로 해낼 수 있는지 알게 되었을 때 세상을 다 가진 듯 기뻤었다. 신디는 바를 잡고 움직임을 작은 단계로 나누어 수행하는 방법을 가르쳐주었다.

"자, 이제 쁠리에야." 신디가 설명했다. "이제 다리를 옆으로 돌려. 그대로 빠쎄를 해봐."

나는 매일 한 시간씩 바를 붙들고 그 스텝들을 연거푸 반복했다. 방 한가운데에서 자유롭게 그 턴을 할 수 있게 될 때까지. 마침내 쁠리에! 를르베relevé! 빠쎄!를 할 수 있게 되었을 때 얼마나 신이 났던지.

그다음 날, 다시 기본으로 돌아가 더 상급반에서 앞서 배운 것을 다듬고, 모든 스텝, 모든 뽀르 드 브라port de bras✿가 최대한 완벽해질 수 있도록 공을 들였다. 파트너와 함께 춤을 추는 빠드 되pas de deux를 배우는 건 그 자체로 작품이다.

가끔은 패트릭이 그 수업을 가르치기도 했지만, 평소 나를 가르치는 선생님이자 나의 첫 번째 파트너는 찰스 메이플이었다. 그는 아메리칸발레시어터의 솔리스트soloist✿✿였다.

나는 워낙 체구가 작은 데다가 겁도 없어서 찰스가 다른 무용

✿ 동작을 연결할 때 팔을 이용하는 발레의 기본 동작
✿✿ 발레의 주요 역할을 담당하는 무용수로 수석 무용수 아래 등급이다.

수들 앞에서 시범을 보여줄 때 함께 춤을 추는 학생으로 자리매김하였다.

"몸을 지탱해, 그리고 움직이지 마." 찰스가 한쪽 팔로 나를 머리 위로 들어 올리며 말했다. 그가 나를 던지고, 들어 올리고, 빙빙 돌리는 동안 난 그저 조각상처럼 가만히 있거나, 때로는 헝겊 인형처럼 유연해졌다. 난 어지럽고 숨이 찬 상태에서 수업을 마치곤 했다.

사실, 내가 얼마나 빨리 동작들을 체득하고 있었는지 의식조차 하지 못했다. 그러나 꼬리표처럼 나를 따라다니던, 나를 설명하던 한 단어를 신디에게서, 혹은 찰스에게서, 또는 엘리자베스에게서 반복적으로 듣게 되었다.

신동.

처음에는 그 단어의 무게를 이해하지 못했다. 난 그저 본능이 발동하는 공간에서 출발한 것뿐인데, 그게 많은 이들이 내가 계속 유지하기를 바라는 기준이 될 거라고? 신동이라는 말이 어떻게 그런 뜻이 되는 거지? 그때 내가 아는 것이라고는 춤이 재미있고, 자연스럽다는 것뿐이었다. 이후 나의 끊임없는 탐구가 나를 점점 더 나은 방향으로 나아가게 했다.

수년이 흘러 내 기술은 매우 안전하고, 깨끗하고, 강력해졌다. 하지만 나는 여전히 매일 발레 수업에 간다. 무용수들은 우리가 결코 완벽함에 이를 수 없음을 알면서도 끊임없이 노력해야 한다는 걸 자각한다. 무용수들은 은퇴할 때까지 계속 연구하고, 연습하고, 노력해야만 한다.

발레를 그토록 아름답게 만드는 건 힘껏 뛰어올라 완벽하게 착지할 것인지, 혹은 바닥에 넘어질 것인지에 영향을 줄 수 있는 예리한 타이밍과 기술이다.

인간의 취약함은 완벽을 방해한다. 당신의 몸은 영원히 피로나 부상에 굴복하고 있다. 어딘가 항상 약간은 이상하다. 그리고 나이가 들어가면서 팔목이나 발목은 삐끗거리고 스트레스는 우리 삶에서 지울 수 없는 존재의 일부가 된다. 따라서 춤 기술 역시 바뀌어야 한다. 한 여성으로서 미스티가 성장함에 따라 발레리나 미스티도 함께 성장한다. 그 과정에서 새로운 현실과 갑작스러운 한계에 적응해가는 것이다.

그러나 토슈즈를 신고 걸어본 적이 없다면 선뜻 이해하기 어려울 수도 있다.

"아직도 발레 수업을 들어?" 언젠가 어린 시절 친구가 믿기지 않는다는 듯이 물어본 적이 있었다.

그 질문은 나를 참 지치게 만들곤 했다. 이제는 아니지만.

"응." 내가 대답했다. "난 영원히 발레 수업을 들을 거야."

나의 새로운 가정생활은 온통 발레로 차 있었다. 난 신디와 패트릭과 함께 거실에 있는 텔레비전 앞에 앉아서 아메리칸발레시어터를 처음으로 마주했다.

이전 집의 거실에서는 뮤직비디오 말고는 어떤 종류의 전문적인 안무를 본 적이 없었다. 하지만 신디 집의 거실에서 본 건 그게 전부였다. 나의 가정생활을 지배하던 일요일 오후의 축구 경기는 사라졌다. 이제는 비디오로 녹화된 아메리칸발레시어터의 공연을 보면서 몇 시간씩 텔레비전 앞에 붙어 있었다. 화면에 나디아 코마네치만 없었을 뿐, 나는 처음 체조를 알게 되었을 때처럼 깊이 매료되어 있었다. 지금은 젤시 커클랜드Gelsey Kirkland, 나탈리아 마카로바Natalia Makarova, 루돌프 누레예프Rudolf Nureyev, 그리고 팔로마 에레라Paloma Herrera가 화면을 장식하고 있었다.

아메리칸발레시어터는 1940년에 설립되었다. 뉴욕에 기반을 둔 이 발레단은 세계 최고의 고전 발레단 중 하나로 빠르게 명성을 얻었다. 신디와 패트릭은 발레단에 대해 익히 알고 있었고, 그것을 나의 운명으로 인식했다. 미하일 바리시니코프Mikhail Baryshnikov는 1980년에 아메리칸발레시어터의 예술감독이 되었다. 하지만 불과 몇 년 전까지 그는 울프 트랩Wolf Trap*에서 공연을 했고, 그것은 그야말로 역작이었다. 바리시니코프는 1960년대와 1970년대를 풍미한 유명 발레리나이자 조지 발란신의 뮤즈 중 한 명인 젤시 커클랜드와 「돈키호테」에서 함께 빠 드 되를 추었다. 난 그들의 공연 비디오테이프를 한 백 번은 돌려 보았다. 그때 처음으로 키트리Kitri가 되고 싶다고 생각했다.

「돈키호테」에서 키트리는 관능적이고 정열로 가득 찬 여관주인의 딸로 부유한 귀족과의 결혼을 거부하고, 대신 이발사인 바실리오와 함께하기를 원한다. 그녀의 모든 움직임에는 특유의 건방진 말투와 섹시함이 묻어나 있다. 아름다운 부채를 유혹적

❋ 미국 버지니아주 페어팩스에 있는 국립 옥외 예술 공연장

으로 펼치고, 접고, 흔들어대면서 에뽈르망épaulement❃으로 한쪽 어깨를 기울이고 상체를 부드럽게 돌린다.

그저 손목을 휙 움직이거나, 원하지 않는 사람과 결혼을 강요당할 때는 어린애처럼 발을 구르기만 하는데도 반항기가 풍긴다. 발레는 빠르고 폭발적인 발놀림과 격렬하고 큰 점프로 가득 차 있다. 그러나 안무는 그 일부에 불과하다. 무용수는 이야기를 성공적으로 전달하기 위해 키트리의 개성을 품고 그녀가 되어야 한다.

왜 키트리에게서 내 모습을 본 것인지는 잘 모르겠다. 단순히 나와 연결되어 있음을 느꼈다.

젤시 커클랜드 때문에 나는 키트리와 사랑에 빠졌고, 키트리를 통해 팔로마를 알게 되었다. 팔로마 에레라는 아메리칸발레시어터의 역사상 가장 젊은 스타 중 한 명이었다. 부에노스아이레스 태생인 그녀는 15살 때 코르 드 발레corps de ballet로 입단하여 17살 때 솔리스트로 승급했으며 19살 때 프린시펄 댄서 principal dancer, 즉 수석 무용수가 되었다.❃❃ 그녀는 나의 우상으로 등극했고, 다른 십 대들이 위노나 라이더의 다음 영화나 마돈나의 최신 연애에 집착하듯 나는 그녀를 추종했다. LA 시내에 있는 도로시 챈들러 파빌리온에서 라이브로 공연된 「돈키호테」를 처음 봤을 때부터 팔로마는 이미 스타였다.

❃ 다리와 몸통은 사선을 향한 채 선 자세로 어깨를 정면과 가까워 보이게 약간 틀고 고개를 앞쪽 어깨 방향으로 살짝 기댄 자세.
❃❃ 발레단의 간판으로 주요 배역을 맡는 무용수를 우리말로 총칭 '수석 무용수'라고 한다. 발레단에 따라 부르는 명칭이 각기 다른데, 아메리칸발레시어터의 경우 프린시펄 댄서라고 한다.

그녀는 불과 얼마 전에 수석 무용수로 승급하여 앙헬 코렐라 Angel Corella가 연기하는 바실리오의 상대 배역인 키트리 역을 맡았다. 당시 발레계에서는 두 사람의 인기가 하늘을 찔렀다. 둘 다 젊고 아름다운 데다 라틴계였기에 그 역할에 가장 이상적이었다. 나는 신디와 함께 그들을 보러 갔고, 공연 내내 두 인기 스타에게 푹 빠져서는 멍한 상태로 앉아 있었다.

나는 수년간 팔로마의 경력을 지켜봤다. 《뉴욕타임스》는 물론이고 《춤과 뿌엥뜨Dance and Pointe》 잡지에 실린 팔로마에 관한 기사도 수집했다. 팔로마의 얼굴은 아메리칸발레시어터의 후원사였던 명품 시계 회사 모바도Movado의 광고를 빛내주었다.

난 팔로마의 길을 뒤좇아 가고 싶었다. 그러려면 가능한 한 빨리 대형 무용단에 입단해야 할 필요가 있었나. 그래서 결심했다. 다른 여학생들이 졸업 무도회에 입을 드레스를 고르고 있을 때쯤 나는 「로미오와 줄리엣」 혹은 「라 바야데르La Bayadère」✿에서 주역을 맡는 수석 무용수가 되어 있겠노라고.

물론 그건 어불성설이었다. 십 대에 솔리스트나 수석 무용수가 되기에는 난 늦어도 너무 늦게 발레에 입문한 데다 팔로마가 해낸 업적은 그녀와 같은 발레리나들, 이른바 평생 춤을 추던 사람들에게조차 드문 경우였다.

4년 뒤, 열일곱 살에 아메리칸발레시어터에 입단했을 때 마침내 팔로마를 만났다. 우리는 무대를 함께 쓰면서 좋은 친구가 될 것이다. 하지만 우리가 발레단 동료로 만나기 훨씬 전부터 그녀

✿ 1877년 작으로 루드비히 밍쿠스(Ludwig Minkus)의 음악에 마리우스 쁘띠빠(Marius Petipa)가 안무한 작품이다.

는 나에게 전부였다.

◈

신디와 함께했던 시간 동안 발레는 내 삶의 중심부에 있었다. 그렇다고 발레가 전부는 아니었다. 발레, 수업, 리허설, 그리고 점차 늘어나는 공연으로부터 생기는 고단함은 따뜻한 가정생활이 풀어주었다.

이는 내게 새로운 경험이었다. 로버트와 함께 살 때도 삶은 체계적으로 흘러갔다. 하지만 폭력과 두려움이 동반되었다. 반면, 브래들리 가족과의 일상은 내가 보살핌을 받고 있으며, 사랑받고 있다는 느낌을 안겨주었다.

신디와 패트릭이 정확히 부자인지는 잘 모르겠다. 하지만 적어도 내 경험에 따르면 확실히 재정적으로 부유하고 안정적이었다. 숙제하고 있는 동안에는 주변이 언제나 고요하고 조용했다. 처음으로 가족과 함께 애완동물도 키웠다. 신디가 미하일 바리시니코프의 이름을 따서 미샤라고 이름 붙인 작고 까만 푸들이었다.

내가 신디와 패트릭, 그리고 울피와 함께 산 지 얼마 되지 않았을 무렵, 우리 모두 다 같이 사진관에 가서 가족사진을 찍었다. 검정 레오타드를 입은 나와 자그마한 단스킨Danskin❋을 입고 있는 울피의 사진이 집안 곳곳을 차지했다. 그렇게 우리는 가족

❋ 뉴욕시티발레단, 브로드웨이의 무용수 등에게 사랑받는 130년 역사의 기능성 여성 의류 브랜드

이 되었다. 신디의 부모님인 캐서린과 어빙도 만났다. 그들은 내게 울피가 그랬듯 '버비'와 '파파'로 불러달라고 말했다. 우리는 서로의 집에서 많은 시간을 함께 보냈고 결국 버비와 파파가 길모퉁이에 집을 샀을 때 울피와 나는 그 집에서 각자 방을 하나씩 가질 수 있었다.

신디의 신앙인 유대교 의식과 전통도 배우기 시작했다. 여태껏 일요일이면 해럴드가 로버트의 집 앞까지 차를 몰고 와서 어린 내 형제자매와 나를 잽싸게 태우고 교회로 데려가곤 했다. 부활절이나 크리스마스가 되면 예배를 하러 가곤 했다. 하지만 신디와 살면서부터는 이따금씩 버비, 파파와 함께 유대교 회당에 갔다. 매주 금요일마다 안식일을 축하하기 위해 함께 모여 식사하며 해가 지기 전에 촛불을 켜고 특별한 기도문을 낭독했다.

> 주여, 우리의 하나님, 우주의 통치자시여, 축복받으소서
> Baruch atah, Adonai, Eloheinu, melech haolam
> asher kid'shanu b'mitzvotav v'tzivanu
> 계명으로 우리를 거룩하게 하시고 우리에게 명하신 자
> asher kid'shanu b'mitzvotav v'tzivanu
> 안식일의 불빛을 밝히기 위해
> l'hadlik ner shel Shabbat.
> 아멘
> Amein

나는 이 기도문을 암송할 수 있게 되었다.

그리고 로버트와 함께 살 때처럼 다시 부엌에 돌아왔다. 하지만 지금 요리사는 버비였고, 난 마쪼볼 수프matzo ball soup 만드는 법을 배우고 있었다. 커다란 그릇에 달걀, 물, 닭의 지방을 넣어 휘저은 다음 숟가락으로 떠서 커다랗게 경단을 만든다. 난 국물이 부글부글 끓어오르는 뜨거운 냄비에 그것을 떨어뜨리고서 국물 위로 떠오르는 모습을 지켜보곤 했다. 그리고 조용히 혼자 속으로 생각했다. 가족이란 원래 이런 거야.

우리가 참석한 유대교 회당에는 나 말고 다른 흑인은 없었다. 난 단지 내 기억 속 스냅사진을 통해서만 그 사실을 알 수 있을 뿐이었다. 아마도 버비는 알아차렸는지 모르겠지만, 그때 난 정말로 그 점을 의식하지 않았다.

어느 토요일, 내가 그녀의 집을 방문했을 때다. 우리는 부엌일을 마쳤고, 버비가 비디오카세트리코더에 테이프를 꽂았다. 바로 전설적인 흑인 배우 시드니 포이티어Sidney Poitier가 런던 빈민가에서 대부분 백인인 학생들을 가르치는 교사로 열연한 1967년 영화 〈언제나 마음은 태양To Sir, With Love〉이었다.

우리는 그 영화를 함께 보았다. 영화가 끝나자 버비가 부드럽게 주제가를 따라 불렀다.

"시드니 포이티어는 오스카상을 수상한 최초의 흑인이란다." 마침내 엔딩크레딧이 다 올라가자 그녀가 운을 뗐다. "그는 장벽을 무너뜨렸어. 바로 너처럼."

버비는 시드니 포이티어가 훌륭하고 멋진 사람이라고 말했고, 나도 그렇다고 했다. 그리고 백인 일색이던 이 세계에서 우리와 같은 존재는 공연하는 모든 사람, 우리를 지켜보는 모든 이에게 선물이라고도 했다.

처음으로 버비가 나를 흑인이라고 언급한 것 같았다. 아주 드문 상황이었지만, 그녀의 말은 결코 부정적이지 않았다. 그건 단지 나를 특별하게 만든 많은 것 가운데 하나에 불과했다.

나는 단 한 번도 스스로를 특별하다고 느껴본 적이 없었다. 실은, 진정으로 원한 적도 없었던 것 같다. 내게 특별하다는 건 모두가 나를 지켜보고 있다는 걸 의미하는 거였다. 내가 더 크게 말해야 하고, 무슨 말이든 과감히 내뱉어야 하고, 남들로부터 평가받아야 한다는 뜻이었다. 나는 드러나지 않는 게 더 좋았다.

그러나 신디의 집에서는 사라질 수 없었다. 식탁에 앉으면 우리는 보통 패트릭이 준비한 식사를 먹었고, 그들은 나의 하루, 나의 미래에 관해 이야기하고 싶어 했다. 부부의 친아들인 울피가 바로 거기에 앉아 있었는데도 신디와 패트릭은 온전히 나에게 집중했다.

"점프가 점점 강해지는 것 같아요." 내가 자랑스럽게 말했다. "오늘 아다지오adagio에서 몸을 더 길게 뻗었어요."

"체격이 적합한 무용수도 있고, 능력이 출중한 무용수도 있어." 신디가 이야기하면 패트릭은 늘 그녀의 말에 수긍하듯 고개를 끄덕이곤 했다. "너는 둘 다 타고났어."

"너는 스타가 될 거야." 신디가 말했다. "너는 신께 선택받은 아이야."

아직 엄마와 함께 살고 있을 때였다. 그리고 엄마에게 아직 차가 있었을 때였다. 이따금씩 엄마는 다니엘이나 레이나의 집에 나를 데리러 오곤 했다. 우리는 라디오를 켜고 토니 브랙스턴 Toni Braxton의 노래를 같이 따라 불렀다.

7일 내내 당신에게서는 한 마디도 없네.
Seven whole days, and not a word from you.

그 몇 분 동안은 엄마와 손을 꼭 맞잡고 음을 끊지 않으면서 노래했던 것 같다. 엄마와 나 사이는 딱 그 정도였다. 엄마와의 대화는 단순했고 보통은 피상적이었다. 엄마는 늘 너무 피곤해했기 때문에 내 생각과 감정에 깊이 빠져들지 못했다. 더욱이 어렸을 때 깊게 소통하는 능력을 개발하지 못했을 테니 우리에게 가르쳐줄 도리도 없었을 거다. 온종일 9시부터 5시까지 꼬박 직장에서 일하고, 6명의 자녀를 돌보고, 항상 뭔가에 중독되어 있거나 학대하는 파트너를 상대하고 나면 다른 무언가를 할 여력이 없었을 것이다.

하지만 신디와 나는 오랫동안 대화할 수밖에 없었다. 오전에 나를 학교에 내려주고, 오후에 나를 차에 태우고, 무용센터에서 다시 집까지 데려다주면서 그녀는 내게 끊임없이 질문했다.

누군가가 오롯이 나에게만 집중한 채 내 말을 경청하려고 애쓰는 것, 그건 아마 난생처음 겪는 일이었을 것이다. 모든 것이 너무나 새로워서 나에게는 두려운 일이기도 했다. 거의 위협을 느꼈고, 공격당하는 기분이었달까.

"지금 무슨 생각해?"

"기분은 어때?"

"네가 가장 좋아하는 무용수는 누구야?"

"오늘 밤에 뭐 먹고 싶어?"

"뭐가 그렇게 재미있니?"

나는 거듭되는 이토록 간단한 질문 공세에도 어떻게 대답해야 할지 몰랐다. 그럴 때면 진땀이 나기 시작했다. 내가 무슨 생각을 하는지, 혹은 어떤 감정을 느끼는지 알기나 했었던가? 그녀는 왜 그런 걸 신경 쓰는 거지? 누군가가 내 판단과 생각을 비판하지 않고 나와 이런 대화를 나눌 수 있다는 사실 자체가 나로서는 도무지 이해할 수 없는 일이었으니 말이다. 내 기억에 신디가 유일하게 화를 냈던 때는 내가 선뜻 말을 하지 않아서 좌절할 때뿐이었다. 그녀는 적당히 넘어가지 않았다. 나한테 화를 내는 것, 그리고 빠져나갈 다른 길을 제시하지 않는 것이 내 마음을 열기 위한 하나의 해결책임을 알고 있었던 것 같다. 브래들리 가족은 나에게 비판적 사고를 하도록 가르쳤고, 나는 그 가르침에 영원히 감사할 것이다. 하지만 당시 내 적응력은 다소 느린 편이었다.

신디는 항상 내 말이 자신이 들어본 것 중에서 가장 현명하고 대단한 것처럼 반응해주었다. 그녀의 인정 덕분에 나는 단단한 껍데기에서 빠져나오기 시작했다. 하루도 조용할 날이 없었던 예전의 삶은 내가 침묵하는 걸 더 쉽고 더 편안하게 해주었다. 그러나 신디의 질문과 조건 없는 수용은 나를 더 강하게 만들었다.

나 자신의 목소리를 들을 수 있다는 게 무엇보다 좋았다.

그뿐만 아니라, 백인 여성인 신디는 내가 지닌 흑인의 특성을 세상에서 가장 아름다운 것처럼 느끼게 했다. 로버트와 그의 가족이 나의 어머니와 우리 형제자매들에게 아무리 험악한 말을 내뱉었어도 난 항상 내가 흑인인 것이 좋았다. 굳이 다른 사람이 되고 싶지 않았다. 로버트와 그의 가족과는 다르게 신디의 눈에는 나의 유산이 내게 특별함을 더해준 요소로 비친 것 같았다.

특히 내 곱슬머리를 아주 마음에 들어 했다. 우리 집에서 내 곱슬머리는 길들여야 할 머리카락 뭉치에 불과했다. 어렸을 때부터 에리카 언니는 드라이로 내 머리를 말리면서 컬을 날려 납작하게 눕히곤 했다. 머리를 한 갈래로 묶고 싶다고 말하면 내 머리를 너무 세게 잡아당기는 통에 관자놀이가 아플 지경이었고, 헤어젤로 삐져나올 만한 모든 머리카락의 가닥을 흠뻑 적셔놓곤 했다. 바로 흑인 여성들이 머리를 정리하던 방식이다. 우리는 꼬불꼬불한 머리카락을 펴려고 고데기와 타는 듯이 뜨거운 스트레이트닝 콤straightening comb✿을 사용했다.

하지만 신디는 내가 머리를 자연스럽게 풀어놓은 모습을 좋아했다. 한번은 그녀가 사준 물방울무늬 드레스를 입고 곱슬곱슬한 머리를 풀어 헤쳐 늘어뜨리고 그녀의 방으로 걸어 들어오는데, 신디가 불시에 내 적나라한 모습을 카메라에 담은 적이 있었다. 솔직히 처음 그 사진을 보고는 움찔했었다. 특히 앞으로 몇 년 동안은 벽난로 꼭대기에 올려져 있을지도 모르는 사진인

✿ 프레싱 콤이라고도 하며 열을 가하는 빗으로 지나치게 곱슬곱슬한 컬을 제거하는 데 쓰인다.

데, 나는 정말 그렇게 찍히면 안 된다고 배웠다. 하지만 브래들리 가족과 함께 오래 지낼수록 곱슬머리가 차츰 편안해졌다.

어느 날 그 사진을 보면서 문득 이런 생각이 들었다. 와, 정말 예쁘네. 나는 마치 그 사진과 나 자신을 처음 보는 것 같았다.

당시 나는 그런 나의 모습에 완전히 익숙해지기도 전에, 점점 더 자주 신디가 좋아하는 방식으로 머리를 하게 되었다. 이 세상에 나보다 완벽하게 예쁜 사람은 없다고 안심시키며 마음을 어루만지는 본성과 온 집안에 휘몰아치는 강풍 같은 정열적인 열정이 혼재하는 그녀의 음양에 저항하기란 무척이나 어려운 일이었다.

신디의 영향권에 있는 사람은 누구든 그녀의 불규칙한 리듬에 맞춰 움직였다. 가장 극적인 예로, 신디는 패트릭에게 내가 그들과 함께 살아도 되는지 물어본 적이 없었다. 난 그냥 거기에 있었다. 패트릭도 울피만큼이나 어리둥절했을지 모른다. 하지만 결코 그것을 내비치지 않았고 항상 나에게 그의 집이 내 집인 듯 느끼게 해주었다.

신디는 어쩌면 충동적이고, 약간은 무모할 수도 있다.

내가 열다섯 살이 되기 전 여름, 우리는 무용을 하는 데 더 많은 시간을 할애할 수 있도록 홈스쿨링을 하는 것이 더 나으리라는 결정을 내렸다. 우리 아파트에서 몇 블록 떨어진 곳에 독립 연구 프로그램Independent Study Program, ISP이 있었다. 나는 2주에 한 번씩 그곳에 가서 선생님을 만나 새로운 과제를 받았고, 이전에 받은 과제에는 점수가 매겨졌다. 한 달에 두 번 만나는 약속을 제외하면 신디는 아침에 나를 학교에 데려다주지 않아도 되었다. 그렇지만 보통 그녀는 그 시간에 집을 비웠다. 다른 일을 봐주러 가기도 하고, 무용센터에 용무가 있거나, 혹은 나의 다음 공연을 준비했다.

그래서 난 일어나면 가장 먼저 울피와 함께 먹을 아침 식사를 준비했고, 울피에게 옷을 입혀 미샤의 목줄을 잡고서 울피를 길모퉁이에 있는 어린이집에 데려다주었다. 집으로 돌아와 역사나 영어 숙제를 하고 나면 다시 울피를 데리러 갈 시간이 되었고, 울피에게 점심을 만들어주고 난 후에는 신디가 무용센터에 나를 데려다줄 때까지 집에서 기다리곤 했다.

워낙 동생을 돌보는 일에 익숙했던 터라 그 당시 나는 어른들이 하는 일을 내가 도맡아 하고 있다는 것에 특별히 이상한 점을 느끼지 않았던 것 같다. 다시 떠올려보면 신디가 그런 막중한 책임을 내게 맡겼다는 것이 평범해 보이진 않지만, 그렇다고 그녀가 나를 이용하려 했다는 생각은 절대 들지 않는다. 신디는 원래 그랬다. 규칙이 아니라 열정에 의해 움직이는 사람이다. 그리고 침착하고 조용하며 아내를 몹시 사랑하는 패트릭은 그녀를 항상 배려했다.

무대에 오르기 직전까지 주차장에서 몇 시간이고 나에게 삐루에뜨 연습을 시키던 그때의 완벽주의자는 차 열쇠가 여전히 차에 꽂혀 있는 걸 발견하기 전까지 열쇠를 찾느라 온 집안을 뒤집어놓곤 했다. 신디는 에어로빅이나 필라테스 수업을 들으러 달려 나갔고, 열세 살 난 나는 집에 남아 울피를 보살피곤 했다. 저녁에 가족들은 꽤 자주 패트릭이 준비한 저녁 식탁에 둘러앉

앉고, 신디는 팔찌를 차고 부츠를 신고서 친구들과 함께 클럽으로 향했다. 우린 아침까지는 그녀를 보지 못할 것이다.

신디는 외모에 집착했다. 본래의 갈색 머리를 계속해서 적갈색으로 덮었고, 난 결코 본 적 없었던 속도로 쇼핑을 했다. 울피와 나는 신디가 옷을 갈아입는 동안 백화점 탈의실 밖에서 책을 읽거나 몇 시간이고 숨바꼭질 놀이를 하면서 시간을 보냈다.

"이렇게 입으면 살집이 좀 있어 보이니?" 그녀가 계속 물었다.

"음, 아니요." 나는 신디가 바늘처럼 가는 몸에 부피감을 주려면 한 번에 옷을 여러 개 입어야 한다는 걸 알았기에 충실하게 대답해주었다.

사실 나는 정말 재미있다고 생각했다. 예쁜 물건들이 놓인 진열대를 옮겨가면서 함께 많은 시간을 보낸 것 말이다. 특히 신디의 쇼핑 강박에 내가 포함되어 있어서 좋았다. 그녀는 파스텔 치마, 한창 유행하는 플레어 청바지, 그리고 열네 살 소녀에게 어울리는 모든 최신 스타일을 내게 입혀보면서 즐거워했다. 난 신데렐라가 된 기분이었다.

하지만 엄마는 내 새로운 머리 스타일과 옷차림을 썩 마음에 들어 하지 않았다. 엄마는 신디의 집에 매주 전화를 걸어 내게 어떻게 지내는지 물었고, 형제자매들의 근황도 전해주었다. 주말에는 모텔에 있는 엄마의 집에 가곤 했다.

그때까지 우리 형제들은 흩어져 있었다. 주중에 카메룬은 아버지인 로버트와 함께 보냈고, 린지는 이따금씩 아버지인 해럴드와 함께 지냈다. 에리카는 계속 친구들 집에서 잤다. 더그와 크리스마저도 종종 학교 친구들과 어울리면서 밖으로 나돌았다.

그렇지만 주말이면 우리는 다시 뭉쳤고, 서로 얼굴을 보면서 반가워했다. 더그는 흑인 남성을 대상으로 벌어진 최근의 잔학 행위를 들려주면서 열을 올렸고, 린지는 익살을 부렸고, 나는 카메룬의 몸을 이리저리 비틀어 내가 배운 발레의 다양한 포지션을 만들어주곤 했다. 우리가 서로 놀리면서 깔깔대는 소리는 바깥에서 들리는 분주한 거리의 소음을 단숨에 삼켜버렸다. 어느덧 난 모두에게 가르쳐주고 싶은 게 너무 많아졌다.

신디는 내가 돌봐야 할 자식이 너무 많은 엄마와 함께 살면서 그간 누리지 못했던 문화적 소양을 나에게 채워주고 싶어 했다.

"너는 매우 중요한 사람들과 어울리게 될 거야." 신디가 말했다. "몸가짐과 행동에 신경 쓸 필요가 있어."

그래서 신디는 내게 포크는 왼쪽에 있고, 나이프는 오른쪽에 있으며, 숟가락은 수프용이고, 다른 숟가락은 디저트를 위한 용도라는 것을 가르쳐주었다.

또 신디는 내 식단과 건강을 걱정했다. 그녀와 함께 살기 전에는 엄마의 예산에 맞춰 아무거나 되는 대로 먹으면서 근근이 살았고, 학교나 모텔 자판기에서 구매한 부실한 먹거리로 배를 채우곤 했다. 나는 매콤한 치토스와 전자레인지에 데운 콘칩에 플라스틱 용기에서 꽉 눌러 짜낸 치즈와 핫소스를 듬뿍 뿌려 먹는 걸 즐겼다.

하지만 신디는 내가 무용을 위해 체력을 키우려면 영양분을 잘 섭취해야 한다고 강조했다. 그래서 매일 우리는 저녁 식사로 신선한 채소를 먹었다. 처음으로 새우도 맛보았다. 한 번 먹어 보고는 어찌나 새우 생각이 떠나지 않던지, 그다음부터는 레스토랑에 가면 매번 새우 튀김과 셜리 템플 한 잔을 주문했다.

그러다 보니 엄마를 찾아가면 저녁 식사 때마다 점점 요구 사항이 많아졌다. 이제는 새로워진 나의 세련된 미각이 최근에 생긴 자기주장을 굽히지 않는 성향과 절묘하게 어우러졌다.

"으윽." 간혹 엄마가 통조림 콩을 냄비에 들이붓고 오븐 위에 올려놓을라치면 내가 끼어들었다. "왜 제 맥앤치즈에 소금을 그렇게 많이 넣는 거예요? 그리고 그 후추는 빼주세요!"

언제부터인가 엄마가 사준 오렌지 소다 대신 물을 마셨고 코플랜드 가족이 저녁 식사를 하기 전에, 미리 식탁을 차리고 종이 냅킨을 반으로 접고 짝이 안 맞아 제각각인 유리잔을 채웠다. 엄마의 기분을 언짢게 하려던 건 아니었지만 내 건강한 식단은 발레리나의 꿈을 이루고자 하는 내 복석에 기여했다. 춤을 추려면 힘이 필요했고, 그런 만큼 내 몸에 들어가는 음식에도 분명히 책임이 있었다. 엄마는 음식에 대해 내가 늘어놓는 말이나 그녀의 눈에 비친 나의 모든 변화를 고맙게 여기지 않았다. 그러기는커녕 심지어 내 태도가 그녀의 심기를 건드린 것 같았다. 엄마는 자신이 나를 키운 방식이나 나와 형제자매들을 챙기는 방식에 내가 콧방귀를 뀌고 있다고 느꼈다. 그리고 내가 식구들보다 나 자신이 더 잘났다고 생각한다고 여겼다.

어느 금요일 밤, 신디의 차에서 내려 모텔 방으로 들어왔을 때 엄마가 물었다. "왜 머리를 안 빗었니?" 내가 반항적인 말투로 대꾸했다. "빗질했어요. 머리를 안 편 것뿐이에요. 난 이게 좋거든요." 엄마는 얼굴을 찡그리면서 이를 악물었다.

그녀는 내 새 옷들도 유심히 쳐다보았다. 내가 신디의 집으로 돌아가는 날 입기로 한 꽃무늬 점퍼를 꺼내자 엄마가 한마디 툭 던졌다. "넌 신디가 입혀주는 대로 입는 인형이 아니야." 엄마의 말은 계속되었다. "그리고 그녀의 딸도 아니고. 내가 얼마든지 너를 데리고 가서 쇼핑할 수도 있어."

난 속으로 생각했다. 무슨 돈으로요? 하지만 아무 말도 하지 않았다.

점차 모텔에 오는 횟수가 줄어들기 시작했다. 한 주가 지나고, 또 한 주가 지나갔다. 신디는 댄스 스튜디오는 물론이거니와 내가 다른 무대를 경험할 수 있도록 간혹 매우 유명한 공연장에서 내가 춤을 선보일 기회를 만들었다.

한번은 L.A. 다저스팀 오찬에서 단독으로 앙 뿌엥뜨를 공연하기도 했다. 난 소품으로 사용할 야구모자, 다저스 로고가 새겨진 하얀 레오타드, 심지어 야구방망이까지 챙겨 왔었다. 또, 같은 발레 수업을 듣는 몇몇 친구들과 함께 스페셜 올림픽에서 공연한 적도 있었다. 그리고 매년 우리는 유명한 '산페드로의 맛Taste of San Pedro'이라는 행사에서 춤을 추었다. 지역 식당들이 거리에 부스를 설치하고 지나가는 사람들에게 시식을 제공하는 이벤트였다. 우리의 주된 공연 장소는 산페드로 고등학교의 강당이었다. 하지만 우리가 어디에서 춤을 추든, 우리의 공연은 보통 토요일이나 일요일에 있었다. 그리고 공연이 없을 때는 리허설을 하거나 무용 수업을 받았다. 도통 집에 갈 짬이 나지 않았다. 엄마가 화를 내기 시작했던 시기가 그 무렵이었다. 그녀는 나를 완전히 빼앗기고 있다고 느꼈던 것 같다.

어머니는 브래들리 부부에게 더 자주 전화를 걸었다. 내게 말을 걸기 위해서가 아니라 신디와 이야기하기 위해서였다. 신디는 내가 엿듣지 못하게 전화기를 침실로 가져갔다. 한 십 분이나 이십 분쯤 지났을까, 신디가 나머지 가족들이 모여 있는 곳으로 돌아오면 입술이 항상 굳게 다물어져 있었다. 그녀는 엄마가 한 말을 절대 입 밖에 꺼내지 않았다. 하지만 짐작은 갔다.

어머니의 심정이 어땠을지도 상상할 수 있다. 그녀는 사람들이 내가 무용수의 꿈을 좇아 이사까지 한 상황을 이해하기보다는 자신을 그저 나쁜 엄마라고 생각할까 봐 걱정했을 것이다. 사실 우리의 모녀 사이는 그것보다 훨씬 더 복잡했다.

엄마는 자기보다 자산도 더 많고 든든한 남편에 가정까지 평온한 신디가 몹시 부러웠을 것이고, 그런 그녀가 하물며 내 딸마저 빼앗으려 한다고 생각했을 것이다.

신디가 의도한 건 아니었더라도 그녀와 패트릭과의 생활이 나를 변화시킨 것만큼은 사실이었다. 브래들리 가족과 함께 살기 전까지 나는 여전히 바비 인형을 가지고 놀면서 다른 사람인 척 상상하기 놀이를 하거나, 아니면 어머니의 침실에서 안무한 댄스 루틴 속에 숨어 나 자신을 드러내지 않는 아이였다. 하지만 모텔에서 나왔을 때, 난 내 인형도 두고 나왔다. 그리고 계속 성장하고 있었다.

지금까지도 나는 신디와 패트릭에게 전혀 부정적인 감정이 없다. 그들은 내 삶에서 내가 온전한 사람이 되도록 격려해준 긍정의 힘, 그 자체였다. 내가 신디의 가족과 함께 지낸 지 2년 만에 떠밀리듯 그들 곁을 떠나야만 했을 때가 아마 살면서 내게 가장 큰 트라우마를 안긴 순간이었을 것이다. 해럴드를 떠나는 것보다 더 고통스러웠고, 로버트에게서 도망치는 것보다 더 두려웠다. 단연코 내 인생에서 가장 힘든 일이었다.

이해할 수 없었다. 왜 나를 그토록 사랑해준 사람들을 떠나야 하는지. 나를 발레계에 들어서게 해주고, 예술과 예의를 가르쳐주고, 삶이 무엇인지 그리고 삶이 어떠해야 하는지를 경험하게 해준 이들을 왜 떠나야만 하는지.

나는 그 새로운 삶에서 예전의 삶으로 되돌아갈 것이다. 다시 모텔로 돌아갈 것이고, 어머니가 나를 그곳으로 돌려보낸 것을 매우 원망하게 될 것이다.

신디의 발레 학교에 다니던 첫해에 신디는 산페드로 고등학교에서 「호두까기 인형The Nutcracker」을 무대에 올렸다. 난 어린 소녀 클라라 역을 맡아 춤을 추었다. 알사탕 요정과 마법에 걸린 인형에 관한 그녀의 생생한 꿈은 수 세대에 걸쳐 극장 관객을 매료시켰다. 엄마와 내 모든 형제와 자매들, 그리고 많은 친구가 강당의 좌석을 채웠다. 그야말로 멋진 저녁이었다.

그리고 열네 살 때 그 고전적인 이야기를 각색한 작품은 나의 무대 진출을 돕고 내가 한 번도 경험하지 못한 유명인사의 관심과 평가를 끌어냈다. 바로 「초콜릿 호두까기 인형The Chocolate

Nutcracker」이다.

신디는 항상 나를 흑인 무용계와 연결해주려고 노력했다. 한 번은 내가 참여할 수 있는 지역 내 아프리카계 미국인 자선 행사를 찾아 한 재즈 색소폰 연주자가 연주하는 동안 혼자서 앙 뿌엥 뜨를 추었다. 눈부시게 빛나는 크고 아름다운 갈색 눈을 가진 여배우 안젤라 바셋Angela Bassett이 프로그램의 출연진 가운데 있었다. 드레스 리허설dress rehearsal❖때 그녀를 만났는데 난 거의 눈도 못 맞추었다. 온몸이 들썩였다.

신디는 「초콜릿 호두까기 인형」을 내가 춤의 세계를 통합할 또 다른 기회로 보았다고 생각한다. 내가 몸에 완전히 익힌 고전 발레 레퍼토리를 보여주는 동시에 아프리카 무용에 살짝 발을 담글 수 있도록 저명한 아프리카계 미국인들을 만날 수 있게 해준 것이다. 「초콜릿 호두까기 인형」은 배우이자 안무가인 데비 앨런Debbie Allen이 제작했으며, 클라라와 장난감 병사들이 살아나는 고전 이야기에 반전을 더한 작품이다.

호두까기 인형으로 변신한 왕자에게 이끌려 과자의 왕국으로 떠나는 대신, 클라라는 세계를 여행한다. 그리고 호두까기 인형과 그의 병정들은 생쥐 군단이 아닌 스르르 미끄러지는 뱀들과 싸웠다.

내 공연은 로스앤젤레스 전역에서 주목을 받았고, 그 무렵 나는 발레 신동으로 알려져 늦깎이 흑인 발레리나를 소개하는 여러 뉴스 기사의 화젯거리가 되었다. 내 생각에 데비 앨런이 그 기사들을 접하고 난 뒤에 내가 「초콜릿 호두까기 인형」의 클라

❖ 실제 공연처럼 분장하고 조명을 써서 하는 마지막 총연습

라인 클레어를 연기하는 데 관심이 있는지 알아보기 위해 신디에게 연락했던 것 같다.

데비는 따뜻하지만 뭐든 대충 넘어가는 법이 없었다. 처음에는 내가 주역을 맡는 데 필요한 모든 동작을 수행할 수 있으려나 확인해보고 싶었는지 나더러 자신의 안무가들과 개인적으로 작업해보라고 권유했다. 내가 그 역할을 맡게 되었을 때는 오히려 상황이 역전되어 그들이 나를 위해 댄스 시퀀스를 좀 더 도전적으로 바꿔야 했다. 나에게는 이날 몇 시간씩 새로 안무를 익히느라 힘들게 진행한 리허설 영상이 있다.

작품 속 클레어는 이집트와 같은 다른 여러 나라를 여행할 참이었다. 따라서 작품 준비 과정 중에는 다양한 민속 무용 형식을 배우기 위해 내가 데비와 함께 수업을 듣는 일정이 포함되어 있었다. 신디는 로스앤젤레스에 있는 데비의 스튜디오까지 나를 차로 데려다주었다. 거긴 완전히 딴 세상이었다. 아름다운 흑인 소년과 소녀들이 아프리카와 브라질 댄스에 열중하고 있는 가운데 라이브 드럼 연주자들은 박자를 치느라 여념이 없었다. 그리고 내가, 그들 한가운데에서 토슈즈를 신고 있었다.

우리는 캘리포니아대학교 로스앤젤레스UCLA의 로이스 홀Royce Hall에서 공연을 펼쳤다. 그러고 나서 클레어의 이모 역을 맡은 데비 앨런과 함께 무대에 올라 대화를 나누게 되었다. 1분 동안 아프리카 댄스와 앙 뿌엥뜨를 선보이는 것까지는 괜찮다. 하지만 마이크를 들고 데비 앨런과 이야기를 나눈다? 그건 겁이 났다.

하지만 클레어가 되는 건 멋진 일이었다. 다시 한번 내게서 특유의 건방진 말투가 풍겼다. 포인트 페르민 초등학교 장기자랑 때처럼. 아니면 신디가 산페드로의 한 공원에 마련한 무대에서 선보인 첫 공연 때 그랬듯. 무대에서 사람들 앞에 서면 난 언제나 말투가 변했다.

그날 관객들이 나에게 보내준 기립 박수가 아직도 생생하게 기억난다. 앞줄에 바짝 붙어 앉아 나에게 사랑을 온몸으로 보여주었던 엄마. 그녀는 그것이 마치 자신이 본 무대 중 가장 훌륭한 공연인 양 손뼉을 치고 발을 굴렀다. 아메리칸발레시어터가 공연하는 메트로폴리탄 오페라 하우스에서 울려 퍼질 정도의 박수는 아니더라도 사랑스럽고 진실했다. 힘겨워도 그 모든 걸 다시 하고 싶게 만들었다.

나중에 데비 앨런은 《LA 타임스》 잡지에 이렇게 썼다. "온 힘을 다해 춤을 추는 아이⋯ 나는 그 아이가 다른 일을 하는 건 상상할 수 없다."

그 공연 이후, 나는 잘나갔다.

산페드로의 지역 신문인 《데일리 브리즈》와 다른 뉴스 매체에서도 나의 재능과 관련된 기사가 더욱더 많이 쏟아졌다. 사람들은 신디의 댄스 스튜디오에 전화를 걸어 요즘 그들 귀에 자주 들리는 이 놀라운 소녀가 다음에는 언제 어디서 공연을 할 예정인지 알고 싶어 했다.

학교에서 나의 정체성 또한 바뀌었다. 나는 항상 교내 군무팀의 더그, 에리카, 그리고 크리스의 여동생에 불과했다. 하지만 이제 나는 발레리나였다.

워낙 수줍음이 많은 탓에 사람들의 관심이 조금은 벅찰 수 있었다. 그리고 처음에는 솔직히 불편했다. 하지만 그 강렬함이 나의 새로운 사랑인 발레와 연결되어 있어서였는지 한결 수월하게 받아들일 수 있었다. 내가 무대에서 내려온 후에도 한동안 관객들을 사로잡은 것 같았다.

1년이 훨씬 넘도록 난 춤을 추고 있었다. 그리고 결국 교내 군무 팀을 내려놓기로 했다. 내가 할 수 있는 모든 시간과 에너지와 창의력을 발레에 집중하고 싶었다.

「초콜릿 호두까기 인형」 이후, 신디는 처음으로 이제 내가 꿈에 그리던 역할을 맡을 때가 되었다고 결정했다. 산페드로무용센터에서 「돈키호테」를 무대에 올리기로 했고 내가 키트리 역을 출 것이다.

신디는 내가 자신 있게 내세울 만한 공연은 물론, 대회에 출전하여 다른 실력 있는 발레리나들과의 경쟁을 통해 재능을 더 인정받아야 할 때라고도 했다.

내 첫 대회는 가장 힘들고 권위 있는 무대 중 하나인 '뮤직센터 스포트라이트 어워드Music Center's Spotlight Awards'였다. 20년이 넘는 기간 동안 매년 개최되고 있는 이 대회는 예술에 뛰어난 청소년들에게 수만 달러의 장학금을 나눠주고 있다. 지금까지 발레, 현대무용, 재즈, 클래식 공연 등 다양한 부문에서 상이 수여되었다. 더욱이 심사위원들은 각 분야에서 가장 정점에 오른 예술인들이다. 역대 수상자들은 여러 최고의 문화 기관 중에서도 특히 메트로폴리탄 오페라와 앨빈에일리아메리칸댄스시어터Alvin Ailey American Dance Theater에서 공연을 해왔다.

나는 무용센터가 제작하는 「돈키호테」에서 키트리 역을 준비하고 있었다. 따라서 스포트라이트 어워드에서 같은 발레의 바리에이션variation*을 연기하는 것이 합리적이라고 생각했다.

하지만 사실 그 역할은 과감한 선택이었다. 겨우 2년 남짓 훈련받은 무용수라면 감히 시도조차 하지 못할 복잡하고 고된 댄스 시퀀스로 이루어져 있기 때문이다. 게다가 대부분 무용수는 로스앤젤레스 뮤직센터의 웅장한 무대에서, 그것도 발레계의 거물들이 보는 앞에서 데뷔하지도 않을 테고.

나는 지역 TV 방송국 KCET의 눈부신 조명 아래에서 무대를 준비하게 될 것이다. 당시 KCET의 〈역경을 이겨라Beating the Odds〉라는 프로그램에는 스포트라이트 어워드에 참가할 청소년 몇 명을 소개하는 코너가 있었다. 그 프로그램의 제작자들은 기사를 통해 전부터 나를 알고 있있고, 이후에 내가 참가자 중 한 명이라는 사실을 알아내고는 나를 취재해야 할 참가자 두 명의 무용수 중 한 명으로 선택했다.

오디션 현장이나 연습실에는 항상 스태프들이 있었다. 심지어 집에서 나와 브래들리 가족과 함께 시간을 보내기도 했다.

스포트라이트 어워드를 준비하기 위해 한 달 동안 한 주에 6일을 연습에만 매달리면서 보냈다. 내가 연기할 바리에이션은 키트리의 3막 솔로였는데, 마지막의 그 유명한 32회전 푸에떼를 해내는 게 말 그대로 관건이었다.

이제 와서 하는 이야기지만, 난 춤을 출 때나 리허설 때, 혹은 공연 중에도 절대 긴장한 적이 없었다. 그건 마치 황홀경에 빠지는 것과 같다.

❖ 발레의 솔로 댄스를 일컫는 말.

보통 발레 스튜디오 벽에 거울이 붙어 있는 걸 볼 수 있을 것이다. 바로 거울을 통해 스스로 자세를 바로잡기 위해서인데, 거울을 보면서 몸을 조정하거나 개선 방법을 알려주는 교사의 지시를 반영해 다리를 뻗어 봐야 한다. 나는 지금까지도 새로운 스텝을 완전히 익히기 위해 거울에 비치는 내 모습에 주의를 기울인다. 그러나 어느 순간 그 자리에 거울이 있다는 사실을 까맣게 잊은 채 전혀 의식하지 못할 때가 더 많다. 대신 나의 시각적 기억, 몸이 느끼는 직관이 그 자리를 메꾼다.

난 항상 단조로움을 초월하고 기쁘게 뛰어올라 거울의 한계 밖으로 뻗어나가 춤을 추었다고 생각한다.

무용수가 무대에서 보여줘야 하는 건 바로 그것이다. 뛰어난 신체 조건을 갖추고 있고 연기에 재능이 있는 무용수들은 많이 있다. 하지만 무대에 올랐을 때 '그것'이 없는 경우가 많다. 관객들의 머릿속에서 그 연기를 지울 수 없게 만드는 더없이 행복한 감정적 불꽃 말이다. 나에게는, 스튜디오 또한 무대였다.

열일곱 살에 뉴욕에서 아메리칸발레시어터의 여름 프로그램에 참여했을 때다. 내가 여전히 사랑하는 루페 세라노가 나의 첫 번째 선생님 중 한 분이셨는데, 그녀는 한때 프리마 발레리나였으며 당시에는 발레 교사이자 연출가로 활약했다.

내가 다양한 콤비네이션 동작을 마쳤을 때였던 것 같다. 그녀가 못마땅한 표정으로 미간을 찌푸린 채 내 앞으로 다가왔던 순간이.

"왜 바에서 그렇게 많은 걸 하니?" 그녀가 화를 내며 나에게 물었다. "발레는 퍼포먼스가 아니야!"

"오." 나는 너무 놀랍기도 했고 약간 당황스러워서 얼떨결에 대답했다. "죄송합니다."

발레의 모든 스텝에는 백만 개의 움직임이 있다. 머리는 올바른 위치에 있어야 하고, 몸은 정렬되어 있어야 하며, 발은 딱 그렇게 회전해야 한다. 모든 것을 제대로 해내려면 정확성이 필요하다. 그러나 나에게 발레는 단순히 기술을 나열하는 행위가 아니라 재미를 주는 존재였다.

신디는 자신의 움직임을 통해 실제로 음악을 보여주는 놀라운 능력을 지녔다. 그녀는 배우이자 무용수였다. 그것이 내가 아는 전부였기에 난 그대로 따라 했다. 신디의 팔 동작, 에뽈르망, 우아하고 여성스러운 스타일의 움직임 등은 분명히 내게 영향을 미쳤다. 그리고 이는 곧 발레에 접근하는 나만의 방식이 되었다. 대부분의 발레 학교에서는 위치, 선, 힘에 대한 기본적인 이해를 우선으로 가르친다. 하지만 나는 산페드로무용센터에서 움직임, 음악, 퍼포먼스를 기반으로 한 훈련을 받았다. 발레리나는 평생 훈련을 하지만, 이러한 방식의 훈련을 하는 경우는 거의 없다. 나는 발레를 시작한 첫날부터 그것을 해왔다.

난 키트리를 준비하면서 젤시와 팔로마를 끝없이 연구했다. 그들의 머리가 어떻게 움직이는지 관찰했고, 손이 엉덩이에 있을 때 팔꿈치가 손목보다 앞쪽에 있는 방식에 세심한 주의를 기울였다. 키트리는 강력하고 통제력이 있었다. 접수 완료!

찰스 메이플과 함께 3막의 그랑 빠 드 되grand pas de deux 리허설을 하던 중이었다. 신디가 내게 말했다. "턱을 들어 올릴 때를 어떻게 알았니? 너한테 말한 적이 없는데." 그녀는 당황한 모양이었다. 나는 진짜 대답할 수가 없었다. 음악에 강음이 나왔고, 그냥 그 음에 맞춰 턱을 들어 올렸다. 한 번도 물어보거나, 그렇다고 방법을 완전히 터득한 건 아니었다. 그저 알았을 뿐이다. 그건 나의 본능이었다. 놀라운 건 대체로 그게 옳았다는 사실이었고.

잠깐, 발레는 퍼포먼스가 아니라고? 당연히 퍼포먼스가 맞다. 언제나 그랬다.

열다섯 살에 스포트라이트 어워드를 며칠 앞두고 자꾸만 발을 헛디뎠다. 나는 하나로 이어지는 연속적인 턴을 완성하는 데 어려움을 겪고 있었다. 대회 당일 아침, 처음으로 공연 전에 지금껏 단 한 번도 느껴보지 못했던 감정이 나를 휘감았다. 긴장감이었다.

너무 새로운 감정이어서 처음에는 그 느낌이 뭔지도 몰랐다. 대체 뭐가 달라진 거지? 전에는 느껴보지 못했던 압박감, 바로 그거였다. 이 공연에는 수천 달러가 걸려 있었고, 도시 전체가 나를 지켜보고 있었다.

신디는 내 마지막 연습을 지켜보면서 수심이 가득해졌고 공연 당일 아침 도로시 챈들러 파빌리온에서 드레스 리허설을 하고 있는 동안에는 거의 제정신이 아닌 것처럼 보였다.

나는 푸에떼를 끝까지 해낼 수 없었다. 그것은 프리마 발레리나가 자주 사용하는 동작 중 하나인데 전형적인 고도의 예술적

기교가 뒷받침되어야 한다. 그야말로 진을 다 빼놓는 회전을 무려 32바퀴나 끝도 없이 돌고, 돌고, 돌아야 하는 것이다. 하지만 난 끝내 완성하지 못했다. 그냥 쓰러질 것만 같았다. 하지만 신디의 얼굴에 드러난 긴장과 공포감을 보고 나자 겁에 질려서는 어쩔 줄을 몰랐다.

"너는 반드시 해내야 해." 신디가 초조하게 말했다. "이건 너에게 큰 기회야. 제럴드 알피노Gerald Arpino가 거기 있을 거야."

제럴드 알피노는 세계 최고의 무용단 중 하나인 조프리발레단Joffrey Ballet의 예술감독이자 공동 설립자였다. 그리고 이번 대회의 심사위원 중 한 명으로 위촉되었다.

연습 시간은 15분밖에 남아 있지 않았다. 그마저도 다 쓰고 나자 무대에서 내려와 다음 참가자에게 리허설 기회를 내주어야 했다. 난 질겁했고, 신디가 나의 그 모습을 놓치지 않았다.

그리고 아이디어를 냈다.

신디는 서둘러 나를 데리고 그녀가 차를 세워놓은 지하 주차장으로 갔다. 모든 차 문을 열어 가림막을 만들어놓은 다음 내가 맞춰 춰야 할 음악이 담긴 카세트테이프를 차 안에 있는 플레이어에 꽂았다. 신디는 내가 경쟁자보다 십 년 늦게 훈련을 시작한 건 맞지만 내게는 다른 사람에게 없는 반짝이는 의지가 있다고 격려하면서 나를 안심시켰다.

심사위원들은 내가 수행하는 푸에떼의 횟수나 다리를 차올리는 높이가 아니라 내 안의 열정과 잠재력을 볼 것이다.

바로 그 자리에서 신디는 나의 바리에이션 안무를 수정했다. 32바퀴 대신 16바퀴를 돌기로 했고, 그 다음 무대 위로 동그랗게 원을 그리며 이동하는 삐께 마네쥬piqué manège로 마무리하기로 했다.

나는 비상 대책을 감사하게 받아들였다. 신디가 키트리의 음악을 틀었고 곧바로 연습에 들어갔다. 토슈즈 대신 스니커즈를 신고서 새로운 루틴을 익히고 연습했다.

그때 내가 배운 게 있다면 무대에 설 때는 항상 정확하고 힘 있게 보여야 한다는 것, 절대 통제력을 잃어서는 안 된다는 것이었다. 그것이 프로가 된다는 의미다. 또 하나, 그날 스포트라이트 어워드에서 난 항상 대비책을 마련해놓는 게 좋다는 것도 알게 되었다. 그러면 한결같이 날렵하고 더 정교한 연기를 펼칠 수 있다. 설령 몸이 뜻대로 잘 움직이지 않더라도 연기는 절대 실망을 안기지 않을 것이다.

안전망이 있다는 걸 알게 되면 절대 최선을 다하지 않을 것이라고 믿는 무용수들도 있다. 하지만 난 이에 동의하지 않는다.

발레 스튜디오에서 내가 주로 매달리는 일은 수 세기에 걸쳐 이어져 내려온 오래된 기술로 이루어진 믿어지지 않을 만큼 정교하며 극히 일부만이 이해하는 스텝을 완벽하게 해내는 것이다. 당신이 무용수라면 리허설에서 여러 차례 스텝을 반복하면서 몸이 근육 기억에 의지할 수 있도록 해야 한다. 그렇게 해야만 무대에 섰을 때 극장의 예측할 수 없는 여러 요소에도 성공을 거둘 수 있다.

무대 위에서는 조명 때문에 당신의 균형과 초점이 변하고 뻣뻣한 토슈즈가 말랑말랑해질 정도로 공기가 따뜻해진다. 의상 또한 무용수의 움직임에 무게와 제약을 가한다. 어디 이뿐이랴.

간혹 라이브 오케스트라와 변덕스러운 지휘자는 박자에 갑작스러운 변화가 있는지 당신이 순간적으로 판단하라고 요구한다. 라이브 공연에서 느낄 수 있는 억제하기 힘든 흥분도 예측할 수 없는 요소 중에 하나다. 본능이 당신의 몸이 익히 잘 아는 안무와 반대로 하라고 자꾸만 당신을 유혹할 수도 있다.

이 모든 외적 및 내적 압력에도 무용수들은 여전히 '완벽'이라는 최고 수준의 기준을 충족하라는 요구를 받는다. 난 나만의 기준을 만들어야 했다. 프로로서 (그리고 완벽주의자로서) 내 목표는 흥미롭고, 감정적으로 충만하며, 기술적으로도 손색이 없는 공연을 일관되게 펼치는 것이다. 내가 과감히 엎어지고 고꾸라지는 장소는 리허설 스튜디오뿐이다. 그렇게 해서 어디에서 조절해야 하는지 배운다. 눈빛이 반짝반짝한 관객들을 앞에 두고 무대 위에서 언감생심 그런 위험을 감수하고 싶지는 않다. 관객들은 더 나은 공연을 즐길 자격이 있다.

나와 생각이 다른 무용수들도 있다. 그들은 모험이 성공하여 일생일대의 공연이 될 기회를 추구하며 무대에서 과감히 도전하기도 한다. 그래서 실황 공연이 짜릿한 것 같기도 하다.

하지만 그날 스포트라이트 어워드에서 배운 건 항상 준비되어 있어야 하며, 중요한 것에 집중하는 방법을 익혀야 한다는 사실이었다.

드디어 공연 시간이 다가왔다. 나는 신디가 대회를 위해 만들어준 황금색 레이스가 달린 빨간 튀튀를 입고 무대에 올랐다.

엄마, 린지, 신디, 버비 모두 한자리에 있었다. 극장은 환한 스포트라이트에도 불구하고 어두컴컴했다. 무대에 오르기 직전,

나는 방금 순서를 끝마친 무용수에게 축하 인사를 건네면서도 침착하게 결의를 다졌다.

다행히 백업 루틴을 완벽하게 수행했다. 발끝으로 이리저리 움직이면서 무대를 가로질러 빙글빙글 돌았고, 잠시 옆으로 내던졌던 루비색 부채를 휘두른 뒤 턴을 시작했다. 그 순간 난 키트리가 되었다. 이글거리는 눈빛으로 관객 한 명 한 명의 눈을 마주치면서 격렬하게 몸을 움직였다. 연기를 마무리하면서 고개를 뒤로 젖히고 한쪽 팔을 허공에 높이 치켜들었다. 얼굴은 미소로 거의 쪼개질 듯했고, 한 손은 건방지게 내 엉덩이 위에 얹고 있었다. 나는 더없이 행복하고 자유롭게 춤을 추었다.

그렇게 내 순서가 끝났다. 안도감이 밀려왔고 기뻤다.

"푸에떼를 해냈어요!" 내가 무대 뒤에 서 있는 프로그램 제작자들에게 신이 나서 떠들었다. "정말 행복해요."

거기서부터는 모든 기억이 흐릿하다. 발레 부문 최우수상을 거머쥐고 5천 달러를 받은 것까지는 기억나지만. 아무튼, 지금까지 내 아파트에는 이날 받은 트로피가 있다.

다른 수상자들이 발표된 후에 우리는 모두 무대 뒤로 모였다. 난리도 그런 난리가 없었다.

제럴드 알피노는 내 앞으로 달려와 나를 붙잡고 놓아주지 않았다.

"넌 내 아기야, 내 아기." 그가 나를 꼭 끌어안으며 말했다. "나와 춤을 추러 와야 해! 조프리발레단에 오거라!"

수많은 카메라 플래시가 터졌고 KCET 촬영팀도 그 자리를 지켰다. 알피노 씨가 나와 포옹하고 있는 사진은 〈역경을 이겨라

Beating the Odds〉특집 방송이 전파를 타고 난 이후 지역《TV 가이드》표지와 여러 신문에 실렸다. 제럴드 알피노가 나를 껴안고, 또 나를 원하고 있다는 사실은 굉장한 일이었다.

난 이전에 상상했던 세계, 그 너머를 내다보기 시작했다.

⁂

대회 우승으로 한껏 치솟은 자신감에 힘입어 권위 있는 발레단의 여름 프로그램에 참여하기 위해서 오디션을 보러 다니기 시작했다.

신디는 내가 엘리트 무용수들 주변에서 치열한 상황을 겪어 보고, 또 언젠가 이런 다양한 발레단에 입단할 수 있기를 바라며, 그들이 나를 살펴볼 수 있도록 가능한 한 많은 오디션을 보는 것이 중요하다고 생각했다.

스포트라이트 어워드 이후, 조프리발레단과 아메리칸발레시어터로부터 프로그램 참여를 제안받았는데, 아메리칸발레시어터의 여름 집중 프로그램 책임자였던 레베카 라이트 역시 대회 심사위원이었다. 하지만 난 그들이 내게 제시할 장학금의 규모를 몰랐기 때문에 두 군데 다 오디션을 봐야 했다.

이뿐만이 아니다. 댄스시어터오브할렘Dance Theatre of Harlem, 퍼시픽노스웨스트발레단, 그리고 샌프란시스코발레단에서 제공하는 여름 프로그램에도 도전했다.

발레계의 주관적인 계층 구조에서 아메리칸발레시어터는 최고 위치에 있으며 미국의 국립발레단으로도 잘 알려져 있다. 비숯한 위치에 있는 발레단을 알아보려면 해외로 눈을 돌려야 한다. 파리국립오페라, 로열발레단, 볼쇼이발레단, 마린스키발레단(구소련의 키로프발레단), 라스칼라극장발레단, 영국국립발레단, 덴마크왕립발레단, 슈투트가르트발레단 등이 있다.

다시 북미로 돌아와서, 아메리칸발레시어터의 뒤를 잇는 발레단으로는 뉴욕시티발레단New York City Ballet이 있다. 그러나 이 발레단은 전통적이고 고전적인 작품보다는 창립자인 조지 발란신이 창작한 독특한 작품을 주로 무대에 올리기 때문에 다른 발레단과 약간 차이가 있다. 그다음으로 샌프란시스코발레단, 그 뒤로 캐나다국립발레단, 보스턴발레단, 퍼시픽노스웨스트발레단, 조프리발레단, 마이애미와 휴스턴발레단 순이다.

결국 오디션을 본 모든 발레단으로부터 제의를 받았다. 단 한 곳, 뉴욕시티발레단만 제외하고. 모든 발레단이 나에게 장학금을 수여하기로 했다. 반면 뉴욕시티발레단은 내가 참석하는 것조차 바라지 않았다. 이 소식을 듣고 난 큰 혼란에 빠졌다. 신디는 나의 '발란치네스크Balanchinesque'한 체격을 발레리나가 지녀야 할 이상적인 몸매라고 칭찬했었고, 신디와 나는 내가 그 발레단의 독특한 스타일과 비전에 완벽하게 어울리는 사람이라고 판단했었기 때문이다. 게다가 난 옅은 분홍 레오타드에 분홍 타이즈를 신고 오디션장에 갔었다. 머리카락을 머리 위로 높이 들어 올려 동그랗게 말아 올린 모습은 심지어 모든 소녀가 상상했던 딱 오르골 속 발레리나의 이미지 그대로였다(아니면 그쯤 비슷했거나).

발레 여름 집중 프로그램은 상당한 수익을 낳는 비즈니스다.

당신의 몸이 발레에 적합하고 비용을 댈 수만 있다면 대부분은 거의 자동문이라고 봐도 무방하다. 여름 집중 프로그램이 끝난 이후 발레 학교의 일 년 교육과정을 받을 수 있게 될지 말지는 순전히 당신의 재능과 능력에 따라 결정되겠지만.

그렇기에 뉴욕시티발레단에서 불합격 통지서를 받았을 때 신디의 분석은 냉혹했다. 신디는 그들이 내가 흑인이라는 이유로 나를 원하지 않았다고 했다.

그 통지서가 바로 신디가 내게 가지고 있으라고 한 편지였고, 난 그것을 충실하게 사진첩에 집어넣었다.

하지만 다른 발레단은 모두 나를 원했다. 그중에서도 특히 샌프란시스코발레단이 적극적이었다. 프로그램 책임자가 신디에게 직접 전화를 걸어 내가 프로그램에 참여한다면 얼마나 기쁘고 신명 날지 구구절절 이야기했다. 게다가 학비뿐만 아니라 샌프란시스코까지 가는 데 드는 항공료, 식사 및 숙박비 일체가 포함된 가장 후한 패키지를 제안했다.

개인적으로는 다른 발레단에 비해 샌프란시스코가 집에서 더 가깝다는 사실도 마음에 들었다. 이렇게 멀리 가보기는 태어나 처음일 거다.

그래서 그들을 선택했다.

몇 주 후, 나는 샌프란시스코로 떠났다.

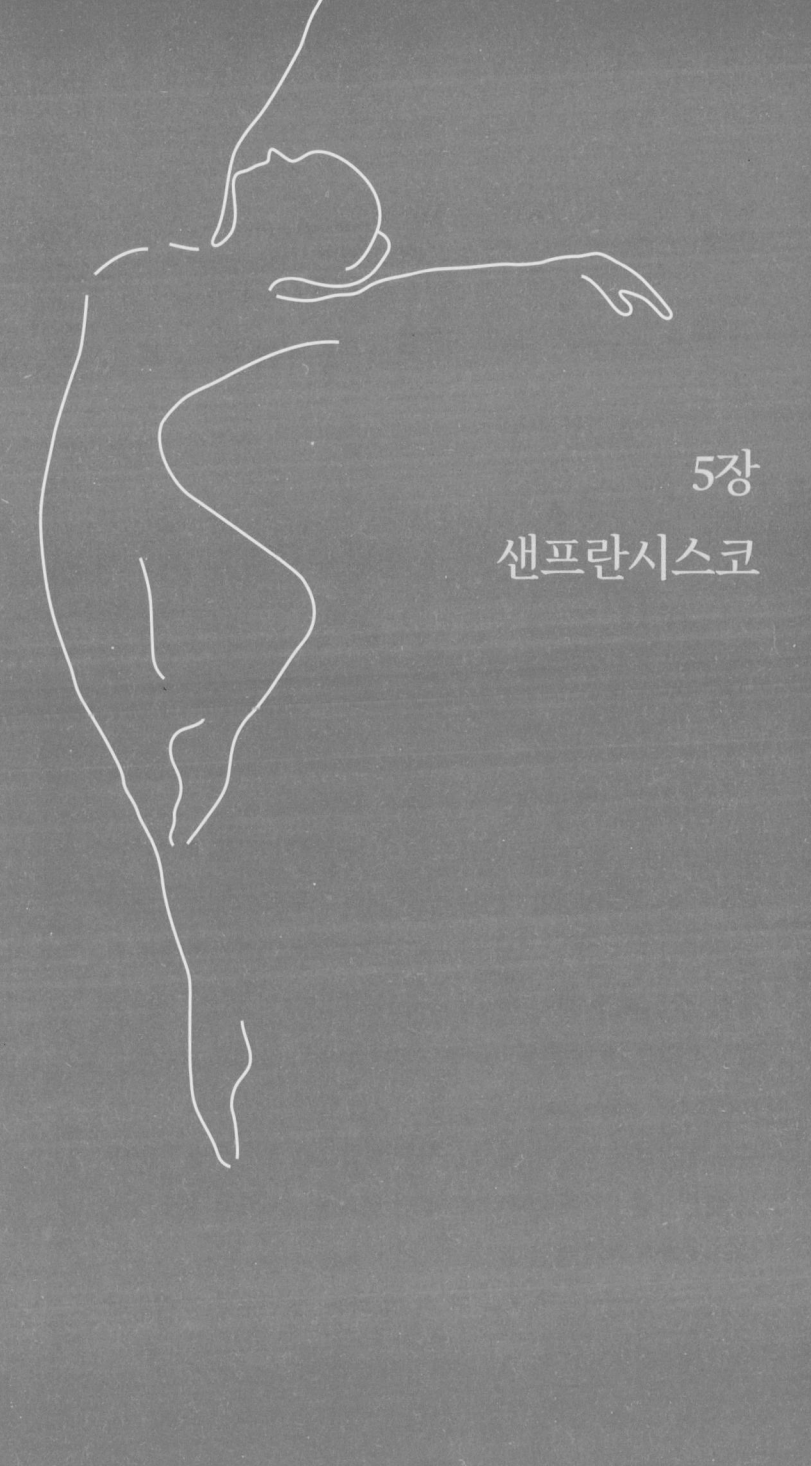

5장
샌프란시스코

샌프란시스코의 여름은 모순 그 자체였다.

6월에 도착했는데도 날씨가 얼마나 추운지, 몸을 따뜻하게 데우기 위해 도시명이 적힌 두툼한 회색 스웨트셔츠를 사서 껴입어야 할 정도였다. 그냥 이마에 매직펜으로 관광객이라고 휘갈겨 써도 될 뻔했다. 하지만 무슨 상관이람. 이상한 옷이라도 걸치고 있는 게 당장 얼어붙는 것보다야 백번 나은걸. 샌프란시스코만灣이 겨우 보일락 말락 하는 짙은 안개 때문에 내 얼굴은 촉촉하게 젖어 있었다. 밤새 도시를 휘감았던 희뿌연 안개는 아침 햇살에 순식간에 걷혔다. 그때 난 열다섯 살이었고 혼자 집을 떠나는 것이 몹시 불안했다.

게다가 비행기는 태어나 딱 한 번 타본 게 전부였다. 작년에

「호두까기 인형」이라는 작품의 객원 무용수로 출연하기 위해 사우스다코타로 날아갔을 때 말고는 없었다.

신디의 스튜디오에서 이전까지 내 파트너였고 꿈의 발레단인 아메리칸발레시어터의 전 솔리스트였던 찰스 메이플이 「호두까기 인형」을 개작한 작품에서 자신과 함께 춤을 춰달라고 부탁했다. 그때 그야말로 황홀경에 빠졌었다! 열다섯 살 나이에 순회공연이라니 그건 분명 엄청난 일이었다. 처음으로 비행기를 타보는 게 가장 신나긴 했지만.

지난 몇 달 동안 찰스와 춤을 추면서 나는 그의 안무를 익혔다. 우리가 도착한 사우스다코타는 내가 훗날 방문하게 될 베이징이나 제노바 못지않게 생경한 장소였다. 우리는 백여 명의 어린 백인 소녀들이 자리를 가득 메운 스튜디오에 들어갔다. 뭐, 그게 따히 이상한 광경은 아니었고, 난 무대에 오를 만반의 준비가 되어 있었다. 다만 소녀들과 그들 부모의 표정이 싸하긴 한데, 그 이유를 몰랐을 뿐.

찰스가 나를 옆으로 끌어당겼다. "놀라지 마." 그가 속삭였다. "이 방에 있는 다른 여자아이들과 경쟁해서 주역인 클라라 배역을 따내려고 하는 것처럼 행동해야 해." 나는 매우 혼란스러웠고… 약간은 상처를 받았다. 연습했던 역할을 맡지 않는다면 도대체 내가 여기에 있을 이유가 뭐지? 무용수들은 찰스가 가르치는 안무를 따라 했다. 나도 처음 배우는 척했다.

기나긴 하루의 '오디션'이 끝난 후, 찰스와 저녁 식사를 하러 갔다. 그는 내가 얼마나 재능이 있고, 또 그가 의도한 대로 클라라를 얼마나 완벽하게 표현할 수 있는지도 잘 알고 있다고 했다.

하지만 실제로 내가 얼마나 뛰어난지 그들에게 두 눈으로 직접 확인하게 하려고 나를 여기로 데려올 수밖에 없었다고 설명했다. 그렇지 않으면 그들은 내 피부색을 걸고넘어질지도 모르기에. 사우스다코타에서 열린 두 번의 공연에서 나는 클라라 역을 맡았다. 하루가 끝나갈 즈음 가장 치열한 경쟁을 벌였던 무용수들과 부모들조차 내가 그 역할을 맡을 자격이 충분하다는 데 조금도 의심하지 않았다. 하나같이 따뜻하고 친절했으며, 내 재능을 칭찬해주었다.

10년이 지나서야 찰스가 그 여행을 무척 염려했었다는 걸 알게 되었다. 그는 흑인 소녀를 인종차별의 가능성이 농후한 환경으로 데려오기 위해서 큰 위험을 감수해야만 했다. 지금, 나는 그 위험이 그럴 만한 가치가 있었다고 생각한다. 자신들에게 미묘한 편견과 의심이 있는지조차 전혀 알지 못하는 사람들, 단지 피부색 때문에 나의 실력을 의심하는 사람들에게 그들이 틀렸다는 것을 두 눈으로 직접 확인시켜주는 것은 내가 느꼈던 사소한 불편함을 감당할 만큼 중요한 일이었다.

하지만 그때는 고작 며칠이었다. 샌프란시스코에서는 자그마치 6주였다.

신디의 친구 케이트가 나와 함께 비행기를 타고 해안을 따라 1시간가량 날았다. 그러나 그녀는 샌프란시스코발레단의 여름 집중 프로그램에 참여하는 학생들이 묵고 있는 샌프란시스코대학교 기숙사에 나를 데려다주고 나서 곧장 다시 로스앤젤레스로 날아갔다.

회색 여행 가방을 뒤로 빼면서 나는 기숙사 문에 걸려 있는 팻말을 발견했다. 거기에는 손글씨로 이렇게 적혀 있었다.

나는 카야코야.

이 문장은 마치 '너를 알게 되기 전까지 난 좀 조용하고 수줍음이 많은 편'이라고 말하고 있는 듯했다.

내심 안도했다. 딱 나 같았으니까.

카야코는 이번 여름에 내 룸메이트가 될 것이다. 그녀는 여러 면에서 나와 많이 닮았다. 반은 흑인이고 반은 일본인으로, 워싱턴주 타코마 근처의 작은 교외 지역인 레이크우드에서 자랐다. 일부러 우리를 같은 방에 배정한 것 같은 기분이 들었다. 발레를 하면서 흑인 소녀를 만날 확률이 얼마나 될까? 그러나 우리가 한방을 쓰게 된 것이 의도된 것이든, 운명의 결과든 나는 카야코를 만나 기뻤다. 그녀는 내 인생에서 가장 사랑하는 친구 중 한 명이 될 것이다.

카야코는 나보다 키가 훨씬 컸고, 피부색은 약간 옅어서 코코아색보다는 크림색에 가까웠다. 손대지 않은 자연스럽고 칠흑같은 긴 곱슬머리는 숱이 풍성하고 아름다웠다.

다음 날 기숙사 식당에서 아침을 먹다가 우린 또 한 명의 절친이 될 제시카를 만난다. 그녀는 아시아계 미국인이었고 키가 나보다 대략 30㎝ 정도는 더 컸다. 나이는 몇 살 더 많아 보였지만 엉뚱한 유머 감각이 있었다. 우리는 같이 앉아 스니커즈 바를 우적우적 먹으면서 서로 우스갯소리를 하며 웃음을 터트리곤 했다. 난 카야코보다 그녀와 더 친해질 것이다.

우리 셋은 발레 스튜디오에 가지 않는 날이면 샌프란시스코를 둘러보면서 시간을 보냈다. 피어 39✤에 있는 쇼핑 아케이드에 가서 공을 링 안으로 힘껏 내던져 인형을 따기도 하고, 솜사탕과 아이스크림을 사 먹곤 했다.

우리는 버스를 타고 그레이트 아메리카 놀이공원으로 가서 '파이어 폴Fire Fall'이라는 이름의 롤러코스터를 타고 놀았다. 영화관에 가서 〈나는 네가 지난 여름에 한 일을 알고 있다〉를 관람했고, 카페지오Capezio 발레용품점에서 타이즈와 레오타드를 번갈아 입어보기도 하고, 유니언 스퀘어에서는 아이쇼핑을 하면서 우리가 결코 살 수 없는 값비싼 옷들을 바라보았다.

우리 셋 다 친하긴 했지만 카야코는 제시카나 나보다 유독 더 어른스러워 보였다. 나와 달리 그녀에게는 곧바로 남자친구도 생겼다. 똑같이 여름 집중 프로그램에 참여한 남학생이었는데 유치한 서머 로맨스Summer Romance✤✤라니 나에겐 너무 어색했다. 나는 둘이 함께 시간을 보낼 수 있도록 자주 자리를 비켜주고 제시카 방이나 기숙사 공용 공간에서 텔레비전을 보곤 했다.

자유 시간에는 거의 셋이 함께 시간을 보냈지만 낮에는 제시카나 카야코를 많이 볼 수 없었다. 두 친구와 함께 받는 수업이 없어서였다. 난 훈련 기간은 한참 못 미쳤으나 여름 프로그램에서 가장 수준 높은 학생들과 함께 상급반에 배정되었다. 학교의 부책임자인 롤라 데 아빌라가 그렇게 하라고 우겨서였다.

어떤 발레 프로그램에서든 입학생들은 스태프들이 마련한 반

✤ 미국 캘리포니아주 샌프란시스코에 자리한 쇼핑센터
✤✤ 여름 한철이나 여름 휴가 중에 만나는 연인 관계

배정 수업을 가장 먼저 들어야 한다. 수십 명의 학생이 각각 들어갈 반을 빨리 알아내기란 쉬운 일이 아니다.

교사들이 가장 먼저 집중하는 것은 '몸과 동작의 우수성'이다. 뒤로 기울어진 길고 가는 다리에 큼지막한 발을 가진 나는 발레에 이상적인 신체다. 그리고 내 동작은 부드럽고 두려움 없이 자연스럽게 이루어졌다. 그것을 보고, 그해 여름 - 그리고 또 다가올 여름에 - 선생님들은 내가 가장 노련한 학생들이 받는 수업에 알맞다고 생각했다. 그들이 나의 진정한 강점과 약점을 평가할 충분한 시간은 없었지만 내가 무엇을 알고 있고 무엇을 정확하게 표현할 수 있는지 금세 파악했다.

여름 집중 프로그램은 언젠가 아메리칸발레시어터, 조프리발레단, 그 외 미국의 다른 저명한 발레단 입단을 꿈꾸는 젊은 무용수들에게는 경력의 사다리에서 매우 중요한 단계다. 프로그램이 끝나면 예술 담당 스태프가 일반적으로 성적이 가장 우수한 학생들을 소수 선발한다. 그리고 그들이 향후 실제 발레단에 입단할 수 있게 되기를 기대하며 연중 계속되는 발레 학교에서 수업을 받을 수 있도록 초청한다.

내가 여름 프로그램에서 첫 수업을 듣기도 전에 롤라 데 아빌라와 샌프란시스코발레단의 예술감독은 발레 학교 1년 과정에 초대할 소수의 학생 중 한 명으로 나를 염두에 두었던 것 같다. 그래서 나에게 학비며 숙박비, 발레용품은 물론, 샌프란시스코를 오가는 항공편 일체가 포함된 전액 장학금을 제시했을 것이다. 그들 발레 학교의 빈자리 중 하나는 내 것이었다.

신동이라는 평판이 나보다 우선했던 것 같다. 하지만 내 발레

지식은 현실적으로 허점이 많았다. 발레를 너무 늦게 시작한 탓에 여전히 풋내기였고 처음 들어보는 용어나 스텝, 심지어 작품들도 꽤 많았다.

수업에 들어간 첫날부터 내가 배워야 할 것이 많다는 사실은 너무도 분명해 보였다. 다른 학생들(대부분은 백인이고, 일부는 아시아인이었으며 미국 전역의 도시와 작은 마을은 말할 것도 없고 러시아, 일본, 스페인에서도 왔다)은 모두가 너나없이 평생 춤을 추고 있는 무용수들이었다. 그리고 대부분 그것을 증명했다.

우리는 빠 드 되와 바리에이션 수업을 들었다. 그 수업에서 익히 잘 알려진 발레 작품의 솔로를 추었고 자세한 설명도 들었다. 다른 무용수들은 우리가 배운 바리에이션들을 이미 여러 번 수행해봤지만, 내 경우는 달랐다. 대부분이 단 한 번도 춰본 적 없었던 바리에이션이었다.

우리가 배운 첫 번째 발레는 「잠자는 숲속의 미녀」였다. 물론 고전 동화의 내용은 알고 있었다. 사악한 요정의 저주를 받은 오로라 공주가 열여섯 번째 생일에 손가락에 찔려 죽을 운명이었으나 라일락 요정에 의해 구출되고, 요정은 자신의 주문으로 마법에 대항하여 오로라를 잠들도록 한다. 결국 왕자의 달콤한 입맞춤으로 오로라 공주는 살아난다.

그러나 차이콥스키Pyotr Ilich Tchaikovsky가 개작한 발레 작품의 내용과 작품을 위해 수행해야 하는 아다지오의 느린 리듬, 크게 뛰어올라 도약하는 그랑 쥬떼grand jeté에 대해서는 알지 못했다. 그 발레 작품은 본 적도 없었거니와 모든 안무가 눈에 익지 않았다.

그해 여름, 내 체력이 달린다는 것도 금방 알게 되었다. 날마다 몇 시간씩 토슈즈를 신고 춤을 추는 데 익숙하지 않아서였는지 내 몸은 그처럼 고된 훈련에 통증을 견뎌내지 못했다. 늦은 오후, 수업을 마칠 때가 되면 내 발은 벌겋게 부어올라 있었고 절뚝거리며 기숙사로 돌아가기 일쑤였다. 뻘리에는 고사하고 거의 걷지도 못할 정도였다. 제시카가 카야코와 나를 만나러 우리 방으로 오면, 우리 셋은 작은 쓰레기통에 얼음과 물을 가득 채우고 지친 발을 차가운 냉기 속에 푹 집어넣었다.

하지만 선생님들은 나를 안아주고 격려하면서 가르쳐주셨다. 특히, 롤라 데 아빌라 선생님이 많이 신경 써주셨다.

산페드로에는 라틴계 인구가 많아서 내 친구나 학교 친구 중에는 멕시코나 중미에서 캘리포니아로 이민 온 부모나 조부모가 있는 경우가 많았다. 그러나 그때까지 단 한 번도 진짜 스페인 사람을 만나본 적은 없었다. 난 롤라가 스페인 사라고사에서 훈련을 받았다는 말만 듣고 단순히 고향에 있는 내 이웃들처럼 갈색 피부에 흑발일 줄 알았다. 그러나 그녀의 모습은 내 예상을 완전히 빗나갔다.

자그마한 체구의 롤라는 매우 창백한 피부와 뚜렷한 이목구비를 가졌고, 짧은 갈색의 부풀린 머리 모양을 하고 있었는데, 이야기할 때마다 느껴지는 특유의 억양이 무척이나 아름답고 경쾌했다.

그녀는 어머니 마리아 데 아빌라의 지도를 받으며 춤을 배웠다. 그 이후 계속해서 「라 실피드La Sylphid」, 「지젤Giselle」, 「레이몬다Raymonda」를 공연했고, 루돌프 누레예프Rudolf Nureyev와 호흡을 맞추었으며, 스페인국립발레단에서 지도자로 활약했다.

내가 샌프란시스코발레단의 제안을 받아들였을 때, 롤라는 나와 신디에게 전화를 걸었다. 그녀는 내가 오기로 한 결정에 자신과 다른 감독들이 얼마나 기뻐하고 있는지 이야기했고, 내가 도착하면 기대할 수 있는 것들에 대해 소상히 들려주었다. 대부분은 학교가 단순히 편지에 담을 만한 세부 사항들이었다. 하지만 부책임자가 시간을 들여서 직접 전화를 걸어 그와 같은 정보를 일일이 설명한다는 건 매우 드문 일이다. 그건 정말이지 기를 살려주고 위안이 되는 일이었다.

그렇게 롤라는 여름 내내 나를 안아주고, 잡아주고, 이끌어주었다. 그녀는 훌륭한 선생님이셨다. 내가 아는 부분과 알지 못하는 측면을 염두에 두고서 항상 내 수준을 받아들이고, 시간을 들여 설명해주면서 이해할 때까지 내게 충분한 시간을 주었다.

쁘띠 알레그로petit allegro는 연속적으로 이어지는 작은 점프와 빠른 발놀림을 말한다. 이 동작은 높이 점프하고 다리를 쭉 펴는 그랑 알레그로grand allegro와는 다르다. 이를 실행하는 방법은 매우 기본적인 기술부터 복잡한 스텝들로 이루어지는 고급 기술에 이르기까지 다양하다. 하지만 기본 기술이든 고급 기술이든 나한테는 별다를 게 없었다. 어차피 대부분이 처음 보는 스텝들이었으니까.

수업 시간에 난 보통 더 경험이 많은 학생들을 관찰하면서 그들을 따라 했다. 그래서 내가 따라 하는 스텝에 대해 속속들이 알지는 못하더라도 충분히 잘할 수 있었다. 하지만 쁘띠 알레그로를 익힐 때는 당최 뭐가 뭔지 몰랐다. 결국 수업을 따라갈 수가 없어서 옆으로 비켜 혼자 서 있었다. 처음으로 내 실력이 나를 저버린 순간이었다.

그때 롤라가 다가와 살며시 내 손을 잡고 교실 앞으로 나를 이끌었다.

우리는 함께 섰다.

롤라는 내 귀에 대고 이렇게 속삭였다. "그건 브리제brisé야."

그리고는 옆으로 뛰어오를 때 한쪽 다리를 다른 쪽 다리 앞에서 빠르게 움직여야 한다고 덧붙였다. 그다음 한 발을 다른 발 앞에 놓고 한 발로 착지하기 전에 두 발로 점프하는 동작을 설명했다. "이건 땅 드 뀌쓰temps de cuisse야."

롤라는 내가 쁘띠 알레그로가 어떤 동작인지 파악하고, 완전히 익힐 수 있도록 단계별로 세분화해서 가르쳐줬다.

수줍음 많던 예전의 나였다면 미리 연습할 새도 없이 뭐가 뭔지도 모른 채 교실 앞으로 이끌려 나오게 되면 부끄러워서 얼굴도 못 들었을 것이다. 하지만 신디가 보이스앤걸스클럽에서 나를 학생들 앞에 세우고 팔다리를 쭉 늘리면서 다양한 자세를 만들었던 순간부터 이미 내 안에서 움츠리고 있던 순진한 소녀는 사라졌다. 롤라가 내 귓가에 "쑤부르쏘soubresaut", "에샤뻬 소떼échappé sauté"라고 속삭였을 때는 마치 내가 나를 멋진 보물이 있는 곳으로 인도할 암호를 해독한 것처럼 신나고 가슴이 부풀어 올랐다. 나는 듣고, 보고, 배우면서 공감했다.

프로그램이 시작된 지 약 2주 후부터, 난 롤라의 사무실에서 가끔 개인적으로 이야기를 나누었다. 회사에서 공식 초대장을 보내기에는 너무 이르지만, 그녀는 내가 일 년 동안 학교에 남아 공부하는 것이 어떨지 한번 생각해보기를 원한 것 같았다. 그곳은 모든 젊은 무용수들이 영어, 역사, 과학, 수학 수업을 듣는 실제 학교와 다름없었지만, 우리 학문의 처음과 끝에는 발레가 있었다. 푸에떼와 공식, 를르베와 직유법처럼 말이다.

나에게 특별한 관심을 보인 선생님은 롤라뿐만이 아니었다. 나의 빠 드 되 선생님은 찰스가 그랬듯 나를 수업에서 모델로 삼아 다른 무용수들 앞에서 내 몸을 들어 올리고, 붙들고, 빙빙 돌리곤 했다.

"잘 봐." 그는 내가 화살처럼 몸을 쭉 펴고 있는 동안 한쪽 팔로 나를 높이 쳐들고 중저음의 바리톤 목소리로 소리를 지르곤 했다. "이게 고전적인 선의 모습이야. 늘리고! 균형 잡고!"

발레에서는 외모가 중요하다. 그 사실이 자칫 얄팍하고 경박해 보일 수도 있지만, 시각적으로 우아함과 유연함을 기반으로 하는 예술 형태에서는 확실히 중요할 수밖에 없다.

당신에게 발레가 요구하는 신체 조건과 각 스텝을 완벽하게 수행하는 능력이 있더라도 신체 비율이 조화롭지 않거나, 눈이 너무 모여 있으면 최고의 발레단에서 불합격할 수도 있다. 「해적 Le Corsaire」의 정원 장면the garden scene을 공연하는 코르 드 발레를 보면, 스튜디오에서는 그다지 중요하지 않아 보이던 것들이 무대 위에서는 확연히 보인다는 것을 알 수 있다.

훌륭한 발레리나가 되기 위해서는 참으로 많은 요소가 필요하다. 재능, 힘, 안무를 이해하는 것은 물론이고, 공연하면서 내적인 빛을 켜는 능력까지. 이 모든 것들이 올바르게 조합을 이루냐 아니냐는 수채화에 빛의 미묘한 차이까지 담아낼 수 있는 화가가 되느냐, 상상력 없이 그저 그림을 그리는 화가가 되느냐의 차이만큼 크다.

사람들 대부분이 그 사실을 놓치고 있는 것 같다. 내 머리는 작고, 목은 기다랗고, 보트같이 생긴 발에 몸통은 자그마하다. 전통적인 미의 기준으로만 놓고 보면 내 외모의 대부분은 완벽하지 않을 것이다. 하지만 무대 위에서「지젤」에 나오는 환상의 마을이나「레이몬다」에서 시골 궁정을 떠돌 때 내 모습을 보면 지극히 이상적이다.

물론 내게도 뚱뚱하다, 가슴이 너무 풍만하다, 피부가 너무 검다 등의 말을 듣는 때가 올 것이다. 그리고 그 시기는 예상했던 것보다 더 빨리 찾아올 것이다.

그러나 당시 신디는 발란신이 동화책의 발레리나를 묘사할 때 딱 내 얘기라며 나를 일깨워주곤 했다. 그리고 내가 완벽하다고 했다. 사춘기를 맞이하기 전 황금빛 여름날, 발레계의 눈에 비친 나는 그런 모습이었다.

롤라 데 아빌라가 나에게 보여주는 특별한 관심에도 불구하고 여름 프로그램의 다른 소녀들은 이를 개의치 않는 것 같았다. 내가 워낙 초보자인 데다가 대부분은 발레에 관한 지식이나 훈련 면에서 나보다 월등했기 때문에 나를 딱히 경쟁자로 보지 않았던 것 같다.

여름 프로그램에는 80여 명의 남학생을 포함해서 어림잡아 200명의 학생이 있었다. 우리 중 많은 학생은 서로 어울리면서 아침, 점심, 저녁을 함께 먹었고 이따금씩 소란스럽게 떼로 몰려다니면서 샌프란시스코의 거리를 휘젓고 다니며 가족과 발레에서 벗어나 일시적인 자유를 만끽했다.

그러나 여자애들 몇 명은 자기들끼리만 붙어 다니면서 다른 학생들과는 거리를 두었다. 그들이 딱히 심술 맞아서 그런 건 아니었던 것 같고, 단지 자기 자신들만의 세계에 빠져 있었던 것뿐이었다. 산페드로에서 난 인기 만점의 멋진 여학생은 아니었다. 하지만 그런 유형의 소녀들은 발레계에도 존재했다. 그들은 범접할 수 없는 그들만의 벽을 만들었고, 화려했으며, 가십거리를 달고 다녔다.

그들은 나와 내 친구들보다 더 성숙해 보였다. 줄곧 남자애들 얘기 아니면 온통 자신들이 참여했던 여름 집중 프로그램에 관한 이야기를 쏟아냈다. 사실 내가 낄 만한 대화는 아무것도 없었다. 또 그들은 주말이면 파티를 열어 밤을 새워가면서 맥주를 마셨고, 나이가 많은 남자아이들을 시켜 와인 쿨러(포도주에 과일 주스, 얼음, 소다수를 넣어 만든 칵테일)를 사와 벌컥벌컥 들이켜기도 했다. 반면에 나와 내 친구들은 피자를 주문하고 우스갯소리를 하다가 11시가 되면 잠자리에 들곤 했다.

하지만 우리 모두에게 앨라니스 모리셋Alanis Morissette의 앨범 〈Jagged Little Pill〉은 여름날의 사운드트랙이었다.

아이러니하지 않아?
And isn't it ironic?
안 그래?
Don't you think?

나는 일주일에 몇 번씩 전화로 엄마와 신디에게 새로 사귄 친구들과 새로 배우고 있는 것들에 대해 이야기했다. 7월 4일 주말에는 엄마가 오셨다. 형제자매들을 다 대동하고서.

어떤 이유에서인지 로버트도 함께였다. 엄마와 로버트는 오랫동안 헤어져 있었고, 그 후로도 계속 냉랭한 관계였는데 말이다. 다시 생각해보니 로버트가 카메론을 보살피려고 함께 오고 싶어 했던 게 아닌가 싶다. 게다가 로버트와 나는 척을 진 것도 아니었고, 적어도 다른 형제자매들보다 훨씬 사이가 좋았다. 가족들은 금요일에 직접 차를 몰고 왔다. 우리는 주말을 함께 보내면서 피셔맨스 와프Fisherman's Wharf와 하이트-애쉬베리Haight-Ashbury를 방문했다. 당시 카메론은 겨우 여덟 살이었는데, 시내에서 잠깐 멈춰 서서 한 노신사와 체스를 둘 정도로 똑똑했다. 생각에 잠긴 꼬마가 어찌나 똘똘하던지.

일요일에 가족들이 무려 6시간 동안 차를 몰고 산페드로로 돌아가기 전, 우리는 아침 식사를 위해 식당에 들렀다.

"저기." 엄마가 말을 꺼냈다. 목소리에 짜증이 묻어 있었다. "여기 발레 학교 디렉터가 내가 네 일에 관여하고 있다는 걸 알고는 놀라더라. 신디가 네 유일한 후견인인 줄 알고 있던데."

나는 스크램블드에그에 집중하면서 고개를 끄덕였다. 엄마가 계속 말했다. "얼마 전에 재키와 그 애 엄마를 봤어." 중학교 때 가장 친한 친구였던 재키와는 내가 홈스쿨링과 무용 수업에 집중하면서 자주 만나지 못했다. "네가 여기 프로그램에 합격한 걸 알고 무척 기뻐했어. 네가 돌아오면 그간 이야기를 듣고 싶대."

엄마는 오렌지 주스를 한 모금 들이켰다. "알다시피, 미스티, 우리 모두 너를 그리워하고 있단다." 엄마가 계속 말을 이어나갔다. "이번 여름 프로그램이 끝나면 집으로 돌아와서 엄마랑 함께 사는 건 어떨지 한번 생각해보렴."

내가 고개를 끄덕였다. 그 말에 동의해서가 아니라 그 문제에 대해 말하고 싶지 않아서였다. 난 그 얘기가 본격적으로 시작되기 전에 필사적으로 대화를 끝내려고 했다. 토스트를 한 입 베어 물었지만, 입이 바짝 말라 무슨 맛인지도 몰랐다.

그 후 3주가 훌쩍 지나갔고 내가 원했던 것보다 더 빨리 그 프로그램이 끝이 났다. 그리고 마지막 날, 롤라가 나를 회의 중인 사무실로 불렀다.

롤라는 책과 사진이 줄줄이 늘어서 있는 목재 책장 앞에 앉아 있었다. 그녀 옆에는 샌프란시스코발레단의 예술감독인 헬기 토마손Helgi Tómasson이 앉아 있었다.

롤라가 먼저 이야기를 시작했다.

"미스티, 너도 우리가 너한테 얼마나 깊은 인상을 받았는지 잘 알 거야." 그녀가 부드럽게 말했다. "우리는 네가 훌륭한 무용수가 될 거라는 데 믿어 의심치 않아. 하지만 네 기술을 갈고닦으려면 지속적인 훈련이 필요하단다. 우리는 네가 우리 학교에 와서 1년 동안 우리와 함께 공부하기를 바라고 있어."

헬기는 그녀 옆에 조용히 앉아 있었다. 나는 그가 스튜디오에 들어와 학생들이 춤추는 모습을 지켜볼 때만 몇 번 본 적이 있을 뿐이었다.

더군다나 교실에 있어도 몇 분 이상 머물렀던 적이 없어서 난 그의 목소리를 들어보지 못했다. 그때까지는.

그가 입을 뗐다. "네가 계속 열심히 훈련한다면 언젠가 우리 발레단의 단원이 될 수 있을 거야."

그 제의가 뜻밖이었던 건 아니었지만 그래도 내 가슴이 벅차올랐고 우쭐해졌다. 난 가까스로 감사를 표하고 나서 집에 돌아가면 어머니와 선생님과 이야기를 나눠보겠다고 말했다.

그렇게 그들이 보여준 나에 대한 믿음에 한껏 고무되어 사무실에서 나왔다. 그리고 스튜디오로 돌아와 여느 때와 다름없이 수업 전 스트레칭을 시작했다. 그때 학생들이 수군거리는 낌새를 알아차렸다.

모든 여학생이 내가 롤라의 사무실로 불려 갔다는 사실을 알고 있었고, 또 그것이 무엇을 의미하는지도 잘 알았다. 전체 프로그램에서 오직 두 명의 다른 여학생과 두 명의 남학생만이 비슷한 제의를 받았다.

한 여자아이가 내 귀에 들릴 만큼 큰 소리로 말했다. 다른 여학생들이 소곤거리던 말을 나도 들을 수 있도록 일부러 그러는 것 같았다.

"왜 걔한테 남아달라고 했대?" 그녀가 물었다. "걔는 훈련량도 충분하지 않잖아. 그건 누가 봐도 알 수 있어."

나는 스트레칭을 계속하고 있었지만 점점 얼굴이 화끈거리는 것을 느꼈다. 너무 당황스러웠다. 이런저런 내 삶에서 나를 괴롭히던—춤을 출 때만큼은 거의 그렇지 않았지만—자기 회의가 또다시 마음속으로 스멀스멀 기어들었다.

내가 정말 그럴 자격이 있나? 나 자신에게 물었다. 이들 여학생 중 상당수가 나보다 훨씬 더 경험도 많고, 훨씬 더 힘이 있다. 어째서 나야?

도망치고 싶었다. 기숙사 방으로 돌아가 문을 걸어 잠그고, 어렸을 때 집에서 하듯 조용히 춤을 추면서 슬픔을 떨쳐내고 싶었다. 그러나 하루가 이제 막 시작되었다. 내 뒤에서 질투하면서 투덜거리는 저 여학생들 옆에서 종일 춤을 추어야 한다. 어떻게든 그날 수업을 마쳐야만 했다. 난 도망칠 수 없었다. 남들의 비난과 아픔에도 꿋꿋이 버텨야 했다.

그날 하루가 끝날 무렵, 우리는 반 단체 사진을 찍었다. 마음이 편치는 않았지만 가운데에 자리를 잡고 씩씩하게 웃었다.

내 마음이 더욱 편치 못했던 이유는 그곳에 남기를 기대했던 여학생 중 몇 명은 언젠가 샌프란시스코발레단에 입단해 프로가 되는 게 목표였다는 걸 알게 되었기 때문이었다. 심지어 나는 정식 초청을 받기 전부터 학교에서 주는 1년 장학금을 받을 생각이 없었고, 이듬해 여름에 진행될 샌프란시스코발레단 집중 프로그램에 돌아올 생각조차 없었다.

하지만 그 모든 건 정말로 나에게 달린 문제가 아니었다. 엄마는 내가 남부 캘리포니아에서 돌아올 날만을 손꼽아 기다리고 있다고 여러 번 말했고, 신디 역시 내가 샌프란시스코 발레 학교에서 공부하라는 제의를 받더라도 집으로 돌아와 그녀와 함께 더 많은 훈련에 매진할 필요가 있다고 여러 번 말했다. 그녀는 내가 자신이 주었던 만큼의 많은 관심을 샌프란시스코 발레 학교처럼 유명 발레 학교에서도 받을 수 있다고 생각하지 않았고, 내 춤의 모든 세부 사항을 정확하게 다듬고 연마할 시간이 필요하다는 생각도 하지 못했다.

샌프란시스코발레단은 미국에서—전 세계에서는 아니더라도—최고 수준의 발레단 중 하나였고, 롤라와 많은 선생님이 내게 보여준 배려와 따뜻함은 무엇보다도 훌륭한 것이었다. 하지만 신디와 어머니가 내게 말한 것처럼 산페드로로 돌아가는 것도 그다지 나쁜 선택지는 아니었다. 내 궁극의 목표는 언제나 아메리칸발레시어터였으니까.

샌프란시스코에서 여름 프로그램이 시작될 때 제시카와 나는 다음 해에는 아메리칸발레시어터의 여름 집중 프로그램에 참여하기로 했다. "거기서 만나자." 우리 둘은 서로의 사진첩에 작별 인사를 적었다.

아메리칸발레시어터는 내가 신디와 패트릭의 집에서 TV로 그곳의 무용수들을 처음 본 순간부터, LA의 도로시 챈들러 파빌리온에서 팔로마 에레라가 「돈키호테」의 키트리 역을 추는 모습을 본 순간부터 내 목표였다. 아메리칸발레시어터의 여름 집중 프로그램에 참여하는 건 언젠가 아메리칸발레시어터의 단원이 되기 위한 디딤돌과 같은 것이었다.

샌프란시스코에서 보낸 그해 여름의 마지막 밤, 친구들 모두 우리를 위해 따로 마련해둔 휴게실에 모였다. 우리는 피자를 먹고 다 같이 앨라니스 모리셋의 앨범을 들었다. 우리는 밤을 지새웠고, 제시카는 앞으로 솜사탕이나 아이스크림을 한 입 베어먹을 때마다 내가 생각날 거라고 적힌 쪽지를 건네주었다.

처음 맛본 독립은 달콤했지만 헤어짐은 언제나 슬펐다. 그래도 무용수를 꿈꾸는 많은 여학생을 알게 되었고, 새로운 친구들도 사귈 수 있었다. 그리고 무용수로서도 산페드로에서 훈련을 받았을 때보다 훨씬 더 많이 성장했다.

한편 집에 돌아가면 엄마와 신디 사이에 불붙기 시작할 문제가 있다는 것도 알고 있었다. 자신의 집으로 들어오라는 엄마의 간청은 한 주가 지나갈 때마다 점점 더 다급해졌다. 신디 역시 뜻을 굽히지 않았고, 신디는 이제 내 앞에 어렴풋이 모습을 드러내기 시작한 발레단의 문턱에서 자신의 지도와 보살핌이 얼마나 더 절실한지를 계속 일깨웠다.

이게 바로 내가 돌아가면 직면하게 될 갈등 상황이었다.

내 비행기는 다음 날 오후 로스앤젤레스 국제공항에 착륙했고, 그곳에는 신디가 기다리고 있었다.

신디의 차에 올라타자마자 난 앨라니스 모리셋의 CD를 틀어달라고 부탁했고 집에 가는 내내 들었다.

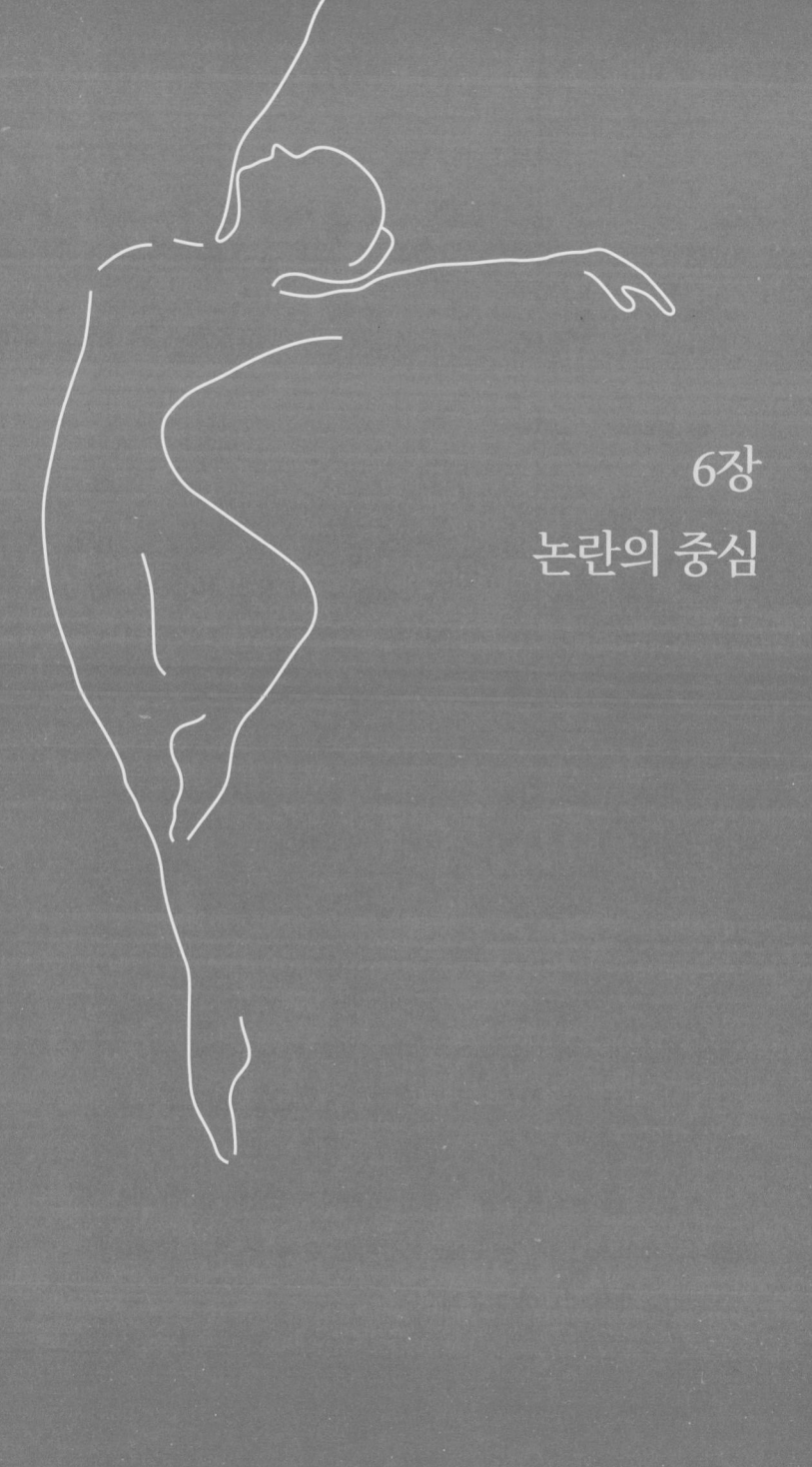

6장
논란의 중심

주말마다 신디의 집에서 엄마가 사는 선셋 인 모텔로 돌아오면 항상 같은 말이 반복적으로 들리기 시작했다.

세뇌당했어.

"자, 미스티!"
더그와 크리스는 한목소리로 외쳤다. "팝콘은 준비됐고, 곧 경기 시작할 거야."
오빠들은 내가 스포츠를 특별히 좋아하지 않는다는 걸 알고 있었다. "싫어." 난 《뿌엥뜨Pointe》 잡지를 손에 꽉 쥐고 말했다. "엄마 방에 가서 이거나 읽을래."

"음." 더그가 히죽히죽 웃으며 크리스에게 다 안다는 듯한 눈길을 보냈다. "너는 그 여자한테 완전히 세뇌당했어."

크리스가 고기 소스를 끼얹은 스파게티를 냄비에 한가득 만들었을 때도 비슷했다. 오빠는 다진 소고기를 사용했지만 내 입에는 칠면조가 더 맞았다.

에리카가 나를 보고 인상을 찌푸렸다. "철갑상어알을 넣으면 네 마음에 들겠니? 신디가 너를 아주 '드림랜드'에서 살게 했구나." 에리카의 말투에서 불편한 심기가 역력했다.

"근데, 네가 먹고 싶은 건 그 여자네 집에서 맘껏 먹어도 될 것 같은데." 에리카가 덧붙였다. 그리고는 빈정거릴 심산으로 마지막 한 마디를 던졌다. "어쨌든 네가 그 여자의 칙칙한 강습소를 홍보해주고 있는 셈이니까 넌 공짜로 먹고 있는 게 아니야."

평소만 같았어도 가족의 짜증 섞인 비난쯤은 무시해버릴 수 있었다. 서로 짓궂게 골리는 건 우리 가족의 수다에서 일종의 하이라이트이기도 하니까. 하지만 주중에 내가 신디의 집에서 지내는 동안 나에 대한 뒷담화가 오고 간 것 같았다.

엄마가 나에 대해 느끼고 있는 감정은 알고 있었다. 엄마는 내가 집에 와서 자신이 사준 음식은 거들떠보지도 않고 우리가 살았던 복작거리는 모텔 방을 깔보면서 젠체했다고 생각했다. 아무래도 엄마가 다른 형제들에게도 나와 신디에 대해서 안 좋게 이야기를 한 것 같았다. 신디가 나를 그렇게 만들었다고. 내가 다른 가족들보다 우월하다고 느끼게 만들려 하고 있다고.

형제자매들과 나는 여전히 가깝게 지냈고 서로를 맹렬하게 보호했다. 그들은 내가 제안받은 장학금을 자랑스러워했고 내가 어디서 공연을 하든, 친구들에게 자랑하고 다녔다. 될 수 있으면 내 공연은 꼭 보러 왔고, 아마도 엄마를 제외하면, 그들이 가장 크게 환호했을 것이다.

그러나 신디를 향한 형제자매들의 분노는 점점 더 쌓여만 가고 있었다. 난 형제자매들이 나의 새로운 삶을 질투했다고는 생각하지 않는다. 그보다는 내가 이용당하거나 착취당하지 않을까 걱정했었다고 생각한다. 그들은 내가 자신들과 떨어져 사는 것, 다시 말해 우리 엄마나 자신들을 존중하지 않는 것처럼 보이는 여성과 내가 함께 살면서 우리 가족에게 벌어지고 있는 문제를 걱정했다.

물론 나는 이에 동의하지 않았다. 세뇌라는 용어가 무엇을 의미하는지 잘 아니까 하는 말인데, 신디와 패트릭과의 삶은 세뇌와는 거리가 멀었다. 그렇지만 나에 대한 찬사와 뉴스가 쏟아져 나오면서 내가 신디의 스튜디오와 발레 학교에 엄청난 홍보 효과를 가져다준 것만큼은 사실이었.

신디는 내가 그녀의 스타라는 걸 흔쾌히 인정했다. 그녀의 발레 학교 공연 입장권은 무려 2천 장이나 팔린 적도 있었다. 공연장은 늘 발레를 좋아하고 호기심에 찬 관객들로 꽉 들어찼다. 대부분은 보이스앤걸스클럽에서 발굴되어 산페드로 노동자 지역에서 꽃을 피운 발레 신동을 보러 왔다.

그러나 난 지금까지도 그 모든 건 의도치 않은 행복한 결과에 불과했다고 생각한다. 그건 결코 목표가 아니었다. 브래들리 가족은 나의 재능을 발굴하여 갈고닦는 데 도움을 주었다. 그리고 나를 딸로 받아들였다. 그들은 나를 일개 학생이나 프로젝트처럼 대하지 않았다. 여전히 부끄러움을 많이 타긴 해도, 난 그들의 보살핌 덕분에 이제는 내 목소리에 귀 기울일 가치가 있다는 걸 알게 되었다.

나는 내 가족을 사랑했지만 우리가 함께 살면서 겪어야 했던 숱한 혼란과 하루 벌어 하루 살아가는 불안정한 삶에 불만이 없었던 건 아니었다. 솔직히 내 방이 있다는 건 너무나 행복한 일이었다. 비록 그것이 어린 꼬마와 함께 쓰는 방이더라도. 패트릭이 구워준 복숭아 코블러와 레몬 파이의 향기로운 냄새를 맡으며 집 안으로 걸어 들어가는 것 역시 더할 나위 없이 좋았다. 그날 하루 끼니는 챙길 수 있는지, 오늘 밤에는 어디서 잘지 고민하지 않아도 된다는 사실 그 자체가 한없이 소중했다. 신디의 집에서 난 그저 춤을 사랑하는 소녀가 되면 그만이었다. 나는 그것에 감사했다.

하지만 형제자매들은 이해하지 못했다. 그들 모두 엄마 편이었다.

✣

샌프란시스코에서 돌아왔을 때 난 떠날 때와는 완전히 달라진 발레리나가 되어 있었다. 훨씬 더 노련하고 정교해졌다.

내가 여름에 새로 배운 여러 스텝 중 하나가 땅 드 퓌쓰였다. 그전까지는 시도해보기는커녕 들어본 적도 없는 스텝이었다.

산페드로무용센터에서 다시 첫 수업이 시작되었고 난 한 박자도 놓치지 않고 그 동작을 수행했다. 신디는 감탄했다. 패트릭에게 전화를 걸었고, 그러고 나서는 내가 배운 것을 몇 번이고 보여달라고 부탁했다.

미끄러지는 듯한 움직임으로 바닥을 가로지를 때 내 글리싸드glissade가 더 매끄러워졌다. 그랑 쥬떼를 할 때는 더 높이 뛰어올랐고, 더 멀리 뻗었다. 앙트르샤entrechat에서는 공중으로 날아올라 새가 날개를 퍼덕이듯 양발을 교차했다. 나는 마치 하늘에 떠 있는 요정처럼 느껴졌다. 신디는 마냥 행복해했다.

나도 행복했다. 하지만 약간은 내가 신디, 그녀의 스튜디오, 그리고 그녀의 가르침보다―그녀의 헌신까지는 아니더라도―더 빨리 성장했다고 느꼈다.

그러는 동안 엄마와의 대화는 점점 더 걱정스러운 지경까지 이르렀다.

"그늘이 하는 일은 옳지 않아." 엄마는 주중에 전화를 걸 때마다 소리를 질렀다. "그들이 너를 내게서 빼앗으려 하고 있다고. 난 네 엄마야! 너에겐 가족이 있어! 너에게 그 사람들은 필요하지 않아."

"그들은 나를 뺏어가려는 게 아니에요." 그럼, 나도 소리를 지르며 맞받아쳤다. "나를 도와주는 것 말고는 아무것도 하지 않았다고요!"

샌프란시스코에서 돌아온 후, 처음 몇 주 동안은 엄마와 대화를 할 때마다 지독히도 고통스러운 우리만의 발레 바리에이션을 공연하는 것만 같았다. 엄마는 브래들리 가족이 못된 짓을 하고 있다는 둥, 나를 자기한테서 등 돌리게 했다는 둥 고래고래 고함을 친다. 그럼 나 역시 브래들리 가족을 옹호하느라 소리를 질러

댄다. 그리고 나면 울컥하는 마음에 부아가 치밀어 올라 전화를 끊어버리고 눈물을 뚝뚝 흘리면서 내 방으로 달려가곤 했다.

어느 주말, 엄마와 모텔에 있을 때 마침내 내가 두려워하던 순간이 찾아왔다.

"집으로 돌아와." 엄마가 단호하게 말했다.

엄마의 말에도 일리는 있었다. 샌프란시스코발레단이 여름에 내게 장학금을 지급하고, 또 일 년간 계속되는 프로그램에서 공부할 기회를 제안했다는 사실은 내게 신디가 더는 필요하지 않다는 걸 입증한 셈이었다. 난 스스로 중요한 기회를 얻을 수 있을 만큼 충분히 빼어났고, 충분히 배웠다. 엄마는 내가 샌프란시스코에서 6주 동안 배운 것들이 앞으로 신디가 가르쳐줄 수 있는 것보다 훨씬 더 많을 거라고 덧붙였다. 그리고 조만간 산페드로 고등학교로 돌아갈 거라고도 했다. 이미 교육위원회에 전화를 걸어 학교 측에 고등학교 재등록 의사를 확실히 전달했다고 말했다.

엄마는 모든 것을 염두에 두고 있는 것 같았다. 심지어 내가 무용을 계속할 수 있도록 계획도 짜놓았다. 처음 내게 신디의 발레 수업을 권유했고 신디의 수업을 듣는 동안 레오타드와 토슈즈에 드는 비용 일체를 선뜻 내주셨던 나의 교내 군무 팀 코치이신 엘리자베스 캔틴 선생님이 어느새 나보다 어머니의 삶에 더 깊숙이 들어와 계셨다. 엄마는 자신과 신디의 관계가 악화일로를 걷자 엘리자베스 선생님을 찾아가기 시작했고, 선생님은 두 사람의 중재자로 나서서 서로의 마음과 우려를 전달하기 시작했다. 그리고 엘리자베스 선생님은 두 사람의 감정 폭발을 막기 위해 부단히 애쓰셨다.

　엄마는 내가 집으로 돌아오리라 굳게 믿고 캔틴 선생님께 도움을 구해 방과 후나 주말에 다닐 만한 새로운 발레 학교를 물색했다. 난 머지않아 토런스에 있는 작은 무용 학교인 로리젠발레센터에서 훈련을 시작하게 될 것이다.

　이처럼 엄마가 모든 계획을 세웠건만 내 귀에는 그 어떤 말도 들어오지 않았다. 내가 춤을 포기하지 않도록 엄마가 시간을 들여 다른 학교를 알아봤다는 것도, 신디가 실은 내게 더는 가르쳐 줄 게 없다는 것도, 그리고 신디와 나의 친밀한 관계가 과거 엄마가 사랑했던 많은 이들을 잃었듯, 자기 아이들마저 잃을 수 있다는 가장 깊은 두려움을 만들어냈다는 것도.

　내가 아는 전부는 신디를 떠나고 싶지 않다는 것뿐이었다. 나에게 신디와 춤은 떼려야 뗄 수 없는 관계였다. 내 마음속에서는 이렇게 말하고 있었다. 신디가 없다면 내 발레 인생도 없어.

　　　　　　　　　　✤

　엄마는 일요일 밤에 신디에게 전화를 걸어 자신의 결정을 통보했다. 다음 날 스튜디오에서 수업을 받는 것까지는 괜찮지만 신디가 나를 집에 데려다주었으면 좋겠다고 했다. 그게 어렵다면, 이제 차가 생긴 엄마가 직접 와서 나를 데려오겠다고 했다.

　그게 다였다. 작별 인사만 하면 되는 거였다.

　그날 밤 머리가 띵하고, 어질어질했다. 소파에 누워 난 울피와 함께 쓰던 방을 떠올렸다. 벽에는 길거리 예술가들이 그려준 캐리커처 스케치 중 하나가 걸려 있다. 당신이 포즈를 취하면 종이 위에 휘리릭 그려주는, 막상 받아 들고 나면 당신과 전혀 닮지 않은 초상화 말이다. 신디는 나와 울피의 모습이 담긴 딱 그런 스케치를 거리 화가한테서 건네받았다.

신디가 그걸 나한테 줄까? 그 생각이 들자 눈물이 왈칵 쏟아졌다.

나는 잠옷을 입는 일이 귀찮지 않았다. 울피의 부드럽고 고른 숨소리에 잠이 쏟아지던 방으로 다시는 돌아가지 못하리라는 현실을 받아들이면서 애써 잠을 청했다.

이튿날 아침, 신디가 나를 데리러 왔다.

차 안에서 그녀는 침울해 보였다. 나는 덜컥 겁이 났다.

"미스티, 자립권에 대해 들어본 적 있니?" 신디가 물었다.

그 단어가 문자 그대로 '자유'를 의미한다는 건 알았다. 하지만 무슨 말을 하려는 걸까?

"많은 아동 공연예술가들이 자립한단다." 그녀가 설명했다. "아이들이 자신의 직업과 삶에 대해 부모보다 더 나은 결정을 내릴 수 있다고 느낄 때 부모에게서 독립을 추구하는 거야."

내 심장이 두근거리기 시작했다. 무언가 새로운 일이 내게 다가오고 있는 것 같았다. 하지만 내가 그걸 원하고 있었는지 확신이 서지 않았다.

"오늘은 수업에 안 갈 거야." 신디가 부드럽게 말했다. "네가 내 친구를 만나봤으면 해."

신디는 댄스 스튜디오 인근에 있는 커피숍으로 차를 몰았다. 청바지에 폴로 셔츠를 받쳐 입은 가벼운 옷차림의 한 남자가 테이블에 앉아 물 한 잔을 마시고 있었다. 그의 앞에는 서류 더미가 한가득 쌓여 있었다. 우리가 자리에 앉자 그가 씩 웃었다.

그의 이름은 스티븐 바텔이었고, 신디는 그를 변호사라고 소개했다. 스티븐은 인내심을 가지고 나에게 자립권이 어떻게 발효되는지 정확하게 설명하기 시작했다.

내가 18세 미만에 해당하고 캘리포니아에 거주하고 있으므로 법원에 청원서를 보내 자립한 미성년자emancipated minor❖로 선고받을 수 있다는 내용이었다. 판사는 즉시 승인하거나 청문회를 요구할 수 있다. 내 청원이 최종적으로 승인되면 무용수로서 직업 선택은 물론 내가 어디서 살지, 혹은 그 외 거의 모든 사항을 스스로 결정할 수 있게 된다. 그 결정은 엄마에게 달려 있지 않을 것이다. 물론 신디에게도 달려 있지 않다. 그 결정은 오롯이 내 몫이다.

그가 잠시 말을 멈추었다.

"미스티, 이 청원을 진행하고 싶니?" 그가 물었다. "신디는 그것이 너의 이익에 가장 부합한다고 생각하지만, 결정을 내리는 사람은 어디까지나 너 자신이란다."

세월이 흘러도 그 순간 내가 어떤 느낌이었는지는 여전히 기억나지 않는다. 엄마는 항상 내가 바라던 모습의 엄마가 아니었다. 그렇지만 그녀가 내 엄마라는 사실에는 변함이 없었다. 난 엄마를 사랑했고, 엄마도 나를 사랑한다는 걸 알고 있었다. 기어이 엄마에게 상처를 주고 싶진 않았다.

❖ 법적으로 18세 미만인 미성년자이지만 특정 경우 부모에게서 독립하여 부분 자립이나 완전 자립을 법적으로 인정받는 청소년

그렇긴 해도, 엄마는 정말 나에게 무엇이 최선인지 알고 있었을까? 대개는 우리 아이들이 엄마를 챙기는 것 같았고, 우리는 그냥 우리끼리 알아서 서로 챙기는 것 같아서 말이다. 엄마가 아이들을 챙기는 게 아니라.

나는 선택을 내려야 했다.

그 순간 나는 처음으로 나 자신을 선택했다. 발레를 선택했다. 그리고 그것은 신디와 함께하겠다는 의미였다.

"네." 내가 부드럽게 대답했다. "자립하고 싶어요."

그 이후부터는 전부 다 어렴풋한 악몽과도 같았다.

스티븐 바텔이 탁자 위에 놓여 있던 서류들을 재빨리 그러모았다는 것까진 생각난다. "우리가 네 어머니에게 연락할 거야." 그가 말했다. "일이 진행되는 동안 넌 주변에 없는 게 좋을 거야. 네 어머니도 일단 충격을 가라앉히고 나면 틀림없이 진정되실 테니까. 하지만 그동안 신디는 네가 그녀의 친구들과 함께 있었으면 한단다."

신디는 서둘러 나를 차에 태우고 산페드로무용센터에 다니는 한 학생의 집으로 나를 데려다주었다. 나와는 거의 초면인 여자아이였다. 그녀의 어머니가 내게 먹을 것을 권했지만, 나는 식욕이 없었다. 그들은 예의상 나와 몇 마디라도 주고받으려고 노력했으나 난 그저 넋이 나간 사람처럼 멍하니 있었다. 말을 걸면 대답은 했지만, 대부분은 얼빠진 자세로 앉아 텔레비전을 보고 있었다.

'그들이 엄마한테 뭐라고 말할까?' 나는 궁금했다. 위장이 죄어들었고 머리가 띵했다. '엄마는 어떻게 생각할까? 형제자매들

은 어떤 기분일까?'

그리고 엄마가 경찰에 실종 신고를 했다는 사실을 뒤늦게 알게 되었다. 나를 정신없이 찾아 헤매다가 결국 언론과 접촉한 모양이었다. 6시 뉴스에 어떻게 보도되었을지는 겨우 상상만 할 수 있을 뿐이다.

앵커는 아마 이렇게 말했겠지. "발레 신동으로 평가받고 있는 이 지역의 청소년 미스티 코플랜드가 실종되었습니다."

"어머니인 실비아 델라체르나는 현재 경찰에 딸의 실종 신고를 한 상태입니다. 그녀는 이 사건에 딸의 무용 교사인 신디 브래들리가 깊이 연루된 것으로 보고 있습니다."

그리고 그들은 겁에 질리고 분노한 엄마의 모습을 보여주었을 것이다.

"제 딸과 연락이 안 돼요. 잠시 무용 선생님과 함께 지내다가 이제 다시 집으로 들어와 살기로 했거든요. 저는 신디 브래들리가 이 사건과 관련이 있다고 확신합니다."

토할 것 같았다.

내가 도망치면 곤란해질까 봐 그 가족과 3일 동안 함께 지냈다. 그러던 어느 날 아침, 스티븐 바텔이 나타났다.

"미스티." 그가 말했다. "짐 챙기거라."

우리는 두 명의 경찰관을 만났고, 그들이 경찰서로 나를 데려다주었다. 곧이어 엄마가 도착했다. 엄마는 곧장 나에게로 와 내 몸을 힘주어 붙들었다.

그리고 엄마와 함께 경찰서를 나왔다. 발레를 영원히 떠나게 될까 봐 마음속에는 두려움이 가득했다. 엄마가 운전대 앞에 앉앉고, 내가 엄마 옆 조수석에 올라탔다. 나는 이성을 잃고 하염없이 흐느꼈다. 내 세계가 무너지고 있었다.

⁂

아무리 돌고 도는 게 인생이라지만 내 인생은 그나마 한 바퀴를 다 돌기도 전이었다. 속력을 내는 듯하더니 그대로 역회전을 해버렸달까.

나는 선셋 인 모텔에서 다시 가족들과 함께 있었다.

모텔 산책로는 여전히 먼지투성이였고 가족이 다 함께 사용하는 방은 지저분하고 어수선했다. 밤이 되면 이불이나 침낭을 끌어안고 거실 바닥에서 형제들끼리 잘 자리를 찾아 헤맸다. 이것이 엄마가 내게 다시 돌아오라고 강요한 삶이었다. 며칠 전까지만 해도 아름다운 아파트에서 부드러운 파도 소리에 곤히 잠이 들곤 했었는데. 이제는 고속도로 차량 소리에 꿈에서 깼다. 나는 사과 하나도 먹지 않고, 심지어 채소 통조림조차도 거들떠보지 않은 채 며칠을 흘려 보냈다. 엄마가 이기적이고 잔인하다고 생각했다. 자신의 무너진 자존심을 달래기 위해 나의 행복, 나에게 찾아온 기회를 단념하게 했다. 내 마음은 분노와 원망으로 가득 찼다.

어떻게 나한테 이럴 수 있지?

집으로 돌아온 첫날, 욕조 가장자리에 앉아 몇 시간이고 화장실에 틀어박혀 눈물만 쏟아내고 있었다. 난 엄마 곁에 있고 싶지 않았다. 형제자매들과도 함께 있고 싶지 않았다. 그냥 혼자 있고 싶었다.

하지만 그건 불가능할 것 같았다. 내가 집에 돌아왔지만, 자립권을 둘러싼 우리의 막장극은 이제 겨우 1막에 불과했으니까.

엄마는 유명 변호사 글로리아 올레드를 선임하여 브래들리 가족을 법정으로 불러냈다. 글로리아 올레드를 고용한다는 건 마치 사람으로 붐비는 거리에 당신의 인생을 형광펜으로 시시콜콜 다 적어서 보여주는 것과 같았다. 어디든 카메라와 기자들이 있었다. 그들은 토런스 법원 근처를 맴돌았고, 심지어는 우리 집 현관 밖에 모여 있기도 했다.

엄마는 신디와 패트릭을 고소했다. 그들 부부가 나를 교묘하게 조종하여 자립을 청원하도록 했다는 것이었다. 그러므로 브래들리 가족이 내게서 영원히 떨어질 수 있도록 접근 금지 명령을 원한다고 말했다. 나는 관여하고 싶지 않았지만, 엄마는 나를 억지로 법정까지 끌고 갔다. 엄마와 글로리아는 내가 있어야 자신들의 입장에 힘이 실릴 것이라고 보았다. 겁에 질려서 난 카메라 플래시와 눈에 불을 켠 사람들의 시선을 피하려 바닥을 내려다보았다. 그러다가도 이따금씩 신디와 패트릭을 훔쳐보곤 했다. 그들 부부는 정면을 응시하고 있었지만, 신디의 입술이 파르르 떨리고 있는 걸 알 수 있었다. 그토록 피곤하고, 아프고, 슬퍼 보이는 모습을 바라보고 있자니 무척 견디기 힘들었다.

처음에는 신디와 패트릭이 맞섰다. 그들은 언론과 법원에, 또 그들의 이야기에 귀 기울일 모든 사람에게 이야기했다. 자신들은 젊고 재능 있는 발레리나가 정상적인 가정생활을 하고 필요한 경험을 할 수 있기를 바랐던 것뿐이었다고 했다. 브래들리 부부는 턱없이 적은 수입으로 홀로 여섯 자녀를 키우는 우리 엄마가 그런 종류의 안정과 품위를 제공해줄 수 없다고 주장했다. 신디는 나중에 한 기자에게 내가 원했다면 나를 입양할 수도 있었다고 말했다.

그러나 가을이 되자 모든 악감정도 점차 사그라들기 시작했다. 나는 글로리아 올레드를 통해 공식적으로 나의 자립권 청원을 철회했다. 신디와 패트릭은 내 가족을 괴롭히거나 위협하지 않았다. 따라서 엄마의 접근 금지 명령 요청은 아무 소용이 없어졌다.

올레드는 당시 성명에서 "자립권 청원의 기각은 가족의 유대를 제삼자의 간섭 없이 온전하며 동시에 강력하게 유지하려는 실비아의 주요 목표를 달성했다. 금지 명령에 브래들리 부부가 제출한 진술서에 따르면, 그들은 미스티와 어머니와의 관계를 방해하기 위한 그 어떤 일도 하지 않았고, 앞으로도 하지 않을 것이라고 했다. 실비아는 법원에 소장을 제출할 당시 달성하고자 했던 모든 목표를 완수했기에 우리는 접근 금지 명령을 더는 진행하지 않기로 했다."라고 말했다.

몇 번의 매우 예외적인 경우를 제외하면 난 앞으로 10년이 넘도록 신디와 패트릭을 만나지 못할 것이다. 그날 밤이 우리의 마지막이 될 줄 알았더라면 이층 침대에서 그렇게 행복하게 잠에 들지 않았을 텐데. 그들을 끌어당겨 꼭 끌어안고서 절대로 놓지 않았을 텐데.

엄마와 브래들리 부부가 물러나기로 하면서 법정에서의 싸움은 일단락되었다. 9월에 나는 산페드로 고등학교로 돌아가 열여섯에 11학년생이 되었다. 학교생활은 이제 예전과는 많이 달라졌다. 모두가 내 비밀을 알고 있었다.

학창 시절 내내 완벽해 보이려고 무진장 애를 썼었는데. 첫 번째 종이 울리기 훨씬 전에 학교에 도착했고, 데이나 중학교에서 '역대급'으로 성실한 홀 모니터가 되었고, 내가 나에게 요구했듯 드릴 팀에도 똑같은 미덕을 요구했었다. 가장 친한 친구조차도 내 삶이 속으로는 얼마나 곪아 있었는지 전혀 눈치채지 못하게 거리를 유지했다. 난 적개심과 폭력의 상흔이 남아 있는 로버트의 집이나 닥치는 대로 들어가 사는 임시 아파트나 온 가족이 함께 쓰는 허름한 모텔방에 친구들을 초대하지 않았다. 우리 반 친구들은 잇따라 엄마의 삶을 배회하는 남자들에 대해서, 혹은 내가 푸드스탬프로 끼닛거리를 사려고 동전을 주우러 다닐 줄은 꿈에도 생각하지 못했을 것이다. 그들은 낮에는 그토록 속 편해 보이는 치어리더 언니와 건장한 오빠들이 밤에는 집에 돌아와 나와 린지, 또 때로는 카메룬의 부모 노릇까지 해야 한다는 걸 전혀 모르고 있었을 것이다.

하지만 이제는 모든 사람이 내 비밀을 다 들여다볼 수 있도록 커튼이 활짝 젖혀졌다. 발레리나 소녀 미스티 코플랜드의 인생은 완전히 뒤바뀌었다.

이제 와 생각해보니 내 이야기가 정말이지 사람들을 깜짝 놀라게 했을 거란 생각이 든다. 가장 비극적인 발레 작품과 마찬가지로 여기 두 세계 사이에서 떠밀리고 끌려가는 때 묻지 않고 총명한 주인공이 있다. 나는 과연 「불새」처럼 의기양양하게 나타날 것인가? 아니면 상심 끝에 스러져가는 「지젤」처럼 될까? 나의 결말은 아직 쓰이지 않았다.

신문 칼럼니스트들이 누가 내 미래를 가장 잘 이끌어줄 것인지를 놓고 여러 의견을 냈다. 《로스앤젤레스 타임스》에 이를 다룬 기사가 실렸고, 예능 프로그램인 〈엑스트라〉에서도 내 이야기를 다뤘다. 최근 벌어진 총격 사건과 시청에서 투표가 진행 중인 조례에 관한 보도 사이에 내 이야기를 끼워 넣은 텔레비전 뉴스에서는 선셋 인 모텔의 사진과 튤tulle❖과 시폰 소재의 발레 의상을 입고 회전하는 내 모습을 화면에 내보냈다. 나를 둘러싼 세계가 박살이 났다.

심지어 우리가 겪은 일을 다루고 싶어 하는 TV 방송 관계자나 영화 제작자들로부터 전화도 받았다. 엄마는 그러한 제의들을 면밀하게 검토하기 위해 변호사까지 고용했다.

한편 산페드로 고등학교로 돌아간 나는 학교 첫날을 무사히 마쳐야 했다. 학급 친구들은 나를 조심스럽게 맞이했다.

"안녕, 미스티." 아이들이 쭈뼛쭈뼛하면서 작게 속삭였다.

"돌아와서 기뻐." 데이나 중학교의 군무 팀에서 나와 함께 춤을 추었던 한 여학생은 사뭇 쾌활한 어조로 말했다.

학생들은 하나같이 대수롭지 않은 척 행동하면서 친절하게 대하려고 노력했다. 하지만 나처럼 수줍음이 많은 사람에게 다

❖ 실크나 나일론 등으로 망사처럼 짠 천

른 사람들의 평가는 너무나 두려운 것이었기에 이보다 더 나쁜 시나리오는 상상하기조차 어려웠다.

하지만 숨을 곳이 없었다. 도망치려고도 했지만 번번이 실패했다. 첫 번째 대회 때와 마찬가지로 관객들에게 내가 비틀거리는 모습을 보여주지 않으려면 비상 대책이 필요했다.

「돈키호테」에서 빠 드 되를 추던 팔로마 에레라가 생각났다. 발레가 끝났을 때 그녀는 파트너의 손을 잡지 않았다. 강렬하고 독립적인 그녀는 파트너와 떨어져 서서 스스로 균형을 잡았다.

그것이 지금 내가 해야 할 일이라는 걸 깨달았다. 다시 침착하게, 머리를 높이 들어 올리고, 스스로 균형을 잡아야 한다.

무용 수업을 많이 빼먹지 않는 게 중요했다. 그래서 엄마 집으로 돌아간 지 몇 주가 지난 후부터는 다시 스튜디오에 나왔다. 더없이 기뻤다. 다행히 다시 발레로 초점을 돌릴 수 있었다.

설립자이자 감독인 다이앤 로리젠의 이름을 딴 로리젠발레센터는 유수한 발레단과 제휴를 맺은 곳은 아니었다. 규모가 작은 스튜디오였지만 캘리포니아 내 토런스에서는 꽤 평판이 좋았다.

내가 오기 전에 아마 다이앤이 다른 학생들에게 미리 당부했던 것 같다. 강습생들은 그 말 많은 '신동'을 거부하지도 않았고 양육권 줄다리기의 한가운데에 있는 소녀를 멍하니 쳐다보지도 않았다. 오히려 가족처럼 쉽게 받아들였다. 나는 친숙한 공간에서 토슈즈를 신고 몇 시간씩 스트레칭을 하면서 나처럼 몸의 긴장을 푸느라 여념이 없는 여러 사람에 둘러싸여 오직 발레에만 몰두할 수 있어서 기뻤다.

로리젠발레센터에서 처음 만난 두 여학생은 지금까지도 나와 가장 친한 친구다. 캐일렌 라트는 내 무용복 사업 파트너고, 애슐리 엘리스는 나보다 1년 늦게 아메리칸발레시어터에 입단해 5년 동안 발레단에서 단원으로 활동했다. 그녀는 현재 보스턴발레단의 수석 무용수다.

전문 발레리나 양성을 목표로 하지 않는 작은 무용센터에서 결국 두 명의 학생이 유수의 발레단에서 공연하게 되었다는 건 매우 이례적인 일이다. 그러나 그런 일은 일어났다. 그리고 애슐리와 나는 캐일렌과 마찬가지로 처음부터 떼려야 뗄 수 없는 사이였다. 두 친구는 내가 겪은 일을 입 밖에 꺼내지 않았다. 당연히 모를 리 없겠지만. 그들의 우정은 상처를 치료해주는 연고 같았고, 따뜻했다.

다이엔은 엄마가 스튜디오에서 나에게 조촐한 열여섯 살 생일 파티를 열어줄 수 있도록 배려해주었다. 그 자리에는 새로운 반 친구들과 캔틴 부부가 초대되었다. 로리젠발레센터는 일찍 문을 닫았다. 그리고 스튜디오 안에는 갖가지 장식이 달랑거렸고, 테이블에는 감자 칩과 케이크도 한가득 올려져 있었다.

하지만 난 여전히 스트레스를 받을 때면 편두통에 시달렸다. 그리고 그때는 내 인생에서 가장 힘겨운 시기였다. 파티가 진행되는 동안 부끄럽기도 하고 속상한 마음에 어둑어둑한 뒷방에 혼자 누워 있었다.

나중에 전해 듣기로는 모두가 즐겁게 보냈다고 한다.

다이앤과 학생들은 나를 환영해주었지만 내 춤은 거의 특별한 대우를 받지 않았다. 로리젠은 작은 발레 학교였지만, 거기서 가르친 기술은 내가 신디의 스튜디오에서 경험했던 것과는 확실히 차원이 달랐다. 더욱이 내가 비록 신동이라는 소리를 듣긴 했어도 무용을 시작한 지 불과 2년밖에 되지 않은 신출내기라는 것, 그리고 산페드로무용센터에서 내가 가장 우수한 학생이었다는 사실이 그 무용 학교의 한계를 증명해준다는 건 무척이나 뼈아픈 현실이었다. 무엇보다도 산페드로에서 비교적 양호하다고 평가되었던 내 주변 무용수들과의 경쟁 수준이 로리젠에서 실력이 좀 더 상급인 수강생들의 수준에 미치지 못한다는 사실 역시 편치 않은 상황이었다.

다이앤과의 수업은 또 달랐다. 샌프란시스코에서 6주간 여름 프로그램의 혹독한 훈련을 견디고 난 이후에도, 다이앤의 센터는 내 기술을 한층 더 세밀하게 다듬어야 한다는 걸 일깨워주었다. 나는 태세를 빠르게 전환하고, 기술을 정밀하게 개선했고, 어떤 경우에는 다시 배워갔다. 아쌍블레assemblé로 도약할 때는 두 번째 발을 첫 번째 발 바로 밑에서 빠르게 밀고 나가기 위해, 그리고 롱 드 장브rond de jambe로 포인한 발로 원을 그리며 바닥을 쓸 듯이 움직이는 동작을 확실히 하기 위해서 뭉그러지는 구체를 그리는 대신 문자 D를 선명하게 그렸다.

가능한 한 완벽에 가까워지기 위해 열심히 몸에 익혔으며 따라잡으려고 구슬땀을 흘렸다. 나에게는 우쭐대면서 안주할 틈이 없었다. 그런데도 내가 약간만 그런 태도를 보였다면 아마 다이앤은 서둘러 싹을 싹둑 잘라버렸을 것이다.

다이앤은 뭐든 대강 넘어가는 법이 없었다. 나에게 아직 해야 할 게 얼마나 많은지 끊임없이 짚어주었다. "무릎을 너무 쭉 펴지 마." 그녀가 잘 휘는 내 무릎 뒤쪽을 부드럽게 살살 밀면서 말했다.

"등 곧게 펴." 그녀가 지시했다. "턴을 끝까지 해."

신디는 항상 나를 그녀의 작은 슈퍼스타처럼 대했고 나의 재능을 보여주는 데 온 힘을 기울였다. 그녀는 자신의 작은 발레 학교에도 영향을 줄 수 있는 사회정책에도 얽매이지 않았고, 그 누구도 그녀를 설득할 수 없었다. 자녀에게 주역을 맡기지 않았다는 이유로 수천 달리를 기부하는 회사 임원이 떠나겠다고 으름장을 놓는다면 신디는 그렇게 하라고 했다. 하지만 다이앤과 그녀의 스튜디오는 다르게 운영되었다. 다이앤에게 난 그저 열심히 배우고 공부해야 하는 일반 강습생들과 크게 다르지 않았다. 무용을 배우는 다른 모든 사람처럼 말이다.

그 당시 나는 남들과 잘 어울린다는 느낌, 나도 그들과 다르지 않다는 느낌을 더 절실히 원했었던 것 같다. 내 선생님과 반 친구들, 그리고 춤이 내 정신을 맑게 해주었다.

이따금 기자들이 나를 만나기 위해 학교에 나타나곤 했다. 난 친구들과 나를 다른 사람처럼 느끼게 만드는 특별한 관심이 싫었다. 하지만 그들은 결국 나를 고통스럽게 하던 논란보다는, 내가 여름 프로그램—더 나아가, 언젠가는 스튜디오 컴퍼니—에 참여하는 데 관심을 보인 발레단들에 관해 이야기하고 싶어 했다.

여전히 어머니와 신디와 내가 얽힌 막장극은 '피날레'에 앞서 매우 충격적인 막을 하나 남겨두고 있었다.

"신디의 입을 다물게 해야겠어." 엄마가 말했다. 그 말은 어느 결에 엄마의 입에서 끊임없이 반복되는 후렴구가 되었다.

엄마는 신디가 여전히 기자들과 만나 자신을 자식을 등한시한 나쁜 엄마로 몰아세우고 있다며 핏대를 세웠다.

"우리 입장을 분명히 밝혀야겠어." 엄마는 시시때때로 분노에 사로잡힌 듯 보였다.

어느 날 엄마는 한때 연예부 기자였던 리자 기번스Leeza Gibbons가 진행하는 토크쇼 〈리자Leeza〉의 프로듀서들로부터 전화를 받았다고 했다. 그들은 엄마가 처음 신디와 맺은 협의에 관해서 이야기하기를 원했고, 그것이 어떤 이유로 점차 악화되어 결국 내가 잠적하는 사태에 이르게 되었는지 대화를 나누고 싶다고 했다. 나의 격렬한 항의에도 엄마는 토크쇼에 출연하기로 했다.

나중에 알고 보니, 신디 역시 사건을 둘러싼 그녀의 견해를 밝히고자 해당 프로그램에 출연할 예정이었다.

나는 겁이 났다. 아마도 신디와 같은 공간에 있게 되는 건 몇 달 전 법정에서 본 그날 이후 처음일 것이다. 그때의 경험을 다시금 되살리고 싶지 않았다. 얼마나 충격적이었는지 아마 상상도 못 할 거다. 게다가 이제야 겨우 회복되고 있었단 말이다. 그저 발레센터 안에서 춤에 집중하고 싶었다.

그랬기에 난 엄마에게 방송에 나가고 싶지 않다고 말했다. 하지만 엄마는 내가 무대에 없어도 된다는 말로 나를 안심시켰다.

그냥 객석에 앉아 있으면 리자가 와서 몇 가지 질문을 할 수도 있는 정도라고. 형제자매들 또한 지원 사격을 위해 객석에 있을 예정이었다.

내 기억 속에서 녹화 당일은 절대로 잊히지 않을 것이다. 엄마는 학교에 나를 데리러 오겠다고 말했다. 그래서 마지막 수업이 끝난 후, 난 밖에 나가 으레 엄마의 크림색 혼다 시빅이 내 앞에 와서 서겠거니 하면서 기다리고 있었다.

그런데 놀랍게도 검은색 리무진이 거리를 우르릉거리며 달려오더니 내 앞에 멈춰 서는 게 아닌가. 운전사가 문을 열자 그 안에 더그, 에리카, 크리스, 린지 그리고 엄마가 보였다. 내가 끔찍이도 싫어하는 딱 그런 유형의 허세였다. 나는 무대 위에서 뛰어오르고 있지 않은 한, 절대 주목받기를 원하지 않았다. 그런데 지금 여기, 노동자들이 모여 사는 산페드로 고등학교 앞에 길게 뻗은 리무진이 있었다.

모든 사람, 우리 반 친구들, 심지어 몇몇 선생님도 나를 흘끗 쳐다보며 무슨 일이 벌어진 것인지, 내가 어디로 가려는 것인지 궁금해했다.

나는 그 리무진이 차라리 내가 안에 들어가 몸을 숨길 수 있는 껍데기였으면 좋겠다고 생각했다. 서둘러 차에 올라타자 꾹 참고 있었던 울음이 터졌다. 나는 엄마에게 소리를 질렀다.

"리무진? 지금 나한테 그게 무리라는 걸 알면서 어떻게 리무진을 타고 학교에 올 수 있어요?"

적막한 차 안이 내가 흐느끼는 소리로 가득 채워졌다.

거기서부터 모든 게 점점 더 나빠졌다. 나는 관객석에서 에리카 옆에 앉았고 엄마는 무대에 앉았다. 신디도 거기에 있었지만 그녀는 별도의 공간에서 프로듀서와 인터뷰를 하고 있었기 때문에 모니터로만 볼 수 있었다.

엄마가 미리 경고했지만, 리자 기번스가 갑자기 내 앞으로 다가와서는 불쑥 질문을 던지는 바람에 하마터면 까무러칠 뻔했다. 나는 '네', '아니오'만 간신히 내뱉고는 눈물을 쏟아냈다.

바로 그때 항상 우리를 보호하면서 사실상 엄마 역할을 했던 에리카가 일어나 마이크를 잡았다.

"당신은 우리 가족을 파괴하려 했어요." 에리카가 신디의 얼굴이 나오는 모니터 화면에 대고 소리를 질렀다. "어린 여자아이를 착취하는 것도 모자라 이제 당신은 천사고 우린 나쁜 사람들인 양 행동하고 있잖아요. 우리는 당신이 한 일을 절대 용서하지 않을 거예요."

그때가 아마 내 인생에서 가장 긴 시간이었을 거다. 우리가 타고 온 검은 리무진은 다시 우리를 집 앞에 내려주었다. 그다음 날 나는 다시 불이 붙은 고뇌의 불꽃이 걷잡을 수 없이 타오르는 것을 막으려 안간힘을 쓰면서 학교에 갔다.

내가 복도를 걸어가는데 반 친구들 몇 명이 나에게 다가왔다. "텔레비전에서 널 봤어." 그들이 내게 말했다. "우리 선생님이 반 학생들이 다 볼 수 있게 그 프로그램을 틀어줬어."

나는 벌거벗겨져서 모든 것이 탄로 난 느낌이었다. 더 이상 내게는 신디의 집도, 산페드로 스튜디오나 학교도 없었다. 그 어디에도 나를 침범하지 못할 장소는 없었다. 하지만 계속 나아가는 것 말고는 달리 할 수 있는 게 없었다.

서서히 엉금엉금 기어가는 것만 같았던 하루하루가 규칙적인 흐름을 되찾았다. 내가 집으로 이사한 지 몇 달 후, 엄마는 새로운 영업직을 얻었다. 그 덕분에 산페드로의 한적한 거리에 있는 안락한 방 두 개짜리 아파트를 구할 수 있었다. 그때 처음으로 우리가 어떤 남자의 변덕에 따라 떠나야 하는 집이 아닌, 진짜 어머니의 집을 갖게 되었다고 느꼈다.

그 사실에 우리 모두 그전에는 알지 못했던 평화를 느꼈다고 생각한다. 린지와 나는 침실을 함께 썼다. 그리고 몇 년 만에 처음으로 걸어서 학교에 갈 수 있었다.

춤은 여전히 내 삶의 중심이었지만, 이제는 홈스쿨링을 받지 않았기 때문에 오후에만 발레 수업을 들을 수 있었다. 그래도 다행인 건 엄격한 수업과 몇몇 동료 수강생들의 월등한 기량이 스튜디오에서의 길지 않은 수업 시간을 만회해주고 있다는 느낌이 든다는 거였다. 엄마가 내게 준 선물 가운데에는 판지로 만든 실물 크기의 머라이어 캐리가 있었다. 난 벽에다 그것을 붙였다. 팔로마 에레라 포스터 바로 옆에.

엄마가 캔틴 선생님의 도움을 받아 내가 다닐 수 있는 새로운 무용센터를 찾아줘서 고마웠다. 차를 사고, 아파트를 마련하는 등 다시 일어서려고 노력한 것도. 엄마는 마침내 우리 가족을 보살피고 있었다. 왜 이런 일이 진작에 일어나지 않았는지 궁금할 따름이었다.

거실 벽난로 선반에는 글로리아 알레드가 토런스의 법원 건물 밖에서 의기양양하게 내 손을 들어 올리고 있는 사진이 있었다. 그때까지 팽팽한 줄다리기는 대부분 내 마음속 움푹 팬 곳에서 격렬하게 계속되고 있었다.

이제 나에게는 약간의 균형감이 생겼고, 지나간 3년간 얽혀 있던 실타래를 조금씩 풀 수 있었다.

엄마와 형제자매들이 내가 신디와 패트릭에게 세뇌당했다고 말했을 때, 난 그들의 말을 무시하거나, 아니면 격렬하게 맞섰었다. 이제는 전적으로 확신할 수가 없었다.

신디와 패트릭에게 결코 악의는 없었겠지만 은연중에 그들의 생각이 내 머릿속에 주입되었을 수는 있다. 난 점점 더 많은 것을 받을 자격이 있다고 믿게 되었고, 엄마는 그것을 제공할 의사가 없거나, 아니면 제공할 수 없다고 믿게 되었다. 하지만 내가 틀렸을지도 모른다.

그건 뜻밖의 깨달음이었다. 어느 날, 내 인생에서 과도기와 같았던 한 해가 끝나갈 때, 거실 소파에 있는 엄마 옆에 앉았다. 나를 위해 싸워준 엄마에게 감사했고, 나를 혹은 엄마 자신을 포기하지 않은 엄마에게 감사했다. 그리고 나는 엄마가 겪었을 일에 대해서도 사과했다.

어른이 되고 나서 나의 관점은 더 균형 있게 온전한 나만의 시각으로 한 번 더 바뀌었다. 내가 확실히 알고 있는 사실은 엄마가 나를 맹렬하게 사랑했다는 것, 그리고 브래들리 가족 또한 나를 사랑해주었다는 것이다. 그들의 헌신, 그리고 희생을 감수하고서라도 나를 가족으로 받아들이려는 의지가 없었다면 아마 지금의 난 존재하지 않았을지도 모른다. 브래들리 가족이 없었다면, 나는 내 의견을 분명하게 말로 표현하는 법도 배우지 못했을 테고, 내 의견이 경청할 만한 가치가 있다는 것조차 확신하지 못했을 거다. 그 모든 것, 그 이상을 브래들리 가족이 나에게 선사해준 것이었다.

 자립권을 둘러싼 진흙탕 싸움이 벌어진 지 1년이 채 지나지 않아 난 아메리칸발레시어터의 여름 집중 프로그램에 참여하기 위해 처음으로 뉴욕을 향하게 될 것이다. 제시카는 우리가 작년에 샌프란시스코발레단에서 계획을 세웠던 것처럼 나와 함께 갈 것이다.

 이미 몇 달 전에 난 그 프로그램을 위해 오디션을 본 적이 있다. 모든 여름 집중 프로그램에 대비한 훈련은 기본적으로 똑같다. 신예 발레리나들은 주요 발레단들이 전국에 있는 무용 스튜디오에서 진행하게 될 관찰 수업에 대한 일정을 알아내기 위해 일반적으로 《댄스 매거진Dance Magazine》의 뒷부분을 살펴본다. 그 수업이 발레단의 여름 프로그램에 들어가길 원하는 예비 학생들이 오디션을 보는 방식이다.

 선발 심사는 보통 한 달간 진행된다. 각 학교는 고유한 유니폼을 요구한다. 검정 레오타드, 분홍 타이즈, 그 외 정신을 산란하게 하는 색상은 금물! 약속 시간에 약간의 비용을 내면 가슴에 매다는 커다란 번호표를 받는다. 그리고 나면 당신과 50~60명의 다른 무용수들은 학교 관계자가 옆이나 탁자 뒤에 서서 여러분을 유심히 지켜보는 동안 중앙에 있는 바에서 전형적인 발레 수업의 동작을 수행한다.

나는 아메리칸발레시어터의 여름 집중 프로그램 디렉터였던 레베카 라이트를 통해 오디션에 초대받았다. 1년도 훨씬 더 지난 일이었지만, 내가 스포트라이트 어워드에서 최우수상을 수상했을 당시 레베카가 심사위원 중 한 명이었다. 캔틴 부부는 나를 스튜디오로 데려가 필요한 비용을 내주고 다른 모든 무용수의 부모님과 함께 바깥 복도에서 기다렸다. 몇 주 후, 우편으로 전액 장학생으로 합격했다는 통지서를 받았다. 그리고 나는 6월에 바로 뉴욕으로 떠났다.

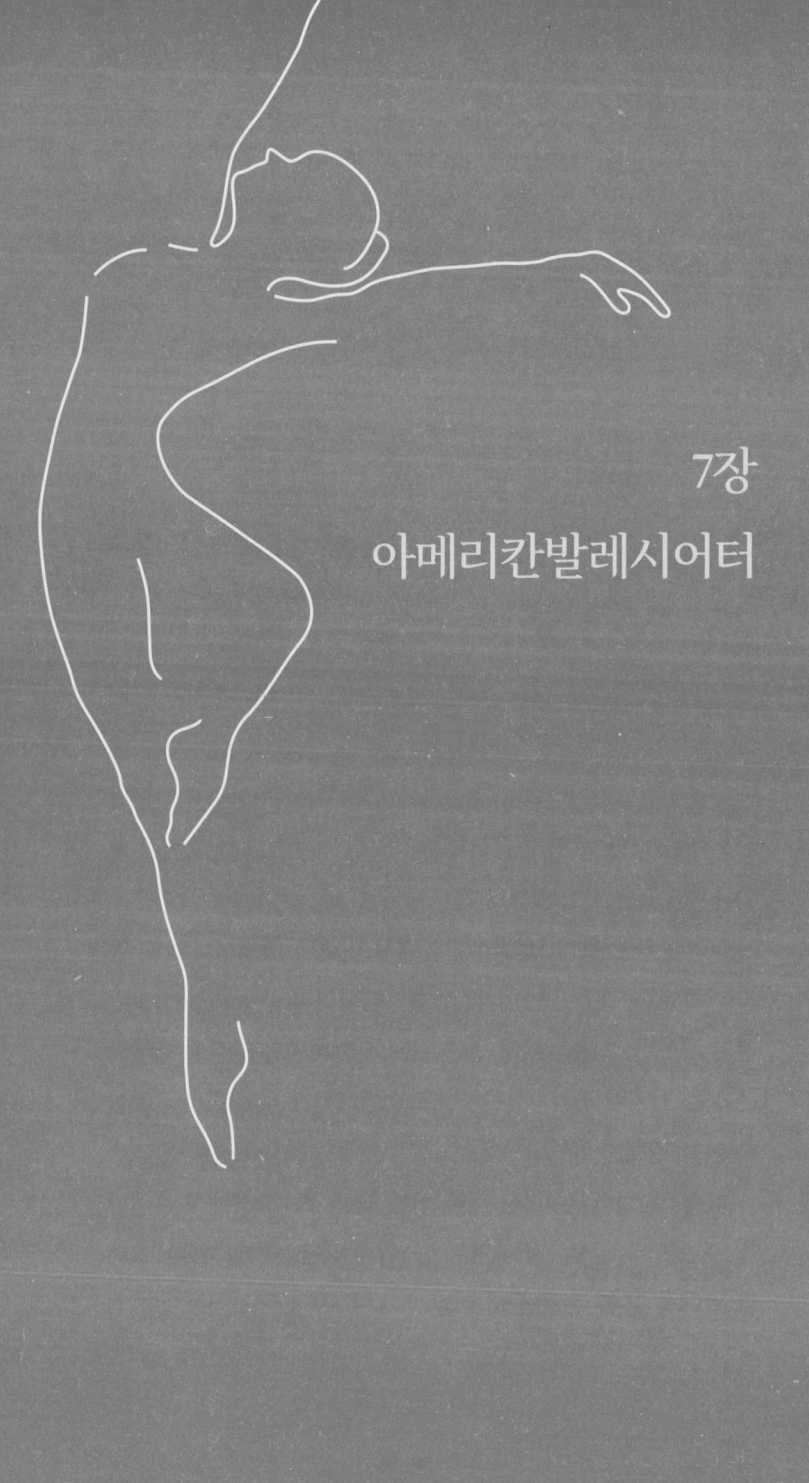

7장
아메리칸발레시어터

아메리칸발레시어터의 누군가가 나를 처음 보았을 때 내 나이는 15살이었고, 당시 나는 L.A. 스포트라이트 어워드에서 치열한 경쟁을 펼치고 있었다.

브래들리 가족의 텔레비전 앞에서 미하일 바리시니코프, 젤시 커클랜드, 그리고 아메리칸발레시어터의 다른 스타들에게 완전히 꽂혔던 그 순간부터 언젠가는 그 발레단의 단원이 되겠다는 꿈을 가지게 되었다. 나는 팔로마 에레라가 걸었던 곳을 걸어야 했고, 팔로마 에레라가 춤을 추던 곳에서 춤을 추어야 했다.

아메리칸발레시어터는 내가 여름 집중 프로그램에서 훈련받을 수 있도록 장학금을 제안한 5개의 발레단 중 하나였다. 그러나 열다섯 살 때 뉴욕은 너무 멀게 느껴졌던지라 캘리포니아 해안으로 향했었다. 그로부터 1년이 훌쩍 지났고, 이제 난 뉴욕을 접수할 준비가 되었다.

엄마 친구 한 분이 라과디아 공항에 마중 나와계셨다. 우리는 산 호세의 가르멜회 테레사 수녀님과 함께 택시를 타고, 내가 살게 될 곳인 뉴욕 그리니치빌리지 웨스트 14번가에 있는 수녀원으로 향했다.

누군가는 이렇게 생각할지도 모르겠다. 십 대 청소년이 수녀원에서 지내면 너무 낯설고 갑갑하지 않으려나. 나는 집에서 가지고 온 머라이어 캐리 포스터를 묵주들 사이에 붙여놓았다.

그나마 위로가 되었다. 또 한편으로는 수녀원의 체계와 질서가 나를 평화롭게 해주었다.

샌프란시스코에서의 여름 끝자락에서 시작된 파란만장한 막장극은 오래전에 끝났다. 이제는 익명의 소녀로 맨해튼 밸리를 걸으며 다음 모험을 준비할 수 있을 것 같았다.

지금 내 인생의 주요 드라마들은 바로 내가 꿈꾸던 것들이다. 이를테면 이런 것들이다. 가끔씩 마주치는 발레 디바와 자연스럽게 어울리는 것, 발레 교사의 인정을 받는 것, 내 꿈의 발레단 아메리칸발레시어터의 정식 단원으로 나를 이끌어줄 사다리의 다음 단계에 올라서는 것.

그러던 어느 날이었다. 귀에 이어폰을 꽂고 길을 걷고 있었고, 한창 잊고 살았던 비트가 오랜만에 내 귓가를 때리고 있었다. 그 때 나를 쳐다보는 한 남자의 눈길이 이상하다는 생각이 들었다.

"얘." 그가 말을 걸었다. "네가 캘리포니아에서 모두가 데려가겠다며 싸우던 그 여자애니?"

뉴욕은 내게 새로운 시작이라고, 아무도 나를 모르고, 마침내 아메리칸발레시어터에서 내가 꿈꾸던 삶을 시작할 수 있을 거라고 생각했다. 하지만 이 남자의 말을 듣고 나서는 단숨에 생각이 달라졌다.

수녀원의 문을 나서면 바로 뉴욕시다. 지저분한 거리에 마치 오케스트라가 끊임없이 악기를 튜닝하고 있는 듯이 여기저기서 불협화음이 들려오는 곳. 어디론가 달려가는 사람들의 활동적인 에너지가 진동하는가 하면, 주변에 켜켜이 쌓인 쓰레기 냄새, 소변 냄새, 그리고 푸드 트럭에서 튀기는 고기 냄새가 뒤범벅이 된 후텁지근한 공기가 거리를 온통 휘감는 곳. 이처럼 거대한 대도시는 처음이었다. 지금껏 단 한 번도 본 적이 없었다.

그러나 수녀원의 분홍색 벽 뒤로는 친절하고 어머니처럼 푸근한 수녀님들이 있었다. 그들은 영어 대신 거의 스페인어로만 대화했기 때문에 대부분은 무슨 말을 하는지 전혀 알아들을 수가 없었다. 각각의 작은 방에는 인터폰이 있었고, 매일 아침 7시면 어김없이 윙윙거리며 우리를 잠에서 깨웠다.

위이잉.

이제 수녀님이 "아침 식사가 준비됐습니다."라고 하면서 우리를 부를 것이다.

우리는 그 이른 아침 인사가 너무 싫었다. 더 자고 싶었다. 그러나 수녀님들이 우리 여학생들을 위해 매일매일 준비한 아침과 저녁 식사는 맛있었다.

한 방에 두 개의 좁은 침대가 있는 기숙사에는 아메리칸발레시어터에서 공부하는 무용수들만 묵는 건 아니었다. 다른 발레단의 여름 집중 수업을 받는 학생들도 있었다. 처음에는 로리젠 발레센터에서 함께 춤을 추었던 마고와 함께 방을 썼다. 그녀는 조프리발레단의 여름 프로그램에서 수업을 받고 있었다. 얼마 지나지 않아 마찬가지로 캘리포니아에서 같이 학교에 다녔고, 그해 여름에 조프리발레단에서 춤을 추고 있었던 단짝 캐일렌과 방을 함께 쓰기 시작했다.

그 후로 애슐리 엘리스도 아메리칸발레시어터에서 나와 함께 춤을 추었다. 애슐리는 내가 캐일렌의 방에 있는 동안은 마고와 함께 있다가 나시 돌아오곤 했는데, 우린 꼭 이자 먼저 앉기 놀이를 하는 것 같았다.

종일 춤을 추고 나면 다리가 쑤셨다. 엎친 데 덮친 격으로 수녀원에는 엘리베이터가 없어서 계단을 계속 오르락내리락해야만 했다. 저녁에는 조프리발레단이든, 뉴욕시티발레단이든, 혹은 아메리칸발레시어터에서 훈련을 받든 상관없이 모든 여학생이 음식이 제공되는 지하에 모여 저녁을 먹었다. 그리고 나서 다 같이 영화를 보기도 했다. 엄마가 보내준 〈NSYNC in Concert〉 뮤직비디오를 보면서 모든 여학생이 저스틴 팀버레이크에게 침을 질질 흘리던 기억이 난다.

프로그램 첫날, 나는 존 미한과 커크 피터슨이 나를 기다리고 있는 사무실로 불려갔다. 아메리칸발레시어터와 샌프란시스코발레단의 수석 무용수였던 커크는 프로그램의 상주 안무가이자 발레 마스터로 활약했다. 존은 발레단의 전직 수석 무용수이자 주니어 무용수들이 보통 메인 발레단에 입단하기 전에 공연하는 아메리칸발레시어터의 스튜디오 컴퍼니ABT Studio Company에서 예술감독직을 맡고 있었다.

커크가 먼저 말을 꺼냈다.

"미스티, 우리도 너의 이야기를 들어 알고 있어." 그가 계속 말했다. "그 이야기를 좀 더 듣고 싶구나."

난 보이스앤걸스클럽 이야기로 말문을 열었다. 처음에는 내가 얼마나 망설였는지 이야기했고, 이후 발레와 미치도록 사랑에 빠졌다고 고백했다. 스포트라이트 어워드에서 수상했을 때 얼마나 짜릿했었는지, 「호두까기 인형」의 클라라와 「돈키호테」의 키트리를 연기했을 때는 또 얼마나 행복했었는지도 알려주었다. 그리고 아메리칸발레시어터가 항상 내 꿈의 회사였다고도 말했다.

엄마와 신디 사이에 있었던 싸움은 생략했다. 그러나 그들은 기억하고 있었고, 그 사건에 대해 조금 더 물어보았다. 그래서 나는 짧지만 되도록 거슬리지 않게 요약해서 말했다. 하지만 약간은 실망스러웠다. 사람들은 내가 공유하지 않았거나, 혹은 나에 관해 알리고 싶지 않았던 부분에 대해서도 알고 있는 경우가 많았다. 뉴욕에서는 안 그럴 줄 알았는데, 여기에서도 나는 '다르다'라는 낙인이 찍힐 정도로 드러나 있었고, 공격당하기 쉬웠다.

그럼에도 그들은 왜 나를 따로 사무실로 불렀는지 이야기해주었다. 내게 비범한 재능이 있다고 말했고, 존은 그가 곧 나를 스튜디오 컴퍼니에 초청할 것이라고 했다.

나는 가슴이 벅차올랐다.

이 무렵 팔로마 에레라를 우연히 만났다. 처음에는 조금 실망했었던 것 같다.

아마 점심시간이었을 거다. 여름 집중 프로그램에서 수업을 받는 학생들은 그야말로 낡아빠진 토끼장 같은 아메리칸발레시어터의 스튜디오를 마음대로 돌아다닐 수 없었다. 발레단은 890 브로드웨이에 있는 시내 건물의 2개 층을 사용하고 있었는데 당시 우리가 연습하던 스튜디오는 5개였다. 각 스튜디오에는 두 개의 벽이 바닥에서 천장까지 거울로 덮여 있었고, 벽 하나를 제외한 모든 벽에 발레 바가 부착되어 있었다. 더 많은 바가 뒤쪽에 장작처럼 쌓여 있어서 필요할 때마다 바닥 중앙으로 옮겨 사용했다. 구석에는 변함없이 피아노가 놓여 있었고 각 스튜디오의 앞에는 텔레비전과 음향 시설이 설치되어 있어 안무에 도움이 되는 비디오를 볼 수 있었다. 또한 벽에는 구형 벽걸이 전화기가 붙어 있었는데 휴식 시간만 되면 앤디스 델리Andy's Deli에 배달 음식을 주문하기 위해 학생들이 그 앞에 길게 줄을 서곤 했다.

회사의 리허설 공간을 구성하는 스튜디오는 마치 내가 캘리포니아에서 신디와 패트릭과 함께 봤던 1980년대 댄스 영화의 세트를 그대로 가져다 놓은 듯이 최첨단 기술과 고급스러운 분위기라곤 전혀 찾아볼 수가 없었다. 일례로, 샌프란시스코발레단과는 그야말로 하늘과 땅 차이였다. 미국국립발레단의 사무실

건물은 이스트 빌리지 아파트 건물처럼 홈이 있는 전형적인 뉴욕 스타일의 건물이었다. 뉴욕시에 가득한 노후화된 다른 많은 건물과 마찬가지로 아메리칸발레시어터의 연습실 주변으로 실내 온도를 따뜻하게 유지하기 위한 오래된 라디에이터가 줄줄이 붙어 있었다.

겨울에는 삐걱대는 소리에 피아노 연주 소리가 묻혀 잘 들리지 않는 경우도 빈번했고, 리허설 공간으로는 가장 큰 두 개의 연습실 중에서 스튜디오 5는 라디에이터의 타는 듯한 뜨거운 열기와 훈련 중인 무용수들의 체온이 올라가면서 창문이 뿌옇게 변해 19번가를 내다볼 수도 없었다.

스튜디오는 여름에도 무더웠다. 창문에 에어컨이 설치되어 있긴 했으나 무용수들은 근육이 차가워져서 경직될까 봐 에어컨을 켜고 싶어 하시 않았다.

대형 탈의실은 여성용과 남성용 두 군데로 나누어져 있었다. 탈의실 안은 긴 의자와 무용수들이 각자 발레단에 입단한 첫날 쓰기로 하고 춤을 추는 기간 내내 사용하고 있는 삐걱거리는 사물함들로 꽉 찼다. 물리 치료실에는 심근 강화 및 근력 운동을 위한 기구부터 필라테스 리포머에 이르기까지 고가의 체육관에서나 볼 수 있는 모든 장비가 있었다. 작은 마사지실도 있어서 회사의 치료사가 무용수들의 피곤하고 아픈 근육을 문지르고 주물러주었다.

3층에는 2개의 스튜디오와 예술 스태프, 무대 관리자, 회사 운영진뿐만 아니라 기금 모금 부서, 홍보 부서, 교육 부서 그리고 이그제큐티브 디렉터executive director의 사무실들이 한곳에 자리 잡고 있었다.

점심시간에는 보통 거리를 산책하고 난 뒤 동네 샐러드 바에 들러 수프나 샌드위치를 사 들고 스튜디오로 돌아와 다른 무용수들과 함께 식사한 후에 잠시 휴식을 취하고 나서 수업에 돌아가곤 했다.

그런데 어느 날 왠지 건물 안 이곳저곳을 둘러보고 싶은 기분이 들었다. 복도에서는 눅눅하고 퀴퀴한 냄새가 났다. 규모가 더 큰 스튜디오 중 한 곳을 두리번거리고 있었는데 스튜디오 전화기로 대화를 나누고 있는 팔로마 에레라가 보였다.

훨씬 더 클 줄 알았는데, 그녀는 나보다 몇 센티미터 더 안 커 보였다. 칠흑같이 새까만 머리칼이 느슨하게 말아 올려져 있었고, 한쪽 다리는 벽 옆쪽 의자에 올려놓은 상태에서 쭉 펴고 있었다.

친구와 담소를 나눌 때조차 천생 발레리나구나. 나는 속으로 감탄했다.

팔로마 에레라는 내가 우상에게 기대했던 디바의 모습 그대로였다. 한낱 필멸의 존재는 감히 상상조차 못 할 방식으로 머리를 가볍게 옆으로 쓸어넘기듯 태연하게 몸을 쭉 뻗고 있었다.

당신은 자신이 꿈꾸던 누군가와 마주친다면 무엇을 할까? 침실 벽에는 그녀의 사진이 걸려 있고, 그녀의 발자취를 따라가고 있다. 오래전 발레에서 본 키트리의 연기가 당신의 마음을 움직여 집에서 무려 3,000마일이나 떨어진 이곳, 미하일 바리시니코프와 젤시 커클랜드가 춤을 추었던 여기, 이 발레단까지 오게 한 누군가와 마주친다면?

당신은 그녀에게 은밀하게 조용히 접근할 것이다.

"안녕하세요." 난 거의 들릴 듯 말 듯 끽끽거리는 목소리로 간신히 인사했다.

대답이 없었다.

팔로마가 아직 전화를 받고 있었는지, 아니면 방금 끊었는지 잘 기억나지는 않는다. 내가 기억하는 건 그녀에게서 어딘지 차가운 분위기가 느껴졌다는 것이다. 그때는 그녀가 조금은 못된 여자라고 생각했다.

흔히들 말하지 않던가. 우상을 만나는 건 좋은 생각이 아니라고. 당신의 우상도 당신처럼 인간적이고, 변덕스럽고, 불완전할 수 있으니.

그러나 팔로마의 냉담함은 왠지 그녀를 더 흥미로운 존재로 만들었고, 나를 더욱 사로잡았다. 난 그대로 돌아서서 방을 나갔다. 당연히 약간 자기 멋에 사는 사람일 거야. 그렇게 서둘러 결론을 내렸다. 그녀가 누구지? 다름 아닌 팔로마 에레라야!

비록 금지된 연습실에서의 만남이 마뜩잖다고 해도 팔로마와의 우연한 만남은 우리 관계의 시작에 불과했다. 그녀를 알아가는 데 십 년은 족히 걸린 것 같다. 하지만 이제 내가 세상의 주목을 받는 위치에 있고, '유일한 단 한 사람'이라는 데 자부심과 동시에 고립감을 느끼면서 왜 그녀가 자신의 주변에 벽을 친 것처럼 보였는지 이해할 수 있게 되었다.

나는 늦은 나이에 꽃을 피운 신동으로 알려지면서 스포트라이트를 받는 경우가 많았다. 어쩌면 그보다 더 큰 이유는 아마도 내가 백인들의 세상에서 뛰어나게 잘하는 흑인 여성이라서였을 수도 있고. 팔로마 역시 이례적일 정도로 특출났고, 십 대에 자신보다 더 나이가 많은 무용수들과 정면으로 겨뤄 솔리스트와 수석 무용수 자리에 오를 정도로 눈에 띄었다.

팔로마가 15세의 어린 나이에 아메리칸발레시어터에 입단한 뒤 많은 이들의 기대를 어깨에 짊어졌을 때, 그 기분이 어땠을지는 충분히 상상할 수 있다. 다른 발레리나들이 이 어린 소녀가 자신들의 위치까지 빠르게 승급하는 과정을 지켜보는 과정에서 그녀가 그들로부터 받았을 수모와 무시도 상상할 수 있다.

나도 그녀가 겪은 일 중 일부를 경험한 상태인지라 실제로 머릿속에서 그런 상황쯤이야 어렵지 않게 그릴 수 있다.

몇 년 후, 아메리칸발레시어터의 예술감독인 케빈 매켄지가 24세의 나를 솔리스트로 승급시켰을 때, 난 20년 만에 그 위치에 오른 최초의 아프리카계 미국인 여성이 되었다. 그리고 팔로마 에레라에 관한 기사를 읽으려고 늘 가방에 넣고 다니던 무용잡지 《댄스 매거진Dance Magazine》의 표지를 장식했다. 그 잡지 기자에게 팔로마와 젤시 커클랜드에 관한 이야기를 했다. 발레리나를 생각할 때면 내 머릿속에서 그들의 유연한 움직임이 어떻게 보였었는지. 또 열세 살에 처음 발레를 알게 되었을 때부터 팔로마와 젤시는 내가 되고 싶었던 전부였다고.

그 이야기가 표지에 실린 후, 팔로마가 내게 조용히 다가왔다.

"《댄스 매거진》에서 네 이야기를 읽었어." 어느 날 리허설 중간에 스튜디오에서 스트레칭을 하고 있는 내 앞으로 그녀가 다가와 소곤거렸다. "나에 대해 좋게 얘기해줘서 고마워."

참 재미있는 일이다. 당신은 인터뷰에 임하는 동안 자신이 언급한 사람들은 물론 누군가가 실제로 당신이 한 말을 읽으리라는 생각을 잘 하지 않는다. 잠시 팔로마가 내가 마구 쏟아낸 말을 읽었다는 사실에 허를 찔린 기분이었고, 또 조금은 당황스러웠다.

하지만 나의 한때 우상이 내가 그녀를 좋게 평가해줘서 어깨에 힘이 들어갔다는 말을 들으니 나 역시도 더없는 행복을 느꼈다. 이제는 나도 솔리스트가 되었고 그녀의 옆에서 춤을 추고 있다. 그렇더라도 난 그리 새침하고 쌀쌀맞지 않아서 내가 그녀의 열렬한 팬이었다고, 팔로마 에레라가 어떻게 나에게 영감을 불어넣었는지 온 세상에 대고 말할 수 있다. 이 또한 얼마나 행복한 일인가.

우리는 동료로서 서로에게 미소를 건넸다. 그리고 분명히 말해두는데, 우리는 매우 좋은 친구다.

좋은 친구들과의 우정이 있었기에 아메리칸발레시어터의 프로그램은 어떤 면에서는 토슈즈를 신은 여름 캠프와 같았다. 하지만 우리의 훈련량은 어마어마했고, 아라베스끄와 쁠리에를 하루 7시간씩 연습했다.

애슐리와 난 매일 아침 브로드웨이에 있는 아메리칸발레시어터의 스튜디오까지 15분을 걸어서 다녔다. 학교에 있는 149명의 젊은 학생들 가운데 그녀와 나는 같은 레벨에 있었고, 도착 직후부터 여름 프로그램의 대미를 장식할 발표회에서 연기하게 될 배역을 익히는 데 전념했다.

애슐리는 솔로를 선보일 것이다. 커크 피터슨은 내가 필립 글라스의 곡에 맞춰 그가 안무한 빠 드 되와 「파키타Paquita」의 주요 바리에이션을 추는 게 좋을 것 같다고 했다. 「파키타」는 한 군인의 생명을 구하고 나서 실은 자신이 귀족의 신분으로 태어났음을 알게 되는 한 집시 소녀의 이야기를 다룬 발레 작품이다. 커크의 컨템포러리 안무에서 고전 발레로 스타일을 바꾸는 건 그리 어렵지 않았다. 이제는 아메리칸발레시어터가 다양한 춤의 형식을 넘나드는 나의 능력을 항상 높이 평가해왔다는 걸 알고 있다. 근본적으로는 내가 늘 봐왔고, 또 신디와도 함께 즐겨 보던 고전 발레 이야기를 가장 좋아한다. 하지만 근골이 단단한 내 신체 특성상 현대적인 동작에도 편안한 편이었다. 「초콜릿 호두까기 인형The Chocolate Nutcracker」을 제외하면 고전 발레가 아닌 다른 작품을 경험해보기는 이번이 처음이었지만, 나는 아주 마음에 들었다.

다른 학생들도 아낌없는 지지와 찬사를 보냈다. 그들은 나와 애슐리에게 완벽한 기술이 있다고 믿어 의심치 않으면서 애슐리를 '하얀 미스티'라고 불렀다. 같은 발레 학교 출신인 데다가 몸매와 춤 기술이 비슷했기 때문이다.

우리는 그해 여름 프로그램의 스타였다. 발표회 날 밤, 쏟아지는 갈채를 받았고, 다른 무용수들에게 누더기가 된 내 토슈즈 몇 켤레에 직접 사인도 해주고 친구들과 함께 사진을 찍으면서 기쁨을 만끽하고 있었다. 그때 케빈 매켄지와 존 미한이 나를 보고 싶어 한다는 말을 들었다.

난 서둘러 그들이 나를 기다리고 있는 무대로 올라갔다.

"미스티, 오늘 정말 멋졌어." 존이 말했다. 그의 말은 빈말이 아니었다. 그는 약속대로 내게 스튜디오 입단을 요청했다.

존의 요청이 전적으로 그의 의사임을 알고 있었지만, 난 여전히 그의 제안에 놀라워했다. 당시 나는 고작 열여섯 살에 불과한 고등학생이었으니 말이다. 하지만 아메리칸발레시어터에서 춤을 추고 싶은 내 꿈은 원한다면 바로 그 자리에서 실현될 수도 있었다.

나는 간신히 입을 뗐다.

"어머니께 여쭤봐야겠어요." 내가 마침내 말했다.

그러고 나서 수녀원까지 거의 뛰다시피 달려가 엄마한테 전화를 걸었다. 엄마의 입장은 확실히 모르겠다는 것이었다. 일단 학교를 마쳐야 하고, 너무 오랜 시간 가족과 떨어져서 지냈다고도 했다.

그러다가 전화를 끊기 전에 불쑥 덧붙인 엄마의 말이 나를 놀라게 했다.

"하지만 네 결정에 달린 일이야. 한 해가 금방 지나가서 내년 여름에도 그들이 너에게 똑같은 제안을 해주길 바라지만, 그건 어디까지나 네 꿈이니까. 엄마는 어떤 결정을 내리든 네가 행복하길 바랄 뿐이야."

나는 여전히 어떻게 해야 할지 갈팡질팡했다. 며칠 시간을 벌기 위해 케빈에게 조금 더 시간이 필요하다고 말하면서 양해를 구했다. 케빈과 존은 내가 계속 수업을 들을 수 있을 뿐만 아니라 고등학교 졸업장도 받을 수 있다고 말했다. 무용에 필요한 용품과 여행 비용을 충당할 장학금도 주겠다고 했다. 그러한 제의는 내 마음을 더욱 짜릿하게 만들면서 조바심을 일으켰다.

하지만 언니 에리카가 첫 아이 출산을 앞두고 있었다. 아기에게 이미 '머라이어'라는 이름도 지어줄 계획이었다. 그리고 마침내 엄마와 어린 여동생 린지와 처음으로 우리 아파트에서 모처럼 행복한 시간을 보내고 있었다. 가족을 떠나 이 거대한 도시에서 나 홀로 지내고 싶지 않았다. 아직은.

"집에 돌아가 고등학교를 마치고 싶어요." 결국 케빈과 존에게 내 결심을 알렸다. "다음 해에도 제가 필요하기를 바랍니다."

그들이 웃으며 고개를 끄덕였다.

아메리칸발레시어터는 토슈즈 구매 비용과 남부 캘리포니아에서 훈련하는 데 드는 비용 일체를 감당할 수 있도록 내게 코카콜라 장학금을 수여했다. 송별 선물이었다. 나중에 고등학교를 마치고 돌아오면 스튜디오 컴퍼니에 내 자리를 마련해주겠다고도 했다.

앞으로 펼쳐질 내 미래에 마음이 들썩였다. 집에 돌아와서는 얼른 고등학교를 마치고 싶은 마음뿐이었다. 그렇게 몇 달이 훌쩍 지나갔다. 나는 산페드로 고등학교보다 발레센터에서 만난 여자아이들과 더 친하게 지냈다. 하지만 졸업 무도회가 코앞으로 다가왔고 엄마는 내가 그곳에 반드시 가야 한다며 끝까지 우기셨다.

학교에 있는 내 친구들은 대부분 아시아인이었다. 그들이 금요일마다 마부하이 클럽에 가면 9학년이 된 린지가 짬을 내서 나를 보러 오지 않는 한, 난 외톨이 신세가 되어 교정 테이블에 혼자 앉아 있었다.

무도회에서 내 파트너가 될 가능성이 있는 남학생은 한국계 미국인 친구와 아프리카계 미국인 남학생 단 두 명뿐이었다. 한국계 미국인 친구가 먼저 데이트 신청을 했기 때문에 졸업 무도회는 그 친구와 같이 가게 되었다. 아직도 누가 내게 데이트 신청을 했다는 사실에 충격을 받곤 한다. 어찌나 수줍음이 많은지 누군가와 데이트한다는 생각만으로도 겁이 나서 남자아이들과 데이트해본 적이 아예 없었으니 말이다. 저스틴 팀버레이크가 물어봤다면? 그래도 데이트를 했을지 장담은 못 하겠다. 물론 그가 정말 미치도록 멋지다는 생각은 했을 거다.

무도회 밤, 정성스레 곱슬머리를 펴고 거의 내 키만큼이나 슬릿이 길게 트인 빨간 롱드레스를 차려입었다. 파티는 로스앤젤레스 시내에 있는 인터컨티넨탈 호텔 대연회장에서 열렸다. 나는 저녁 내내 우울했다. 최악의 순간은 동급생 집에서 열린 시끌벅적한 뒤풀이 모임에서 내 데이트 상대가 나에게 키스를 하려고 했을 때 일어났다. 나는 넌더리를 내며 뒤로 물러섰다. 그때까지 단 한 번도 남학생한테 키스한 적이 없었기 때문이다. 그가 나의 빠 드 되 파트너가 아닌 이상, 손 한번 잡아본 적도 없었다.

그해 6월, 어쨌든 난 고등학교를 졸업했다. 졸업 모자와 가운을 벗어 던지기 무섭게 짐을 꾸렸고 이제 뉴욕에 뼈를 묻겠다는 각오로 떠났다.

이번 여름 집중 프로그램은 이전 프로그램과는 조금 다를 것이다. 그 무렵 난 아메리칸발레시어터의 조직과 공동체에 더 깊숙이 들어와 있었다.

이번에는 그리니치빌리지에 있는 수녀원 대신, 이사벨 브라운과 함께 지낼 것이다. 맨해튼의 어퍼웨스트사이드에 있는 그녀의 브라운스톤brownstone❖까지 택시로 이동할 때까지만 해도 난 그녀의 집이 앞으로 2년 동안 내 집이 되리라는 걸 전혀 모르고 있었다.

발레계에서 이사벨 브라운은 전설로 통한다. 이른바 브라운 왕조의 일원이다. 이사벨은 아메리칸발레시어터에서 무용수인 남편 켈리 브라운을 만나기 수십 년 전, 이 발레단이 설립되었을 때부터 아메리칸발레시이디에서 춤을 추었다. 그들의 아들 이단은 솔리스트가 되었고 딸 레슬리는 수석 무용수가 되었다. 사실 레슬리는 두 번의 여름 집중 프로그램에서 나를 지도했다. 아메리칸발레시어터에 입단할 당시 이단은 여전히 솔리스트로 춤을 추고 있었고.

고등학교 졸업반이었을 때 내가 뉴욕에 돌아오면 이사벨이 그녀의 집에서 지내게 해주겠다고 제안했다는 얘기를 뒤늦게 들어 알게 되었다. 그것은 대단한 영광이었다. 이사벨은 여왕처럼 당당하고 우아했다. 그녀의 집은 영화 〈필라델피아 스토리The Philadelphia Story〉에 나오는 상류층 주택가에서 한 채를 그대로 옮겨다 놓은 듯했고, 집 구석구석에 숨어 있는 골동품들과 반짝이는 마호가니 테이블이 있었다.

❖ 19세기 뉴욕, 보스턴 등 미국 동부 상류층의 저택에서 시작된 고급 주거 양식

그녀의 책장을 구경하면서 발레단의 초창기까지 거슬러 올라간 아메리칸발레시어터의 프로그램이 담긴 책을 만지작거리곤 했다. 미하일 바리시니코프, 셜리 매클레인Shirley MacLaine, 앤 밴크로프트Anne Bancroft가 출연한 〈터닝 포인트The Turning Point〉는 브라운 가족을 소재로 한 영화로 레슬리가 주연을 맡았다.

신디가 옳았었다. 나는 왕족과 식사를 하고 있었다.

비록 애슐리와 내가 더는 함께 지내지 않았지만 그녀 역시 여름에 아메리칸발레시어터로 돌아왔다. 그리고 우리는 또 한 번 마지막 공연의 모든 주역을 거머쥐었다. 그때 처음으로 전설적인 안무가 트와일라 타프Twyla Tharp와 호흡을 맞추었다. 아메리칸발레시어터에 입단한 이후 나는 자주 그녀의 작품에서 주역을 맡아 춤을 추게 될 것이다.

여름 집중 프로그램에서 트와일라와 보낸 시간은 그야말로 순식간이었다. 다른 건 몰라도 그녀가 나의 우아함과 기술을 칭찬해준 것만큼은 기억한다. 트와일라는 자신의 매우 독창적인 작품인 「Push Comes to Shove」 공연을 위해 제자 일레인 쿠도와 함께 애슐리와 나를 지도했다. 이 작품은 1976년 처음 무대에 올린 발레 작품으로 일레인과 바리시니코프가 출연했었다. 나는 항상 트와일라와 인연이 있었다. 신디의 집에서 미샤와 젤시, 그리고 나탈리아 마카로바의 오래된 비디오를 볼 당시 일레인 쿠도는 내가 존경하는 무용수 중 한 명이었다. 처음 「Push

Comes to Shove」를 봤을 때가 열넷, 열다섯 살 무렵이었는데 어느새 내가 일레인이 맡았던 역할의 춤을 추고 있다니! 트와일라가 자신의 멋진 안무를 나에게 맞춰주려고 한다는 사실만으로도 난 꿈을 꾸고 있는 듯했다.

정말이지 내가 트와일라를 제대로 알게 된 건 나중에 발레단의 단원이 되고 나서였다. 은색 단발에 헐렁한 바지와 블라우스를 입은 그녀의 모습은 외모와 체격이 꼭 사춘기 소년 같았다. 하지만 작고 마른 몸을 유지하기 위해 음식을 자제하던 일부 무용수들과는 달리, 트와일라는 항상 간식으로 무장했다. 그녀의 의외의 면모 중 하나는 오스카 메이어Oscar Mayer❖ 비닐 포장에서 런치 미트를 바로 꺼내 야금야금 먹는 거였다. 또한 트와일라는 무용수들이 온몸의 기운이 다 쫙 빠져버릴 때까지 몰아붙였다. 한 작품이 무대에 오를 때쯤이면 당신은 그야말로 이골이 나도록 연습해서 위기 상황에도 전혀 놀라거나 하는 일 없이 모든 동작을 완벽하고 자신감 있게 해낼 수 있을 것이다. 그쯤 되면 안무에 거의 질려버려서 공연이 덜 자연적이고 덜 자유롭다고 느낄 수도 있다.

그렇지만 막상 무대에 올린 공연을 보면 입이 떡 벌어진다. 그녀의 작품 창작 과정에 참여한다는 건 상상조차 못 해본 값진 기회였다. 트와일라는 그간 단 한 번도 본 적 없던 야성적인 에너지와 스타일의 움직임으로 폭발하는 폭죽과 같았다. 그녀는 특히 아메리칸발레시어터의 남자들을 사랑했다. 트와일라가 안

❖ 핫도그, 볼로냐, 베이컨, 햄 등의 제품으로 유명한 미국 육류 및 콜드 컷 생산업체로 크래프트 하인즈(Kraft Heinz Company)의 자회사다.

무와 창작에 몰두할 때면 말 그대로 전속력으로 달려 그들 위로 높이 날아올랐다. 그녀가 리허설에 나타날 때면 남자 무용수들이 하나같이 셔츠를 벗고 맨가슴을 반짝이면서 춤을 추곤 했다. 트와일라가 좋아한다는 걸 알아서다. 그녀는 매우 저돌적이었고 두려움이 없었다.

여름 프로그램이 진행되는 중에도 존은 내가 아메리칸발레시어터의 주니어 컴퍼니에 입단하게 된다면 얼마나 기쁠지 재차 이야기했다. 비록 내 자리가 보장되었다고 하더라도 나를 계속 믿고 있다고 하는 그의 말은 놀라운 안도감을 선사했다. 그러다가 여름의 끄트머리에서 마지막 공연이 끝나고 조명이 어두워질 즈음 케빈이 나를 다시 무대 위로 불러냈다. 그는 계속 그 자리에 서 있었다. 케빈은 나에게 스튜디오에 정식으로 입단하기 전에 발레단의 수습으로 함께 중국에 투어를 가게 될 것이라고 했다.

나는 내 일기장에 이 모든 내용을 전부 기록했다.

> 케빈은 공연을 축하하고, 또 정식 입단 계약에 대해서도 축하한다고 말했다. 난 너무 놀랐다. 그는 내가 특별하다고 말했고, 발레단이 나를 눈여겨볼 것이라고도 했다. 케빈은 내 현대 작품이 얼마나 강력했는지, 또 어떻게 내가 그 안에 뿌리를 내리면서도 고전 발레에 희망을 주고 있는지 믿을 수 없다고 이야기했다. 정말 천만뜻밖의 일이었다.

지난 여름에는 휴가를 내지 못해 공연을 보러 올 수 없었던 엄마가 이번에는 「Push Comes to Shove」에서 공연하는 나를 보기 위해 뉴욕에 왔다. 엄마는 여기 잠시 머물며 내가 뉴욕시에서 프로 발레리나로 다음 행보를 준비하는 데 도움을 주었다.

"혹시 여권 있니?" 케빈이 물었다.

난 필요하다면—내 가족 중 누구도 여권을 소유한 사람이 없었지만—여권 사무소 앞에서 노숙을 하는 한이 있더라도 발급받을 기세였다. 정말이지 하늘을 난다는 기분이 그런 것이었을까. 스튜디오 컴퍼니 프로그램을 마치기도 전인 열일곱 살에 메인 발레단과 함께 춤을 출 기회를 잡았다. 그건 내가 꿈꿔왔던 것 그 이상이었다. 엄마는 다음 날 나와 함께 지역 여권 사무소에 갔다. 나는 이제 막 열여덟 살이 될 참이었고, 이번 투어는 나의 첫 해외여행이 될 것 같았다.

우리는 2주 동안 뉴욕을 떠나 상하이와 타이베이에서 춤을 추었고 싱가포르에 잠시 들러 여행을 했다. 난 수습으로 기간이 제한된 유기 계약을 맺고, 발레단의 솔리스트와 수석 무용수들 뒤에서 발레단의 일원으로 공연했다. 프로 무용수로서 경험이 전혀 없는 상태에서 그런 자리에 설 수 있게 된 것은 무척이나 놀랍고도 영광스러운 일이었다. 나는 「라 바야데르」의 왈츠 시퀀스에서 춤을 추는 소녀 중 한 명으로, 그리고 레일라라는 친구와 함께 플라워 걸로 공연했다. 리허설이나 공연이 없는 날에는 레일라와 함께 비하이 진사 워터파크Bihai Jinsha Water Park와 성황묘Chenghuang Temple 관광을 갔다.

그리고 집에 돌아왔을 때 ABT 스튜디오 컴퍼니의 정식 단원이 되었다. 난 이제 막 경력 사다리를 오르기 시작했다.

스튜디오 컴퍼니는 6명의 젊은 여자 무용수와 6명의 젊은 남자 무용수로 구성되어 있다. 이들은 향후 1년 동안 함께 리허설과 훈련을 하는 것은 물론 무대에 올라 공연하면서 메인 발레단에 정식 입단하기 위한 준비를 차근차근히 해나간다. 우리는 주로 미국 내 버펄로에 있는 학교와 코드곶에 있는 작은 극장을 오고 갔다. 버뮤다에도 갔었다. 아픈 발을 잽싸게 움직여 하얀 모래와 청록색 파도를 헤치며 나아갔다. 그 모든 경험이 마치 낙원에 있는 것 같았다. 우리 대부분은 아메리칸발레시어터의 여름 프로그램에서 힘께 춤을 춘 동기들이었기 때문에 형제자매처럼 서로 친근하고 끈끈했다.

간혹 공연이 끝나면 무용수들은 봉사 활동을 하기도 했고, 관객석에 있는 젊은이들과 대화를 나누곤 했다. 지금까지도 나는 그 토크에 참여했던 많은 무용수에게 놀림을 받고 있다. 내가 자립한 청소년이 되었든 그렇지 않았든, 학생들이 주로 그 막장극이 뉴스로 나갈 당시 나를 봐서인지 질문이 죄다 내 앞으로 왔기 때문이다.

"당신이 〈리자 쇼〉에 나왔던 그 여학생인가요?" 아니나 다를까, 누군가는 꼭 물어봤다.

"네, 하지만 지금은 모든 게 좋아요." 나는 황급히 대답했다. 그럴 때면 얼굴에 꼭 딱딱한 미소가 번졌다. "엄마 집으로 돌아갔고, 힘든 감정은 없어요. 다음 질문?" 난 과거를 묻어두려고 갖은 애를 다 썼다. 그렇지만 그 논란이 계속 내 삶을 파고든다고 해도 구태여 그렇게 놀랄 필요까지는 없었을 거다. 버뮤다에서도 끈질기게 나를 괴롭히던 스트레스성 편두통 때문에 스튜디오 컴퍼니의 일정에 누가 되지나 않을까 두려움에 사로잡힌 적도 있었다.

스튜디오 컴퍼니에서 무대에 올린 거의 모든 공연에서 나는 「잠자는 숲속의 미녀Sleeping Beauty」의 빠 드 되를 추었다. 주역인 오로라를 연기할 수 있어서 무척이나 영광스러웠다. 현재 아메리칸발레시어터의 수석 무용수인 데이비드 홀버그David Hallberg와 아메리칸발레시어터의 솔리스트인 크레이그 살스타인Craig Salstein이 내 빠 드 되 파트너였다.

스튜디오 컴퍼니는 나를 소중히 대해주었고, 나 역시도 그들의 포용을 한껏 만끽했다. 그러면서 점차 내 개성을 찾아가기 시작했다. 그리고 내 목소리. 어린 시절 내내 틀어막고 살다가 신디와 함께 살면서 자유로워진 듯했지만, 법정 싸움의 트라우마에서 회복하는 동안 또다시 숨고 말았던 내 목소리가 다시 모습을 드러내기 시작했다.

이제 내 정체성이 생겼다. 아메리칸발레시어터의 발레리나 미스티! 처음으로 나는 크게 목소리를 낼 수 있었고, 심지어 잠시도 가만히 있지 못했다. 독후감 한 편을 써내는 일에도 긴장하던 어린 소녀는 이제 춤, 음악, 모든 것에 자신의 견해를 드러낼 수 있었다. 브라질 출신의 스튜디오 컴퍼니 단원인 레나타 파밤과 어떤 남자 아이돌 그룹이 제일 괜찮은지를 놓고 목청을 높이기도 했다.

"엔싱크NSYNC!" 내가 외친다.

"백스트리트 보이즈Backstreet Boys지!" 레나타가 소리친다. 그러고 나서는 휴전을 선언하고 같이 브리또를 먹으러 멕시코 음식점에 갔다.

레나타는 나와 가장 친한 친구 중 한 명이 되었고, 오늘날에도 같은 발레단의 단원으로 나와 함께 춤을 추고 있다.

하지만 스튜디오 컴퍼니에서 가장 친한 친구는 레일라 파야즈였다. 그녀와 난 아메리칸발레시어터의 수습으로 발탁되어 중국 공연에 합류했던 두 명의 어린 무용수였다. 우리는 거의 즉각적으로 유대감을 형성했다. 둘 다 힙합을 좋아했기에 자유 시간 대부분을 에미넴Eminem의 노래를 신나게 따라 부르며 춤을 추면서 보냈다.

진짜 슬림 쉐디Slim Shady는 일어나주시겠습니까?❖
Will the Real Slim Shady please stand up?

레일라와 나는 중국에서도, 스튜디오 컴퍼니와 투어를 다니는 동안에도 내내 한방을 썼다. 그녀는 쿠바, 레바논, 페르시아 혈통을 지니고 있었으며 무척 아름다웠다. 또한 완벽하고 우아

❖ '슬림 쉐디(Slim Shady)'는 에미넴의 또 다른 자아를 지칭하며, 이를 통해 온갖 하고 싶은 말과 비판을 쏟아낸다고 한다. "진짜 슬림 쉐디는 일어나주시겠습니까?"라고 하는 부분은 소심하게 있지 말고 자신을 있는 그대로 드러내라고 외치는 의미로 해석될 수 있다.

한 전통적인 기술과 스타일을 겸비했다. 우리는 서로를 소울메이트라고 불렀고, 뉴욕시 구석구석을 함께 돌아다녔다. 처음에 우리는 타임스퀘어에 남아 있는 몇 안 되는 핍쇼peep show✣ 부스 바깥에서 눈을 동그랗게 뜨고 구경하던 어리둥절한 소녀들이었는데 어느새 라운지에서 남자들과 데이트를 즐기는 젊은 여성이 되어 있었다. 우리 둘은 마치 해외에서 온 방문객들처럼 눈을 휘둥그레 뜨고 도시를 탐험했다. 뉴욕시에서의 첫 1년이 끝나갈 무렵, 나는 그 도시와 사랑에 빠졌다. 그리고 레일라와 난 절대 떨어지지 않을 기세로 서로에게 의지했다. 우리는 발레의 엄격한 체계에서 벗어나 맨해튼이라는 거대한 세상을 탐험하기 위해 그 속으로 과감히 걸어 들어갔다. 한번은 센트럴 파크에서 순찰 중이던 경찰에게 제지당한 적도 있었다. 그들은 우리가 고등학교 수업을 빼먹고 어슬렁거리는 십 대 청소년이라고 생각했던 것 같다. 결국에는 아메리칸발레시어터 소속 발레리나라고 해명한 뒤 메트로폴리탄 오페라 명찰을 보여줘야만 했다. 레일라가 헌터 칼리지Hunter College에 입학하기 위해 1년 만에 아메리칸발레시어터를 떠났을 때도 우리는 가까운 친구 사이로 남아 있었고, 그녀가 학업과 기말고사의 세계에 발을 담그고 있는 동안에도 난 여전히 그녀와 붙어 있었다. 레일라의 기숙사에서도 많은 시간을 함께 보냈다. 우리 모두 호기심 많은 젊은 여성이었고, 많은 발레리나가 그렇듯 레일라 역시 인생에서 뒤늦게 재능을 꽃피웠다. 그녀 없이 과연 내가 살아남을 수나 있었을지 의

✣ 성인 전용 쇼로 한때 타임스퀘어에서 성행했으며, 돈을 내고 창을 통해 여성이 옷을 벗는 모습을 엿볼 수 있게 되어 있다.

문이다. 현재 레일라는 뉴욕시에서 방송사인 FOX 5의 〈모닝 쇼 Morning Show〉의 세그먼트 프로듀서Segment Producer❃로 일하고 있다.

나는 열아홉 살에 아메리칸발레시어터의 코르 드 발레로 승급했다.

군무 무용수인 코르 드 발레는 무용단의 필수 요소다. 그들은 이야기를 엮는 데 도움을 주는 기반으로 「라 바야데르」에서는 파샤의 꿈을 물들이고, 「지젤」에서는 숲을 채운다. 하지만 보통 발레리나들의 목표는 그것을 뛰어넘어 주역을 거머쥘 만큼 충분히 돋보이고, 언젠가는 수석 무용수가 되는 것, 즉 항상 키트리, 실비아, 오로라로 캐스팅되는 소수의 스타 군단에 속하는 것이다. 스튜디오 컴퍼니에서 코르 드 발레로 나아가는 것은 마이너리그에서 주요 팀의 이진 선수로 가는 것과 비슷하다. 무엇보다도 선발 선수가 될 기회에 더 쉽게 닿을 수 있다. 당신이 공을 던지고, 태클하고, 춤을 출 수만 있다면 말이다.

스튜디오 컴퍼니에서도 엄격함과 완벽을 향한 끊임없는 탐구는 존재했다. 하지만 무용수들 사이에는 강한 동지애가 함께 있었다.

이제 난 코르 드 발레의 여러 무용수 중 한 명에 지나지 않았다. 경쟁은 치열했다. 발레단의 누구도 내가 신동인 줄 알지 못했고, 또 알아내려고도 하지 않았다. 여기서 내 평판은 나보다 앞서지 않았다. 처음부터 다시 시작해야 했다. 마치 매일 수업이나 리허설에서 처음으로 나 자신을 증명하는 오디션을 보는 것

❃ TV 프로그램의 다분화된 제작 과정에서 특정 부분의 제작을 관리하는 PD

같았다. 발레를 늦게 시작했다고 변명하거나 징징거릴 여지가 없었다. 더는 나를 응원해줄 신디도, 내 손을 잡아줄 롤라 데 아빌라도 없었으니까. 코르 드 발레의 많은 무용수가 나보다 몇 살 위였고(아메리칸발레시어터의 현재 군무 발레리나들보다 더 나이가 많았다), 그래서 나는 빨리 성장해야 한다고 느꼈다.

늦깎이 발레리나임을 내세워 상황의 불리함을 주장했다고는 생각하지 않는다. 하지만 정말로 나는 자기 페이스를 지키는 방법, 솔리스트 역을 맡을 기회를 놓고 서로 다투면서도 동료 무용수들과 잘 지내는 방법을 꾸준히 익혀야 했다. 난 겁을 먹었고, 내 목소리가 다시 안으로 움츠러들고 있음을 느꼈다. 다른 무용수들과 선생님 몇 분이 계속 나를 평가하고 있다는 걸 알았고, 또 많은 사람이 내가 왜 그곳에 있는지 궁금해한다는 느낌도 받았다. 어쩌면 그 가운데 일부는 내 상상이었을 수도 있지만, 레일라와 나는 동료애와 아메리칸발레시어터에 대한 나의 애정에도 불구하고 나는 상당히 외로움을 느꼈다.

발레는 오랫동안 오로지 백인과 부유층의 영역이었다. 하루하루 발가락을 으스러뜨리는 고된 훈련을 거듭하는 동안 토슈즈는 거의 일회용 휴지처럼 소진된다. 그런데 이 발레 슈즈는 한 켤레에 무려 80달러에 달할 수도 있다. 난 항상 배불리 먹을 수 없는 가정에서 태어났고, 거의 열네 살이 다 되어서야 발레를 처음 접해볼 수 있었다. 발레 동료들 대부분은 온전히 예술에 몰입할 수 있는 상황에서 성장했고, 대체로 말을 배운 지 얼마 안 됐을 때부터 튀튀를 입었다. 나는 열일곱에 처음 여권을 손에 넣어봤지만, 동료들 대부분은 유럽에서 여름을 보냈다. 그들 가족에게는 주말 별장이 있었지만 난 사춘기 시절 일부를 허름한 모텔에서 지내야만 했다.

하지만 나는 또 다른, 훨씬 더 뿌리 깊은 방식에서 눈에 띄는 존재였다. 하얀 바다에 떠 있는 갈색 피부의 작은 소녀.

'유일한 사람'이라는 사실이 예전에는 나를 힘들게 하지 않았다. 버비, 파파와 함께 유대교 사원에 가거나, 브래들리의 가족사진을 내려다볼 때도, 혹은 샌디에이고에서 그들과 함께 휴가를 보내는 동안에도 나는 우리가 서로 얼마나 다르게 보이는지에 대해 거의 생각해본 적이 없었다. 하지만 그제야 깨달을 수 있었다. 내가 흑인이라는 사실이 적어도 브래들리 가족에게는 부정적으로 비치지 않았기에 나 역시 남들과 다르게 인식하지 않았다는 걸 말이다.

어떤 면에서 발레단은 군대와 비슷하다. 위계가 분명하고 엄격하며 체력적으로 사력을 다해 고된 시간을 견뎌야 한다.

대부분 발레단과 마찬가지로 아메리칸발레시어터 역시 그들이 육성하고자 하는 학생들을 길러내는 학교가 있다. 그 이후, 일종의 훈련 아카데미라고 할 수 있는 스튜디오 컴퍼니에서 가장 유망한 신예 무용수들을 길러낸다. 그 단계에서 일정 기간 활동하고 나면 대부분은 나처럼 발레단의 입단 제의를 받는다.

발레단은 대략 오십여 명의 단원으로 구성된 발레단의 코러스에 해당하는 코르 드 발레, 스타들로 이루어진 정상급 솔리스트soloist와 수석 무용수principal로 이루어져 있다. 정원이 정해져 있지는 않지만, 솔리스트가 대략 12명 선이고, 수석 무용수는 줄잡아 20명 정도 된다.

아메리칸발레시어터는 봄과 가을에 공연이 있다. 가을에는 연고지인 뉴욕에서 3~4주간 공연한다. 우리 무대는 카네기 홀에서 아주 가까운 뉴욕시티센터New York City Center에 올려졌으나 지금은 봄 공연의 주 무대인 메트로폴리탄 오페라 하우스 근처 링컨센터의 코크 극장Koch Theater에서 펼쳐진다. 봄 공연은 8주간 이어지고 이따금 겨울에는 브루클린 음악원Brooklyn Academy of Music에서 대략 4주간 「호두까기 인형」 공연을 펼친다.

공연 시즌은 고작 몇 주에 불과하지만, 우리는 일 년 내내 작품에 매달린다. 보통 리허설은 9월 중순에 시작되는데 미국 전역이든 해외든 빠르면 2주 후에 투어를 떠난다. 뉴욕에서 리허설을 하는 중에, 그리고 7월에 봄 공연 시즌이 끝나고 2주 동안은 거의 끊임없이 투어를 한다.

여름에 두어 달 휴가가 주어지긴 하지만, 모두 합쳐서 1년에 35주를 일한다. 물론 그 모든 주가 연속적으로 이어지는 건 아니다. 그중 18주간은 리허설을 하는 데 보내고 나머지 17주 동안은 무대에서 공연한다.

새 정기 시즌이 시작될 때까지 공연이 없는 오프 시즌이 있는데, 바로 이때 무용수들이 프리랜서로 활동하면서 새 시즌에 대비해 기술을 연마하고 더 강력진 상태로 발레단에 복귀하기 위해 다양한 시도를 펼친다.

무용수들의 신체를 관리하는 것은 엄청나게 힘든 일이다. 따라서 발레단은 시즌 레퍼토리 작업에 공을 들이는 몇 주 동안 매일 아침 무용수들의 몸을 풀어주기 위해 90분간 발레 수업을 진행한다. 그러고 난 뒤에 정오부터 7시까지 리허설을 한다. 대부분 3시에서 4시 사이에 점심시간이 있긴 하지만 항상 일정하지는 않다. 아메리칸발레시어터의 모든 고전 발레단에서 수업은 필수다. 이는 무용수 자신의 편의를 위한 목적도 있지만, 발레단 측에서 무용수들이 훈련을 잘 파악하고 있는지 관리하기 위한 목적이 크다. 그러나 수업을 들을 것인지 말 것인지는 순전히 스스로에게 달렸다. 발레단에는 대략 80여 명의 단원이 있다. 이처럼 많은 인원을 소화하기 위해 우리는 발레 바와 센터 워크로 나눠 수업을 진행한다. 수업은 스튜디오 1과 5에서 동시에 진행되기 때문에 특정 선생님과 훈련하기를 희망하거나, 혹은 컨디션이 안 좋은 동료를 피해 매일 나에게 더 맞는 수업을 선택할 수 있다. 보통 화요일부터 토요일까지는 발레단에서 연습하고 일요일과 월요일에만 쉰다.

실제 공연 시즌에는 일정이 더욱 빠듯하다. 우리는 오전 10시 반부터 밤 11시까지 극장에 있으면서 아침에는 수업을 듣고, 그 후 리허설과 공연을 한다. 그 스케줄이 월요일부터 토요일까지의 루틴이다.

오프 시즌에도 난 여전히 아침에 발레 수업을 듣는다. 운동과 필라테스도 거르지 않고, 일주일에 두 번 정도는 유산소 운동을 한다.

운동과 발레 수업 참여는 건강을 유지하기 위한 일이기도 하지만, 시즌 작품의 배역에 본인을 염두에 둘 수 있도록 자신의 기량과 기술을 보여줄 수 있는 기회이기도 하다는 점에서 상당히 중요하다. 코르 드 발레의 일원으로 수업이나 무대에서 그룹으로 활동하는 동안에는 눈에 띄어야만 주역으로 발탁이 될 수 있다. 아메리칸발레시어터 내에서는 작품의 배역을 놓고 따로 오디션을 진행하지 않는다. 선발 심사에 가장 가까운 것은 안무가가 새로운 발레를 창작할 때만 일어난다. 당신과 아마도 24명의 다른 무용수들이 안무가의 눈에 띄어 선발된다면 모두가 안무가를 도와 작품을 창작하는 데 일조한다. 당신과 다른 무용수들이 같은 동작을 배우더라도 안무가는 누가 안무의 전개 과정에서 가장 잘 맞춰 수행하는지를 결정할 수 있다. 물론 당신은 동작을 빠르게 파악하여 안무가가 변화를 주고자 하는 모든 움직임에 잘 적응할 수 있다는 걸 보여주고 싶을 것이다.

하지만 일반적으로 주역을 맡는 방법은 덜 명확할뿐더러 대부분은 당신이 통제할 수 없는 영역에 있다. 케빈은 수업과 무대에서 조용히 당신을 지켜볼 것이다. 그러고 난 다음에 당신에게 기회를 줄 것인지 말 것인지를 결정할 것이다. 솔리스트와 수석 무용수는 일 년에 두 번 모든 무용수와 케빈, 그리고 조감독이 참석한 필수 평가 회의 자리에서 일반적으로 자신들이 일 년간 춤을 추게 될 배역이나 향후 공연에 대비한 훈련 내용을 듣게 된다. 그 이후, 각자 자신의 역할을 익히고 완성하기 위한 매우 꾸준하고도 엄격한 리허설 일정을 받는다.

수석 무용수나 솔리스트가 되어 발레단 내에서 최고의 위치에 도달하는 과정 역시 마찬가지로 주관적이다. 당신이 그 모든 과정을 거치는 동안 약간은 비밀스럽다는 인상을 받게 될 수도 있다는 점 역시 인정할 수밖에 없을 것 같다. 유럽의 일부 발레단은 승급을 목적으로 연례 오디션을 개최하기도 하지만 아메리칸발레시어터 내의 무용수는 오랜 시간 동안 단순히 관찰된다. 그러다가 어느 날 문득 누군가 어깨를 두드리거나, 긴급한 전화를 받거나, 혹은 당신이 승급했다는 소식을 들을 수 있는 케빈의 사무실로 오라는 손짓을 받는 행운아가 될 수도 있는 것이다.

이제 막 솔리스트나 수석 무용수를 향한 본격적인 여정에 올랐을 때였다. 나의 첫 일 년 계약서의 잉크가 채 마르기도 전이었다. 다른 안무가들과 발레단이 나를 막 주목하기 시작했을 무렵이었고. 그때 입단 초기의 허니문 기간이 갑자기 끝나버렸다.

나는 첫해 오프 시즌 중 할 수 있는 모든 걸 쏟아부었고, 여러 제안을 받고서 으쓱해지기도 했었고, 내 기술을 갈고닦을 모든 기회를 갈구했다.

간혹 리허설이 늦게 시작되어 밤늦도록 계속되기도 했다. 그 늦은 저녁 어느 날, 나는 링컨센터 복합문화공간에 자리한 줄리아드 건물에서 안무가와 함께 작품에 열중하고 있었다. 현대 작품이라 몸이 자꾸만 익숙하지 않은 방향으로 움직였던 기억이 난다.

갑자기 허리에서 극심한 통증이 느껴졌다.

어리석게도 난 지난 몇 주간 그 고통을 참아가며 춤을 추었고, 결국 통증을 견디다 못해 병원에 가서 MRI를 찍었다.

아래쪽 허리뼈에 발생한 피로 골절이 원인이었다. 그 질환은 서서히 시간이 지남에 따라 허리뼈를 부러뜨릴 수도 있는데 일반적으로 감지하기 훨씬 더 힘든 부상이었다. 당신이 그것을 알아차렸을 때는 부상이 이미 1년 이상 축적되어온 상태다. 골절이 발생하자마자 발견된 건 매우 이례적인 일이었다.

그때까지는 한 번도 다친 적이 없었지만 그건 그저 운이 좋았던 것뿐이었다. 부상은 발레계에서 매우 흔한 일이다. 우리는 끊임없이 춤을 추고, 추고, 또 추기 때문이다. 매일 누군가는 피로 골절, 근육 염좌, 목 경련으로 고통받는다. 아메리칸발레시어터처럼 규모가 큰 발레단에서는 누군가가 하차할 수밖에 없는 상황이 발생하면 그 역할을 대신 맡을 수 있는 재능 있는 무용수가 많아서 그나마 다행이긴 하다.

하지만 부상은 육체적인 고통만큼이나 정신적인 고통을 안길 수도 있다. 어느 날 당신은 무대에 서고 스타가 된다. 그러나 그 다음 날 부상으로 공연에 빠지고 다른 사람이 당신의 역할을 맡아 춤을 춘다. 그리고 당신은 잊힌다.

내가 다쳤을 때는 오프 시즌이었다. 물론 발레단이야 다음 시즌 준비에 한창이긴 했겠지만. 케빈 매켄지에게서 전화가 걸려 왔다. 뜻밖이었다.

그는 내가 발레단에 와서 바로 리허설을 시작하길 원했다. 「호두까기 인형」의 주인공인 클라라 역을 맡아달라고 했다.

그건 마치 고향에 돌아가는 것과 같은 일이었다. 난 데비 앨런의 「초콜릿 호두까기 인형」에서 클레어 연기로 주목받았고, 그 작품을 등에 업고 '신동'이라는 명성을 얻기까지 했다. 물론 내가 사랑했던 역할이기도 했다. 케빈에게 당장 리허설에 참석하겠다고 말했다.

그러나 극심한 허리뼈 골절로 끝내 작품에서 하차하고 배역을 포기할 수밖에 없었다.

내가 허리 골절을 치료하고 회복하는 데에는 오랜 시간이 걸릴 것이다. 6개월 동안 하루 23시간 내내 허리 보호대를 착용해야 할 테고, 목욕할 때를 제외하면 보호대를 착용하고 모든 생활을 해야 할 것이다. 그러고도 재활에 6개월이 더 소요될 것이다.

결국 나는 스튜디오 컴퍼니로 시작해서 군무 발레리나로 졸업했다. 그리고 다시 계약을 체결했다. 그렇지만 처음 한 해에는 제대로 춤을 출 수 없을 것이다. 12개월 후 아메리칸발레시어터의 무대로 다시 돌아왔을 때는 몸이 더 무거워지고, 나이는 더 들어 있고, 글라나 역을 맡아달라는 요청을 다시는 받지 못할 것이다.

하지만 그 당시에는 전혀 몰랐다. 그때만 해도 발레계는 나에게 여전히 생소했기 때문에 더없이 행복하게도 그 모든 것이 위태로운 상황인지조차 인지하지 못했다. 그만큼 생소했기에 지금은 너무 자주 느끼는 심리적 스트레스에서 아주 잠깐 나를 벗어나게 해준 것이 아니었을까 생각해보기도 한다. 그저 너무 순진해서 다시는 기회를 얻지 못할까 봐 전전긍긍하지도 않았고, 치료에 몰두하며 미래에 대한 기대감에 들떠 다른 무용수가 나를 비추던 스포트라이트를 대신 받는 현실에 초조해하지도 않았다.

이건 그냥 거쳐 가는 과정일 뿐이야. 돌아가면 바로 이어서 시작할 수 있을 거야. 나는 혼자 중얼거렸다.

무용수의 몸은 음악을 만드는 악기이자 동시에 마법을 짜는 베틀이다. 그러나 우리는 자연스러운 상태라면 절대 하지 않을 움직임으로 우리 몸을 이끈다. 우리는 몸을 날게 하고, 발끝으로 춤추게 하고, 데르비시dervish❖처럼 무대를 빙빙 돌면서 휘젓고 다니게 한다. 우리는 엄청난 중압감을 받는다. 그리고 가끔은 발을 헛디딘다. 혹은 넘어지거나.

❖ 이슬람의 신비주의 종파인 수피즘의 수행 방식인 수피 댄스로 몸을 빙글빙글 돌려 끊임없이 회전하면서 신과의 일체를 경험한다고 한다.

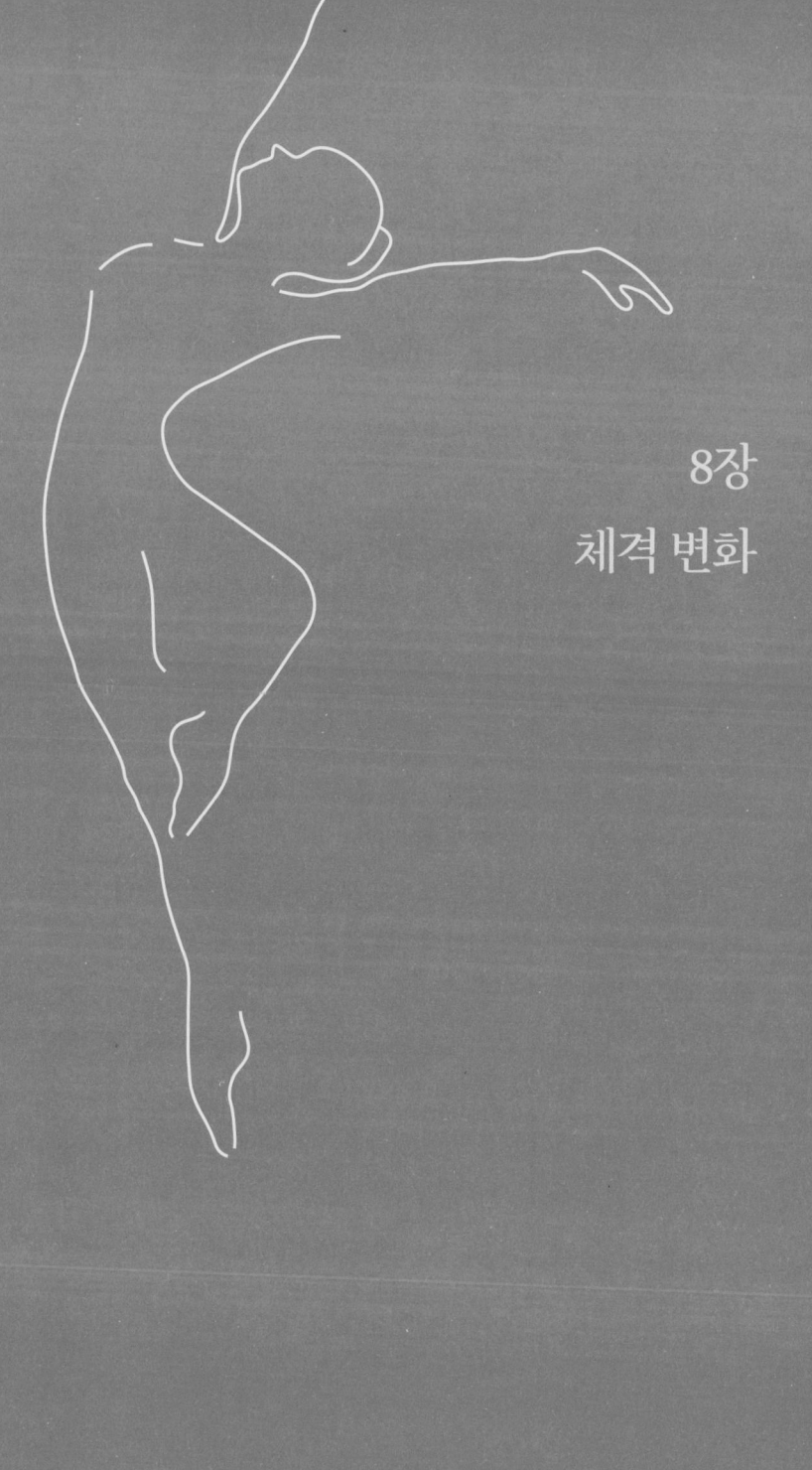

8장
체격 변화

튀튀를 입고 토슈즈를 신고 있는 발레리나의 모습을 머릿속에 그려보라. 그녀는 어떻게 생겼는가?

대부분은 팔다리가 연약한 요정의 모습이라고 말할 것이다. 그녀는 아마 금발 머리와 상아색 피부를 갖고 있으며, 연분홍색 튤을 입고서 빙빙 돌고 있을 것이다.

그런데 여기에 내가 있다. 풍만한 가슴에 근육질의 팔다리, 그리고 골반까지 아름답게 굴곡진 몸을 지닌 발레리나가.❋

사실, 내 몸은 거의 모든 면에서 춤을 추기 위해 만들어졌다.

❋ 저자 미스티 코플랜드는 발레계의 일반적인 체격과 달라서 비판을 많이 받았다. 그 체격 때문에 몇몇 대중에게 놀림을 받았으나 이를 극복하고 유명한 발레리나가 되었다.

내 유연한 팔다리는 영원히 고무줄처럼 늘어날 것만 같다. 긴 목과 작은 머리는 말할 것도 없고, 내 무릎은 똑바로 서 있을 때조차 뒤로 휘어진다. 많은 발레리나가 그 특이한 무릎을 동경의 눈빛으로 바라보면서 내 무릎선을 따라 하려고 한다. 하지만 난 원래 이렇게 태어났다.

당신은 내가 날 수 있다는 걸 몰랐을 거다. 난 공중으로 높이 뛰어올라 가볍고 부드럽게 착지하기 전, 아주 잠시 떠 있을 수 있다. 이것이 바로 발롱ballon❖으로 알려진, 발레의 우아함을 이뤄내는 동작이다. 내 강한 몸은 무대와 스튜디오 바닥에서 몇 시간이고 쥬떼jeté와 푸에떼, 도약과 회전을 수행할 수 있다.

하지만 발레는 단지 능력이나 힘에 관한 것이 아니다. 당신도 그 부분을 봐야 한다.

그건 더 이상 사실이 아니었다. 이제는 2014년이니까, 이 세계와 고전 발레에서 인종차별이 여전히 현재진행형임을 이해하는 건 매우 중요하다. 나는 어린 소녀로 상당히 보호받았지만, 실은 행운아 중의 한 명이었다. 행운은 나를 구해주고, 여기까지 오게 해준 많은 것 중 하나다. 나의 자신감은 발레계를 물들인 편견에 대한 순진함에서 비롯되었다. 성인이 되고 나서 보니 씁쓸하긴 해도 순진함이야말로 축복이었다는 생각이 든다. 이제 소년 같은 몸매의 발레리나들과 코러스 라인chorus line❖❖에 함께 서면 내 몸이 도드라져 보일 때가 왔다.

난 어린 시절 대부분 운이 좋았다고 생각한다. 치토스든 버거

❖ 무용수에게 부력(浮力)이 있는 듯 보이게 만드는 우아하고 가벼운 동작
❖❖ 무대에서 주연급과 코러스를 구분하는 선

든 원하는 건 뭐든 먹을 수 있었고, 아무거나 내 손에 잡히는 통조림이나 정크 푸드로 배를 채웠다. 처음 무용을 배우기 시작했을 때만 해도 발레리나가 성장해가는 과정에서 발레리나의 몸을 만드는 데 필요한 것이 무엇인지 전혀 몰랐다. 신디는 확실히 나의 미각을 확장해주었다. 하지만 내가 즐겨 먹었던 새우 스캠피를 곁들인 파스타는 내 몸을 날씬하게 해줄 다이어트식과는 거리가 멀었다. 게다가 로리젠발레센터와 샌프란시스코발레단에서 내가 받은 보살핌과 지도는 식단보다는 기술에 집중되었다.

현실은 내가 그랑 쥬떼를 수행하면서 딱 공중에 떠 있는 것처럼 보이는 능력을 얻었을 때, 내 몸도 사춘기라는 시간에 영원히 갇혀버렸다는 것이다. 열아홉 살 때 내 몸무게는 45kg도 채 나가지 않았고 심지어 초경도 없었다.

결국 난 몸을 회복하기 위해 산페드로에 있는 집으로 돌아갔다. 내가 기억하는 한, 그 어느 때보다 즐거운 시간이었던 것 같다. 엄마는 내가 집에 돌아오자 매우 기뻐하셨고 나를 애지중지 보살폈다. 솔직히 아주 어렸을 때 말고는 그랬던 적이 없었다. 캔틴 부부도 나를 돌봐주러 왔고 살뜰히 챙겨주셨다. 나는 그간 고등학교 때 하지 못했던 일들을 하기 시작했다. 발레에 너무 집중해서였거나, 아니면 단순히 부끄러워서 시도해보지 못했던 그런 일들 말이다.

그래서 운전면허증을 땄다. 신디의 학교에서 처음 만나 친해진 카타리나와도 줄곧 노닥거리며 신나게 놀았다. 우리는 해변의 파티에 가서 모닥불 주위에 둘러앉아 밤늦게까지 도란도란 재미있게 이야기를 나누고 농담을 주고받으면서 모처럼 크게 웃었다. 또한 레일라와 그녀의 가족과 함께 난생 처음 크루즈를 타고 멕시코와 자메이카를 여행했다.

즐거운 시간은 내가 회복을 위해 쏟아부은 엄청난 노력으로 상쇄되었다. 나는 힘과 체력을 강화하기 위해 필라테스와 오래전 발레 선생님이셨던 다이앤의 수업을 들었다. 아메리칸발레시어터와는 계속 연락을 주고받았고, 케빈과 나머지 스태프들 모두 지원을 아끼지 않았다. 가끔은 뉴욕에 돌아가 물리 치료를 받았다. 케빈은 내가 시간을 들여 치료받고 완전히 회복되면 반갑게 나를 맞아줄 것이라고 했다.

코르 드 발레로서 2년 차에 접어들었을 무렵 나는 그 어느 때보다 무대로 돌아갈 준비가 되어 있었고, 새로운 계약을 맺고 뉴욕으로 돌아갔다. 다시 춤을 출 수 있기를 간절히 바랐다.

하지만 난 더 이상 아메리칸발레시어터가 기억하고 있던 발레리나가 아니었다.

아직 회복에 힘쓰고 있었던 어느 날 뉴욕에서 정기 건강 검진을 받았다. 그 당시 내 주치의는 내 뼈의 강도는 말할 것도 없고, 아직 초경이 없다는 사실이 상당히 우려된다고 말했다. 그는 내가 성적으로 왕성하지는 않더라도 초경을 촉진할 필요가 있다고 판단했고 내게 피임약을 처방했다.

사춘기를 맞이하는 가장 부자연스러운 방법이었을 것이다. 내 몸은 부득불 성장을 강요받았다. 그리고 성장했다. 몇 주 지나지 않아 초경이 시작되었고, 이후 몸무게가 4kg 넘게 불어났다. 거의 브래지어를 채우지 않아도 될 만큼 납작했던 내 가슴이 갑자기 놀라우리만치 풍만해졌다. 거울을 보다가 소스라치게 놀랄 정도로 너무 낯설었고 불편할 정도로 무거운 느낌이 들었다.

뉴욕에 돌아왔을 때 내 몸은 완전히 달라져 있었다. 월경 중이었고, 몸은 더 무거워졌고, 가슴은 훨씬 더 풍만해졌다. 그건 바로 성인 여성의 몸이었다. 도통 적응이 되지 않았다. 깨달음을 얻기까지 그리 긴 시간이 필요하지는 않았다. 아메리칸발레시어터 역시 어린 소녀, 그러니까 예전의 나를 찾고 있었다.

코르 드 발레는 한 작품에서 최대 3가지의 배역을 맡기 위해 다른 소녀들과 의상을 계속 돌려가며 입는다. 그 이유는 발레단이 무용수 개개인의 몸에 맞춰 일일이 의상을 제작할 시간도 없거니와 재정적으로도 그 여력이 충분하지 않아서다.

처음 뉴욕에 돌아왔을 때 난 「지젤」과 「백조의 호수」에서 공연하기로 되어 있었다. 그러나 소년 같은 몸매를 지닌 무용수들에게서 물려받은 의상은 하나같이 가슴이 조였다. 결국 의상 담당 스태프가 옷을 내 몸에 맞추기 위해 여기저기를 늘려야만 했다. 난 당혹감에 절절매며 어쩔 줄을 몰랐고, 자신감이 썰물처럼 온몸에서 빠져나가는 걸 느꼈다.

자구책으로 의상 안에 받쳐 입을 적당한 브래지어를 찾아다녔다. 가슴을 잘 받쳐주면서도 도드라져 보이지 않고, 춤을 추는 동안에는 움직임과 호흡에 지장을 주지 않는 속옷이 필요했다.

결국에는 아메리칸발레시어터 직원이 나를 불러 살을 빼야 한다고 말했다. 그렇다고 대놓고 말한 건 아니었지만. 이미 충분히 마른 여성들에게 더 살을 빼라고 직접적으로 말하면 법적인 문제를 불러올 수도 있으므로 발레계에서 흔히 통용되는 좀 더 공손한 단어가 있다. 바로 '늘이기Lengthening'다.

"미스티, 길이를 늘여야만 해." 한 스태프가 말했다. "너의 고전적인 선을 잃지 않을 만큼만 아주 조금." 나는 157.5cm에 45kg이 조금 넘는 체구였다. 그들은 내가 식단을 조절할 수 있도록 영양사의 도움을 받아보라고 권유했다. 하지만 발레단이 직접 비용을 부담해주는 게 아니라서 그야말로 궁지에 몰린 신세가 되었다. 그렇지 않아도 물가가 비싸기로 유명한 뉴욕에서 군무 발레리나의 급여(주당 679달러)로 어떻게든 살아남으려고 허리띠를 졸라매던 중이었는데, 이제는 체중 감량을 도와줄 전문가마저 고용해야 하는 부담까지 떠안게 된 것이었다.

게다가 고된 훈련을 견디려면 체력도 받쳐줘야 하고, 그만큼 기운이 필요한 상황인지라 자칫 기력을 고갈시킬 수 있는 엄격한 다이어트를 지속할 수도 없는 노릇이었다.

발레, 성숙, 운전면허처럼 내 인생에서 뒤늦게 찾아온 많은 것들과 함께 젊은 사람이라면 대부분 고등학교 시절에 이미 경험했을 또 다른 감정이 밀려들기 시작했다.

반항심이었다.

내가 누군지나 알고 얘기하는 거야? 스트레스가 많은 기나긴 하루를 보내고 나면 난 혼자 중얼거리곤 했다. 나는 재능이 많아. 왜 내가 말라야 해?

내 비상 대책은 모든 사람보다 춤을 더 잘 추는 것이었고, 기술적으로 완벽하고, 믿을 수 없을 정도로 서정적이어서 누구나 내 재능을 바라볼 수 있도록 하는 것이었다. 내 가슴이나 굴곡진 몸이 아니라.

리허설을 할 때면 '끝까지 해내고 집중'하고, '끝까지 해내고 집중'하고를 끊임없이 반복하면서 매일 지친 상태로 집에 돌아왔다.

마음속으로는 비상 대책이 이번만큼은 성공하지 못하리라는 걸 알고 있었다. 그냥 내 몸이 정상적이지 않았다. 내가 좋아하는 고전적인 배역을 맡기에는, 아니면 아메리칸발레시어터처럼 권위 있는 발레단에 있기에는 내 체형이 그냥 안 어울렸다. 그 깨달음은 뼈아팠다. 그리고 내가 가장 감정적이었던 순간은 보통 밤에 집에 혼자 있을 때 찾아왔다.

발레계에 섭식 장애가 만연해 있으리라 가정하는 사람들이 많은 것 같다.

무엇보다도 겉으로 드러나는 모습, 즉 몸의 움직임과 외모에서 풍기는 미학적 특성이 가장 중요한 직업의 세계에서 무용수들은 당연히 자신의 체중에 대해 많은 생각을 할 것이다. 때로는 그들의 식습관이 건강에 좋지 않을 때도 있다. 특히 아메리칸발레시어터처럼 스트레스가 많고 위상이 높은 회사에 입사한 젊은 이들일수록 방향을 잃고 표류하거나 소속감을 느끼기 어려운 경우가 더 많다. 그리고 안정을 찾는 과정에서 당신은 자신이 통제할 수 있다고 믿는 몇 안 되는 것—당신의 몸—을 바꾸고 싶은 유혹에 흔들릴 수 있다.

그러나 세간의 근거 없는 믿음과는 달리 발레단에서는 직원들이 무용수들의 체중을 일일이 측정하는 일도 없거니와 살을 빼라며 엄중한 경고를 날리지도 않는다. 솔직히 아메리칸발레시어터와 13년간 함께 해오면서 거식증과 같은 섭식 장애로 고통받았다고 토로한 무용수를 거의 본 적이 없다. 섭식 장애에 대해 자주 논의하지는 않았지만 우리는 어느 정도는 들어 알고 있다. 소수 몇 명을 제외하면 내가 그러한 질병을 접하게 된 경우는 어떤 인생 영화에 나오는 주인공의 고통스러운 이야기를 봤을 때나 거식증과 약물 남용으로 어려움을 겪고 있다고 스스로 인정한 프리마 발레리나 젤시 커클랜드의 회고록을 읽었을 때가 다였다.

여느 때와 마찬가지로 지지를 얻고 의견을 구하기 위해 나는 레일라에게 의지했다. 그 첫 번째 '뚱뚱이 회의' 이후, 난 마음에 깊은 상처를 받고 방황하고 있었다. 내가 계속 눈물을 쏟아내자 레일라는 내가 어떻게 느끼든 상관없이 뚱뚱하지 않다고 딱 잘라서 말했다. 그러더니 혈기 왕성한 젊은 여자답게 내 기운을 북돋워주려고 클럽에 가자고 했다. 그 순간 난 춤으로 내 걱정을 날려버리는 것 말고는 아무것도 필요하지 않다고 느꼈다.

우리는 '베드'라는 이름의 새로 유행하는 클럽에 가서 호화로운 매트리스 위에 느긋하게 앉아서 한가롭게 사람들과 어울렸다. 여러 사람이 오고 갔고, 우리에게 자기를 소개하면서 가벼운 대화를 끌어냈다. 한 젊은이가 레일라와 나 사이에 앉더니 우리가 각자 무슨 일을 하는지 물었다. 내 대답은 언제나처럼 어렵지 않게 튀어나왔다. "저는 발레리나예요."

남자가 나를 이상한 눈길로 쳐다보았다. "설마." 그가 말했다. "당신은 발레리나일 리가 없어요. 발레리나가 낭신처럼 사이즈가 클 리도 없고. 발레리나들은 다 빼빼 말랐다고요."

내 기분이 거의 바닥을 찍기 시작했다.

그나마 억지로 굶거나 먹은 것을 다 토해낼 생각을 한 적이 없어서 다행이라면 다행이랄까. 하지만 돌이켜보면 나는 잠시 다른 형태의 장애를 앓았던 것 같다. 그때부터 감정적 과식에 몰두하기 시작했다.

내가 뚱뚱하다는 생각은 나를 괴롭히는 반복적인 패턴의 정신적 루프(고리)를 형성했고, 심지어 모두가 그것을 볼 수 있을 거라는 피해망상에도 시달렸다. 마치 도깨비집 거울을 들여다보고 있는 듯 마음속에 비친 내 모습은 한없이 일그러져 있었다.

케이크나 핫도그처럼 살찌는 음식이 너무 당겨도 막상 식당에 가면 부끄러운 마음에 푸짐한 식사를 주문할 수가 없었다.

난 저거야. 혼자 속으로 되뇌었나. 내가 계산대에 가서 햄버거 두 개에 감자튀김까지 주문하면 어떻게 보일까?

그래서 다시 한번 대안을 생각해냈다. 내가 사는 곳에서 그리 멀지 않은 어퍼웨스트사이드에는 도넛 회사인 크리스피크림이 있었다. 그들은 대량 주문 시에만 배달해주었기 때문에 난 전화를 걸어 회사에서 하듯 도넛 24개를 주문했다.

그런 다음, 거의 모든 끈적끈적한 페이스트리를 한 번에 해치웠다.

나의 폭식은 온갖 종류의 감정을 촉발했다. 처음에는 위로를 받았지만, 얼마 안 가서 살을 빼야 한다는 그다지 미묘하지 않은 간청을 싹 다 무시하고는 꾸역꾸역 배를 채우고 있는 내 모습에 격렬하게 저항했다. 그들은 내가 체중을 감량하기를 원하고 있어. 그러다가도 설탕을 잔뜩 입힌 도넛을 한 입 베어 물고는 또 생각나는 대로 내뱉었다. 난 내가 먹고 싶은 건 다 먹을 거야!

그러나 아침이 되면 형편없는 기분에 사로잡혔다. 위장이 꽉 조였고, 죄책감으로 온몸이 뒤틀렸다. 그리고 나서는 스튜디오에 가서 거울에 비친 나의 부은 몸을 바라봐야만 했다. 나 자신을 응시하면서 난 내 눈에 비친 그 모습을 끔찍이도 미워했다. 전날 밤에 한 일이 생각나서 부끄러웠다.

그런데도 집에 가서는 똑같은 패턴을 다시 되풀이했다.

계속 춤을 추고 꾸준히 운동하다 보니 살은 찌지 않았지만 그렇다고 빠지지도 않았다. 몇 달에 한 번씩은 직원들이 나를 불러 부드럽게 재촉했다.

"우리는 너를 믿어, 미스티." 그들은 말한다. "네가 가진 재능을 계속 펼치게 하고 싶어. 하지만 네 몸의 선이 예전처럼 가늘고 고전적이지 않아. 우리는 네가 그 선을 되찾은 모습을 보고 싶어."

나는 체질상 몸에 근육이 잘 붙는다는 걸 알게 되었다. 그래서 근육의 크기가 커지지 않도록 조심해야만 했다. 유산소 운동을 하더라도 저항 운동, 즉 근육 강화 운동은 자제해야 한다는 것도 알게 되었다.

차츰 균형을 잡아나갔다. 그렇지만 결코 모든 게 한순간에 이루어진 건 아니다. 사실 내 몸에 무엇이 효과가 있고, 무엇이 효과가 없는지를 이해하는 데만 족히 5년은 걸렸던 것 같다. 나는 코어에 힘을 기르기 위해 꾸준히 필라테스를 했다. 그리고 내가 예상했던 것보다 살을 더 찌우는 원인 중 60~70%가 식단이라는 사실을 알게 된 다음부터는 식단이 운동이나 춤보다 더 큰 역할을 한다는 걸 깨달았다. 그래서 결국 식습관을 바꾸기로 했다.

이제는 소금, 하얀 설탕, 밀가루는 멀리하려고 노력한다. 감자 칩이나 한때 나의 사랑을 듬뿍 받았던 도넛처럼 영양가는 없고 열량만 높은 음식도 먹지 않는다. 일정이 워낙 바쁘고 불규칙할 수 있어서 식사 시간을 일정한 시간으로 제한할 수는 없지만, 특정 배역에 전념하는 동안에는 술은 절대 입에 대지 않았다. 그리고 약 4년 전부터 소고기, 돼지고기, 닭고기 섭취를 중단했다. 엄격하게 해산물로 식단을 바꾸자 신체적으로 엄청난 변화가 나타났다.

모든 공연마다 최선을 다하려면 반드시 최상의 컨디션을 유지해야 했다. 나는 차츰 내 악기인 몸을 소중히 다루고, 그것을 받아들이는 법을 알게 되었다.

무용수로서 내 삶은 무대에서 공연하는 것이다. 춤을 출 수 없으면 난 길을 잃고 방황한다. 그래서 난 내 몸이 감당할 수 있는 수준을 벗어나지 않으면서도 탁월하게 잘 해낼 수 있도록 균형을 찾아야 했다. 시간이 허락할 때까지 쉬지 않고 연습하고 싶은 유혹도 있었지만, 내 악기에 너무나 무리한 압력을 가한다면 춤을 출 수 있는 능력마저 완전히 없애버릴 수 있다는 걸 알고 있었다.

또한 나 자신이 내 몸보다 더 큰 존재임을 일깨우게 하면서 나를 버티게 해준 아픈 기억도 있다.

열여섯 살이나 열일곱 살 무렵이었던 것 같다. 언젠가 변호사가 될 똑똑한 오빠 크리스와 논쟁이 붙었다.

"그나저나 네가 뭘 알아?" 오빠가 나에게 목소리를 높였다. "무용수들은 멍청해. 머리는 제쳐두고 몸밖에 쓸 줄 모르잖아."

크리스의 말은 따끔했다. 사실 어찌나 아리던지 아무런 대꾸조차 할 수 없었다. 난 오빠가 그런 생각을 하는 유일한 사람도 아니고, 무용수가 되는 데 필요한 모든 자질을 절대 이해하지 못할 수많은 사람 중 한 명에 지나지 않는다는 것 역시 알고 있었다. 어떻게 우리가 그토록 많은 부분—두뇌, 감정, 그리고 몸—을 통합하여 그 모든 수를 감추고 오로지 관객들이 볼 수 있는 황홀한 매혹만을 남길 수 있는지를.

크리스의 말은 지금까지도 내 귀를 맴돈다. 그래서일까? 난 항상 증명하려고 노력하는 것 같다. 무대 위에서 공연할 때나 춤을 잘 모르는 사람들과 인터뷰를 할 때든 이 예술 형식이 얼마나 강렬하고 다차원적이며 독창적인지, 그리고 얼마나 많은 생각과 애정이 필요한 것인지를.

내 몸에는 가슴도 있었고, 근육도 있었다. 하지만 여전히 발레리나였다. 그래서 나는 더 여성스러운 가슴과 더 근육질인 체격을 지닌 다른 무용수들을 주목하기 시작했다. 아메리칸발레시어터는 내가 쏟아부은 노력과 열정적인 춤을 지켜보면서 결국 길이를 늘이라는 요청을 그만두었다. 그들은 나와 같은 방식으로 상황을 인식하게 되었고, 내 몸의 곡선이 무용수가 되기 위해 반드시 포기해야만 하는 그 무언가가 아닌 내 모습의 일부라는 사실을 이해하게 되었다.

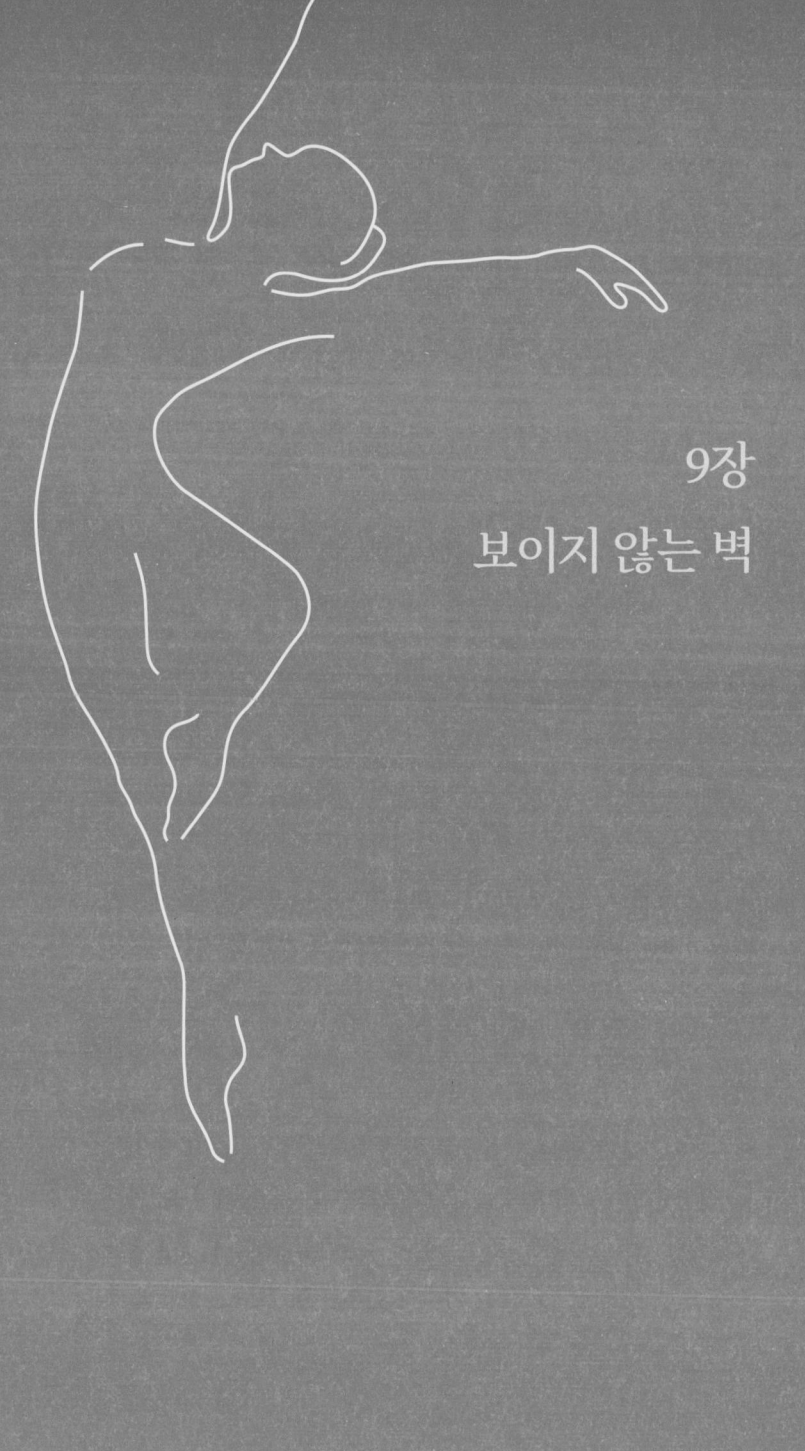

9장

보이지 않는 벽

발레 무대에서는 이목을 끄는 것이 무엇보다 중요할 때가 있다. 당신의 움직임에 음악성을 부여하고 관객들이 그 모든 움직임을 실질적인 동작이 아닌 오롯이 마법으로 바라볼 수 있도록 매료시키는 능력이야말로 진정으로 당신을 스타로 만들어주는 요소이다.

그러나 어떨 때는 당신이 조화를 이루는 것이 무엇보다 중요한 순간이 있다. 발레단은 당신의 다리 길이, 목의 처진 정도, 그리고 그 비율이 동료 무용수들의 비율과 어떻게 일치하는지를 근거로 당신의 선발 여부를 결정할 것이다. 나조차도 무대 아래 청중석에 앉아 머리가 유난히 작은 무용수를 보면서 내심 어딘지 모르게 어색하고 조화를 이루지 못하는 것 같다고 생각한 적이 있었다.

차이콥스키의 「백조의 호수Swan Lake」에서 유명한 안무인 '작은 백조들의 춤Danse des Petits Cygnes'에서 4명의 무용수는—또는 '새'는—서로 그다음 무용수의 손을 잡고 팔이 뒤엉킨 상태로 인간 사슬을 형성한다. 이어서 일제히 움직여 '고양이의 스텝', 즉 빠 드 샤pas de chat를 16번 수행하면서 무대 위로 날아오르고, 다리를 구부리고, 양쪽 무릎을 넓게 벌리고, 발을 가능한 한 높이 들어 올리며 옆으로 뛴다.

그건 곡예에 가까운 묘기다. 각각의 무용수들은 저마다 우아함과 기교를 보여주는 동시에 각기 다른 세 명의 무용수와 연결되어 있어서 자칫 실수를 범할 수 있는 네 명의 서로 다른 사람이라기보디는 서로가 거울에 비친 모습처럼 똑같이 닮아 있다.

무용수들 간 대비가 너무 뚜렷하거나 다른 작은 백조들보다 몸통이 훨씬 길다면, 혹은 당신이 다른 무용수들보다 더 우뚝 솟아 있다면 일부 동시성을 놓치게 된다. 그러면 춤은 덜 완벽해 보이고 공연의 마법도 조금씩 사라진다.

모든 것이 이해가 갔다. 다행히도 나는 다른 군무 무용수들보다 현저히 크거나 작지 않았고, (결국 나를 만난 적이 없었던) 조지 발란신뿐만 아니라 아메리칸발레시어터의 감독인 케빈 매켄지 역시 내 비율이 이상적이라고 판단했다.

그러나 발레에서 갈색 백조를 위한 자리는 없다고 믿는 사람들이 있었다.

그 소곤거림과 대화는 서서히 이루어졌다. 어느 토요일, 890에 있는 우리 스튜디오에서 리허설 도중에 5분 정도 휴식을 취하고 있었는데 한 나이 든 남자가 나에게 다가왔다. 그날은 아메리칸발레시어터 후원자들과 기부자들이 스튜디오를 방문하여 우리의 리허설 모습을 참관할 수 있는 날이었다. "당신이 발레단에서 유일한 흑인 여성이라는 건 알고 있나요?" 그가 메마른 어투로 말했다. "당신은 수십 년 만에 처음으로 코르 드 발레보다 더 높은 위치에 오른 최초의 흑인이 될 수 있을 거예요." 정말이지 나쁜 뜻으로 한 말이 아니란 건 안다. 하지만 뜻밖이었다. 아메리칸발레시어터에 있는 어느 누구도 내 피부색에 관해 직접적으로 이야기한 적이 없었기에 조금은 당황스러웠다.

그 후 몇 주가 지나 우리는 봄 시즌 공연을 위해 메트로폴리탄 오페라 하우스로 장소를 옮겨 조만간 TV 방송에 나갈 「백조의 호수」리허설을 막 시작했다. 오프닝나이트opening night 때까지 다른 작은 백조들과 순조롭게 발을 맞추기로 하고 나는 내 빠드 샤 분량을 연습하느라 여념이 없었다. 점심시간에 카페테리아에 앉아 있었는데 한 친구가 내 앞으로 걸어왔다. 그녀의 모습이 어딘가 불편해 보였다.

"미스티, 방금 몇몇 스태프들이 하는 얘기를 들었어." 그녀가 말했다. "「백조의 호수」와 관련해서 네 이름이 거론되었어."

나는 혼란스러웠다. "뭐? 그들이 뭐라고 했는데?"

내 친구는 누군가 나의 갈색 피부 때문에, 특히 「백조의 호수」와 같은 발레 작품에는 어울리지 않는다고 말하는 얘길 들었다고 했다.

가슴이 철렁 내려앉았다. 도무지 이해할 수 없었다. 「백조의 호수」 촬영이 코앞으로 다가온 시점이라 더더욱 걱정되었다.

마침내 캐스팅이 확정되었고, 나는 2막에서 배제되었다. '하얀 막white act.'

무용계에는 '하얀 발레'라고 부르는 장르가 있다. 「백조의 호수」가 딱 그런 장르 중 하나고, 「라 바야데르」와 「지젤」도 그러한 장르에 속한다. 그 작품들의 2막은 일반적으로 흰옷을 입은 다른 캐릭터, 즉 동물이나 죽은 자의 영혼으로 무대가 가득 채워지기 때문에 군무 무용수들이나 심지어는 수석 무용수들까지 반드시 똑같이 보여야 한다고 생각하는 사람들이 많다.

재능이나 노력보다는 피부색으로 평가받는 상황이 좀처럼 받아들이기 힘들었다. 나는 로버트와 함께 살면서 가장 용납하기 힘든 형태의 극심한 편견을 보았고, 그가 내 여동생 린지를 헐뜯는 말들과 그의 가족이 내 가족에 대해 쏟아냈던 혐악한 말들도 익히 들었다. 하지만 난 그것을 보통의 상황에서는 잘 일어나지 않는 일탈 정도로만 여겼던 것 같다.

고향인 산페드로는 러시아, 일본, 멕시코 이민자들의 도착지였고 내 친구들과 이웃들 모두 인종적으로 다채로웠다. 게다가 내가 유대인 가족의 보호를 받으며 지냈던 몇 년 동안, 신디는 항상 부드러운 구릿빛 피부와 숱 많은 곱슬머리가 나를 훨씬 더 아름답게 만든다고 느끼게 했다.

그런데 갑자기 내가 흑인이라는 사실이 문제가 되었다.

내가 존경하는 멘토인 레이븐 윌킨슨Raven Wilkinson은 1950년대 몬테카를로발레단Ballet Russe de Monte Carlo에 입단할 당시 대형 발레단의 정식 단원이 된 최초의 미국 흑인이었다. 종종 그녀는 공연할 때마다 말 그대로 얼굴을 하얗게 칠해야 했다. 그런

데 반세기가 지난 지금도 나 역시 자주 비슷한 일을 겪었다.

처음에는 퍼포먼스의 일환으로 당연하게 생각했고 그다지 크게 신경 쓰지 않았다. 하얀 발레에서 모든 무용수는 몽환적이고 유령처럼 보이기 위해 얼굴에 하얀 분가루를 뒤집어썼다. 그러나 「실비아Sylvia」에서 염소를 연기할 때나 「지젤」에서 요정을 연기할 때조차 피부색을 밝게 하려고 다른 소녀가 사용하던 상앗빛 베이스 파운데이션을 얼굴과 팔에 겹쳐 발라서 피부를 완전히 다른 색으로 칠했던 때도 있었다.

그 모습은 다른 무용수들 사이에서 재미난 농담거리였다.

"넌 유일한 흑인이야, 미스티. 하지만 항상 하얀색이어야 하는 동물을 연기하고 있어." 내 코르 드 발레 동료 중 한 명이 키득거리며 말했다.

그때만 해도 별다른 생각 없이 같이 따라 웃곤 했는데 언제부터인가 공연할 때마다 필요 이상으로 화장을 한다는 게 썩 유쾌하지 않다는 생각이 들기 시작했다.

내가 솔리스트로 승급한 2007년, 《뉴욕타임스》의 일요일판에 기사가 하나 실렸다. 제목은 "검은 백조Black Swan는 모두 어디에 있는가?"였다.

미국 발레단에서 찾아보기 힘든 흑인 발레리나들에 관해 소개한 기사였다. 어떻게 타이 히메네스Tai Jimenez가 댄스시어터오브할렘의 첫 단원이 되었고, 주류 고전 발레단인 보스턴발레단

Boston Ballet에서 보금자리를 찾았는지, 그리고 어떻게 아메리칸 발레시어터와 뉴욕시티발레단이 그녀를 원하지 않는다고 말했었는지 이야기했다.

이 기사에는 레이븐 윌킨슨의 도전과 그녀가 품위 있게 차별에 맞서는 이야기도 담겼다. 또, 뉴욕시티발레단의 코르 드 발레에서 춤을 추었지만 더 오를 자리가 없을 것이라는 말을 듣고 미련 없이 새 출발을 한 멋진 발레리나 애샤 애쉬Aesha Ash의 사진도 실렸다. 그리고 앨빈에일리아메리칸댄스시어터에 합류하기 전, 아메리칸발레시어터와 뉴욕시티발레단에서 거절당했던 알리시아 그라프 맥Alicia Graf Mack의 사연도 소개되었다.

그때까지 6년간 나는 아메리칸발레시어터에 있었다. 그런데 그날 처음으로 발레단 내부에서 느꼈던 비통함과 외로움을 반영한 기사를 읽었다. 나는 내가 경험하고 있던 것을 이렇게 잘 나타낸 글을 읽어본 적이 없었다. 흑인 발레리나가 발레의 진정성과 낭만을 떨어뜨리고 발레를 덜 사실적으로 만든다고 하면서 우리를 보고 싶어 하지 않는 사람들이 많다는 것을 말이다.

그 이야기는 나에게 슬픔과 분노를 불러왔다. 그러나 또 한편으로는 내가 혼자가 아님을 분명하게 말해주고 있었다. 다른 사람들이 나보다 먼저, 때때로 훨씬 더 열악한 상황에서 등장했다. 레이븐 윌킨슨은 남부에서 춤을 추려고 시도하면서 미국 남부의 여러 주에서 결성된 백인 우월주의 비밀단체인 KKK(Ku Klux Klan)와 싸워야 했고, 결국 그들의 위협 때문에 발레단을 떠나야만 했다. 이 나라에서는 일자리를 구할 수 없었기에 네덜란드로 이주하여 네덜란드국립발레단에서 춤을 추었다. 그녀의 이야기,

혹은 그들의 모든 이야기는 내가 솔리스트가 되기 위해, 그리고 수석 무용수가 되기 위해, 더 나아가 내 꿈을 이루기 위해 더 치열하게 싸우고 싶게 만들었다.

기사가 나온 바로 그다음 날 월요일은 쉬는 날이었다. 하지만 화요일 아침에는 스튜디오에 나왔다.

첫 리허설을 하러 걸어가는데, 발레단에서 친한 여성 단원 한 명이 나를 향해 달려왔다.

"《뉴욕타임스》에 실린 '검은 백조들은 다 어디로 갔는가?'라는 바보 같은 기사 봤어?" 그녀는 호기심이라기보다는 힐난에 가까운 어조로 나에게 물었다. "도대체 뭐라는 거야? 그런 얼토당토않은 이야기를 떠들어대다니 말이야!"

나는 아무 말도 할 수 없었다. 완전히 무시당한 기분이 들었다. 그래서 더더욱 외로웠다. 정말 몰랐던 걸까? 친구였던 그녀마저 내 고충을 이해하지 못한다면 누가 날 이해해줄까? 그녀는 발레단의 다른 무용수들과 마찬가지로 나를 좋아해주는 동료였다. 그런데도 그녀가 이런 말을 아무런 거리낌 없이 내게 할 수 있다는 것 자체가 대부분의 발레 무용수가 인종 문제에 얼마나 무관심한지를 극명하게 보여주고 있었다.

나는 재빨리 몸을 돌렸다. 금세 눈물이 고였다. 눈물이 앞을 가로막는 통에 복도를 더듬거리며 걸어가야 했다. 그러다가 빈 작업실을 발견했고 얼른 안으로 들어가 문을 닫고 가슴이 찢어지는 듯이 울었다. 정말 가슴이 찢어지고 있었다.

아무도 이해하지 못했으니까. 나는 무용수가 되는 데 따르는 그 모든 고충과 감당할 수 없는 통증에도 완벽해 보여야 한다는 압박감은 물론, 남보다 뛰어나야 한다는 절박함에 몸을 부상 직전까지 몰아붙이는 것은 말할 것도 없고, 무용 교사들, 비평가들, 후원자들의 비난에 더해 사람들의 비아냥, 억지웃음, 그리고 인종 문제를 둘러싼 둔감함마저 감당해야만 했다. 나와 함께 무대에 올랐지만 내가 걸어온 길에 대해 아무것도 모르고 있었던 그 친구처럼 말이다. 아무도 이해하지 못했다. 아무도 신경 쓰지 않았다.

아메리칸발레시어터에는 내가 친해질 만한 다른 흑인 여자 무용수가 없었다. 나의 소중한 친구 레일라는 곧 코르 드 발레를 떠났기에 어쩔 수 없이 한 번에 한두 명씩 발레단에 들어오는 흑인 남자 무용수들과 어울리면서 잠시나마 밝게 지낼 수 있었다.

대니, 제리, 단테, 저마. 그들은 모두 잠시 머물다가 떠났다.

그다음에 에릭 언더우드가 있었다. 그는 나와 가장 강한 유대감을 형성한 동료였다.

에릭은 워싱턴 D.C.에서 나처럼 소득은 낮지만 다정한 가정에서 성장했다. 또 나처럼 뜻밖에 발견한 재미 때문에 발레에 이끌렸다. 아니면 운명이었을까?

에릭이 지역 예술 학교에 연기 오디션을 보러 갔을 때 그는 이미 14살이었다. 그는 폭력적이고 학업적으로 성취도가 낮은 동네 학교에 가는 것만큼은 피하고 싶었다고 말했다. 연기 테스트는 뜻대로 잘되지 않았다. 하지만 나가는 길에 여자아이들 몇 명이 무용 오디션을 준비하는 모습을 보면서 문득 자신도 해볼 만하다는 생각이 들었다고 한다.

에릭은 해냈고, 그게 다였다. 결국 에릭은 댄스시어터오브할렘과 아메리칸발레시어터에서 공연하게 되었고, 현재는 런던의 로열발레단에서 솔리스트로 활동하고 있다.

우리는 서로 붙어 다녔다. 자랄 때 듣던 음악도 똑같았다. 뉴에디션, 토니 브랙스턴, 머라이어 캐리. 우리에게는 고향에 있는 형제자매와 대화하던 언어로 속삭이는 우리만의 암호가 있었다. 남매가 따로 없었다. R&B와 힙합에 대한 애정을 공유하며 유대감을 형성했다. 금요일 밤에는 레드 랍스터Red Lobster✿나 BBQ에 가서 새우, 버거, 갈비를 마음껏 먹으면서 우리만의 '형제애'를 다졌다.

에릭에게는 바꿔 말해야 하거나 따로 설명할 필요가 없었다. 약간 무신경하거나, 혹은 인종 차별적으로 느껴지는 말을 들으면 우리끼리 눈빛을 교환하곤 했다. 안 좋은 어조, 상황에 맞지 않은 부적절한 말을 들은 누군가가 나 말고도 더 있다는 사실 하나만으로도 정말 위안이 되었다. 우리는 백합처럼 새하얀 세상에서 아프리카계 미국인이라는 이유로 겪는 이상한 순간을 이해하는 유일한 사람들이었다.

어느 날 에릭은 케빈 매켄지와 머리 길이에 대해 회의를 했다.

케빈의 사무실에서 돌아온 에릭이 내 어깨를 두드렸고 우리는 재빨리 함께 밖으로 걸어 나왔다.

✿ 미국 플로리다주 올랜도에 본사를 둔 미국식 해산물 전문 패밀리 레스토랑 브랜드

"나더러 머리를 기르래." 우리는 배꼽이 빠지도록 웃었다. 얼마나 웃었는지 눈물이 나오고 배가 아플 지경이었다.

에릭은 케빈에게 머리를 길러봐야 길어지지 않을 것이라는 걸 설명하기 위해 최선을 다했다고 했다. 오히려 머리카락은 '밖으로' 뻗어나갈 거라고. 우리는 그가 진짜 그렇게 하면 거대한 아프로헤어❖가 되리라는 걸 알고 있었기에 시원하게 웃어젖힌 것이었다. 18세기 발레 작품의 무대에서 짧은 머리를 하는 것이 더 적절했을까, 아니면 1970년대 댄스 프로그램 〈소울 트레인 Soul Train〉에서 춤추는 잭슨 5의 멤버처럼 보이는 것이 더 적절했을까?

우리는 그 모든 것을 유머의 소재로 삼을 수 있었다. 더 가혹한 현실은 우리가 끊임없이 오해받고 있다는 사실이었지만. 그건 정말 피곤한 일이다. 흑인인 우리는 발소리를 죽이고 주변을 살금살금 걸어가면서 때로는 단순한, 또 때로는 의도적인 모욕을 떨쳐버려야 한다. 그건 마치 우리 주변의 백인들이 죄책감이나 불편함을 느끼지 않게 하려고 추는 또 다른 춤과 같았다.

가끔은 내 친구이자 경쟁자였던 무용수들에게 둘러싸여 그 어느 때보다 더 깊은 외로움에 빠져들었다. 그러나 점차 내 인생에 일군의 여성들이 나타나기 시작했고, 그녀들은 어느 순간 너무 버거워서 도저히 감당하기 어려울 때 마음 놓고 기댈 수 있는 든든한 버팀목이 되어주었다. 내가 코르 드 발레에 입단한 이후 처음으로 진정한 멘토라고 생각했던 여성은 한때 발레 무용수로서 아메리칸발레시어터와도 여전히 인연이 깊은 배우 빅토리아

❖   1970년대에 유행한 흑인들의 둥근 곱슬머리 모양

로웰Victoria Rowell이었다.

　로웰은 어린 시절 위탁 가정에서 지내면서 어려움을 견뎌냈다. 그리고 성장하여 아메리칸발레시어터의 스튜디오 컴퍼니에서 춤을 추었고, 이후 모델 일과 연기로 활동 영역을 넓힌 인물이다. 수많은 TV 쇼와 영화에 출연했지만 아마도 연속극 〈더 영 앤 더 레스트리스The Young and Restless〉에서 극중 인물인 드루실라 바버Drusilla Barber 역으로 가장 잘 알려져 있을 것이다.

　아메리칸발레시어터는 할리우드에서 몇 차례 공연한 적이 있었다. 어느 날 밤 나는 스트레스와 피로에 절어 무대에서 내려오다가 메모판에 내 이름이 적힌 쪽지가 꽂혀 있는 걸 발견했다.

　"전화해주세요."라고 쓰인 쪽지에는 빅토리아 로웰의 서명이 있었다. 그 이름 밑에 그녀의 전화번호가 있었고. 물론 빅토리아 로웰이 누군지는 알고 있었다. 단지 그녀가 나에게 연락을 취하려 했다는 사실이 경이로울 뿐이었다.

　할리우드에서 공연할 때 나는 엄마의 아파트에서 한 시간 정도 떨어진 거리에 있었다. 하지만 여긴 여전히 내 가족들과는 거리가 먼 세상이었다. 그들이 노력했다는 걸 알고 있으면서도 어머니와 형제들이 내가 감내하고 있는 아주 특별한 압박감을 진정으로 이해할 수 없다고 믿었던 것 같다. 그때 난 뒤늦게 성장한 몸 때문에 불어난 체중과 씨름하면서 머릿속을 가득 채운 자기 회의를 잠재우려 고된 훈련을 계속하고 있었다. 나도 약간은 당황스러웠다. 이것은 내가 원했던 삶이었다. 아메리칸발레시어터에서 춤을 추고, 프로 발레리나가 되고, 뉴욕에서 사는 것. 난 그것을 좇기 위해 거의 집에서 도망칠 뻔했다. 이제 그것을 손에 넣었는데 어떻게 불평할 수가 있어? 그런 데다가 엄마는 그 어느 때보다도 나를 자랑스러워했고, 더 야단스러웠다. 그런 엄마에게 실망감을 안기고 싶지 않은 마음도 컸다.

그래서 나는 빅토리아의 요청을 흔쾌히 받아들였다. 내가 전화를 걸자 그녀가 나를 집으로 초대했고, 차를 보내 할리우드 힐스에 있는 그녀의 아름다운 집까지 데려다주었다. 빅토리아의 아이들은 이미 잠들어 있었던 것 같다. 하지만 빅토리아와 나는 거의 밤새도록 말을 이어나갔다.

내 눈앞에 아름답고 성공한 흑인 여성, 이제 할리우드의 치열한 세계에서 성공과 부를 거머쥔 발레 무용수가 있었다. 그때 생각했다. 내가 공감할 수 있는 누군가가 실제로 존재해. 빅토리아는 성인이 된 미스티를 자신이 성인이 되어 겪었던 경험과 도전을 통해 보살피고 도와준 첫 번째 인물이었다. 우리는 수년간 많은 대화를 나누었다. 가끔은 전화로, 때로는 푸짐한 점심이나 저녁을 먹으면서. 그녀는 지금까지도 내 삶에 천사로 남아 있다.

나의 또 다른 멘토는 아메리칸발레시어터의 이사회에서 이사로 몸담았던 아프리카계 미국인 여성 수잔 팔레스 힐이다.

수잔 팔레스 힐은 메이플라워호 탑승객의 후손으로 흑인 왕족과 비슷하다. 그들의 뿌리는 플리머스 바위Plymouth Rock✤까지 거슬러 올라가는데, 바로 처음 미국 땅을 밟은 그 뉴잉글랜드 가족의 후손인 브로드웨이 여가수 조세핀 프레미스Josephine Premice와 티머시 팔레스Timothy Fales의 혼혈 딸인 팔레스 힐은 그와 같

✤ 영국의 청교도들이 1620년에 메이플라워호를 타고 미국에 상륙했을 때 최초로 밟은 것으로 전해지는 바위

은 가문에 걸맞은 태도와 품위, 그리고 유서 깊은 혈통을 지닌 유명한 사교계 명사다. 그녀는 모든 자선 행사에 반드시 초대해야 할 여성으로 꼽히며, 은행가인 남편과 딸과 함께 호화로운 어퍼이스트사이드에 살고 있었다. 그러나 수잔은 가족의 후광이 아닌 온전히 자기 자신만의 빛을 발산하는 여성이었다. 그녀는 하버드를 졸업하고 책을 집필했고 시트콤 〈코스비 가족 만세The Cosby Show〉의 작가로도 활약했다.

또한 수잔에게는 통찰력이 있었다. 그녀는 내가 아메리칸발레시어터에서 이뤄내고자 하는 목적을 의심하면서 주춤하고 있다는 걸 꿰뚫어 보았다. 어느 날 나를 한쪽으로 데리고 가서는 이야기를 시작했다.

"너도 알다시피 많은 이사가 네 얘길 한단다." 그녀가 따뜻한 미소를 건네며 말을 꺼냈다. "그들은 네가 발레단에서 가장 유망한 무용수 중 한 명이라고 생각해. 믿을 수 없을 정도로 밝은 미래가 있다고 믿고 있어. 나도 그렇게 생각해."

수잔은 결국 나의 후원자가 되어주었다. 그녀는 정신적인 지지와 지도를 해주는 것은 물론이고 발레단 행사에서는 가벼운 담소를 나눌 수 있는 사람으로서 옆에 있어주는 등 무대 뒤에서 무용수들이 필요로 하는 모든 역할을 해주는 후원자 중 한 분이었다. 이 같은 후원은 아주 멋지고 지속적인 선물이다. 하지만 내가 가장 소중히 여기는 부분은 나를 안심하게 하는 그녀의 말, 나의 고통을 인식하고 느끼는 그녀의 능력, 그리고 나를 격려하기 위해 비단 그녀뿐만 아니라 이사회에 있는 다른 사람들이 들려준 친절한 말 한마디도 놓치지 않고 내게 전하려 했던 그녀의 열망이었다. 수잔은 마치 내가 아메리칸발레시어터 내에서 해야 할 중요한 역할이 있는 것처럼 느끼게 해주었다. 내가 계속 밀고 나아갈 힘을, 스포트라이트가 나를 비출 차례를 계속 기다리면서 버틸 힘을 주었다.

아메리칸발레시어터를 거쳐 간 에릭과 다른 흑인 무용수들이나 수잔 팔레스 힐과 빅토리아 로웰과 같은 훌륭한 멘토들과의 연대에도 불구하고 이따금씩 밀려오는 좌절감은 어쩔 도리가 없었고, 대부분은 나 혼자였다. 매일 8시간씩 녹초가 될 만큼 몸을 혹사했는데도 오히려 더 세게 몰아붙일수록 어쩐지 더 제자리에 있는 듯한 기분이 들었다.

쓰라린 진실은 내가 흑인이라는 이유로 제대로 인정받지 못하고 있다는 느낌이 들었고, 또 케빈과 발레단의 다른 리더들이 나의 우아한 선과 흐름에도 나를 더 고전적인 역할에 어울리는 발레리나로 보려고 하지 않는다는 느낌이 들었다는 거다.

이제 내 몸 어디에서도 발란신이 묘사한 발레리나의 이상적인 모습은 찾아볼 수 없었다. 스태프들의 압박에 난 하루하루 무너져 내리고 있었다. 그런데도 이런 나를 올바른 방향으로 이끌어줄 사람이 아무도 없었다. 고향에 있는 내 선생님 중 누구도—신디도, 다이앤도, 엘리자베스도—아메리칸발레시어터처럼 큰 규모의 발레단에서는 춤을 춰본 적이 없었다. 난 더는 작은 연못의 큰 물고기가 아니었다. 그냥 그대로 가라앉고 있었다.

떠나야겠다는 생각이 들기 시작했다.

그 무렵, 조지 발란신이 설립한 뉴욕시티발레단으로 옮겨볼까 하는 생각도 아주 잠깐 했다. 그곳 발레단의 한 무용수와 약간의 안면이 있었는데, 그가 이사인 피터 마틴스Peter Martins에게 이야기해서 나를 한번 보러 오라고 얘기해주겠다고 제안해서였다. 나는 그렇게 하면 좋을 것 같다고 말했다.

그 생각을 마음에 품었다는 사실 자체가 내가 이곳에서 얼마나 절망적이고 무의미한 감정을 느꼈었는지 여실히 보여주는 것이다. 뉴욕시티발레단은 내가 열다섯 살에 L.A. 스포트라이트 어워드에서 최우수상을 받았을 때 나에게 여름 집중 프로그램을 거부한 유일한 발레단이었다. 게다가 뛰어난 무용수인 애샤 애쉬가 오랫동안 원치 않는 상황에 놓였다가 결국 코르 드 발레를 넘지 못하고 떠난 곳이기도 하다. 그녀는 이후 샌프란시스코에 있는 발레단에 입단했다.

정말이지 지푸라기라도 잡으려는 심정이었다.

2004년 여름, 또 다른 선택지가 나타났다. 그것은 내가 정말 진지하게 고민해볼 정도로 훨씬 더 매력적이었다.

아서 미첼Arthur Mitchell은 최초의 아프리카계 미국인 고전 발레단인 댄스시어터오브할렘의 전설적인 공동 설립자였다.

그는 뉴욕시티발레단의 첫 흑인 무용수로 15년간 유일한 흑인 무용수였다. 그 기간 동안 그는 수석 무용수가 되었고, 「한여름 밤의 꿈A Midsummer Night's Dream」, 「호두까기 인형」 그리고 「아곤Agon」이라는 발레 작품에서 조지 발란신이 그와 발레리나였던 다이애나 애덤스Daiana Adams를 위해 직접 안무한 빠 드 되를 선보였다.

그러나 1968년, 마틴 루서 킹 주니어Martin Luther King Jr.가 암살된 이후, 미첼은 할렘으로 돌아가 그가 사랑하는 예술 형식을 그곳 아이들에게 소개하기로 마음먹고, 그로부터 1년 후, 교회 지하에서 댄스시어터오브할렘을 시작했다.

댄스시어터오브할렘은 내가 스포트라이트 어워드에서 수상했던 해에 여름 프로그램에 참석할 수 있도록 장학금을 제공했었다. 몇 년 뒤, 내가 뉴욕으로 가서 아메리칸발레시어터와 춤을 추고 있을 때 친구인 에릭 언더우드가 와서는 아서가 나를 만나고 싶어 한다고 말해주었다.

에릭과 나는 발레단과 함께 수업을 듣기 위해 댄스시어터오브할렘의 맨해튼 스튜디오에 갔다.

발레의 여러 좋은 점 중 하나는 전 세계적으로 수업 내용에 일관성이 있다는 점이다. 모든 기본 발레 수업은 크게 바, 센터 그리고 느린 동작인 아다지오, 빠르고 격렬하게 움직이는 알레그로 등으로 구성된다. 댄스시어터오브할렘에서 에릭과 나는 프로 무용수를 위한 수업에서 절대 빠지지 않는 복잡한 콤비네이션을 추었다. 그 후에 또 다른 수업을 들었다. 바로 빠 드 되였다.

아서는 나긋나긋한 말투에 눈부시게 멋진 사람이었다. 그는 나를 유심히 관찰했다. 나중에 내 일기장에서 그가 내게 해준 칭찬을 정신없이 휘갈겨 쓴 걸 발견했다.

아서는 내 춤과 그의 발레단에 대해 좋은 얘기를 많이 해주었다. 그는 나에게 아프리카계 미국인 발레리나가 되는 것이 얼마나 특별한지를 일깨워주었다. (그는) 그들이 당신보다 더 커지지 않도록 하라고 조언했다. 그는 이렇게 말했다. "당신이 최고라는 걸 알고 걸어 들어가라. 어깨를 곧게 펴고 턱을 들어 올려라. 그들의 태도가 완전히 바뀔 것이다." 다음의 말은 내가 항상 기억할 것이다. "당신은 특별하며, 특별한 사람임을 알고 걸어 들어가라. 그들이 그 사실을 무너트리거나 당신을 끌어내리지 않도록 하라."

몇 주가 지나 나는 댄스시어터오브할렘의 스튜디오에서 또 다른 수업을 들었다. 그곳에도 그들의 예술에서 최고 가량을 보여주는 남성과 여성들에게서 뿜어져 나오는 엄격한 기대와 강렬함이 있었다. 하지만 누군가가 눈에 띤다면 그것은 외모가 아니라 춤 때문이라는 사실은 상당히 위안이 되었다. 나중에 아서는 나와 이야기하고 싶다고 했다.

그리고 나에게 솔리스트 계약을 제의했다. 아서는 내가 그의 지젤이 되기를 바랐다.

그는 내가 춤추는 모습을 처음 본 순간도 들려주었다. 이 또한 내 일기장에 쓰여 있었다.

아서는 자신이 몇 년 전 TV에서 나를 보았을 때 병원에 있었다고 했다. 그리고 이렇게 말했다. "TV 속에서 그 소녀가 앉아 있는데 매우 자신만만했고 불꽃처럼 번쩍여 보였지. 그 모습은 누가 봐도 발레리나였어."

하지만 아서는 그때의 나를 보면서 아메리칸발레시어터가 내 영혼을 갉아먹었고 한때 그를 매료시켰던 불꽃을 사그라들게 했다는 걸 알 수 있었다고 했다.

그 이야기를 듣고 나서 나는 일기에 이렇게 적었다. '아메리칸발레시어터가 나에게서 그것을 뺏어갔다. 나는 다시 그것이 필요해. 무대 위에서 항상 그런 자신감을 가져야 해.'

아서가 옳았다. 나는 항상 무대에서 살아 움직이는 공연자였다. 지금은 기술적으로는 훌륭하지만 4년 만에 보이스앤걸스클럽에서 여기 메트로폴리탄 오페라 하우스까지 이끌어준 그 열정이 보이지 않았다.

아서는 내가 그것을 되찾을 수 있다고 말했다. 그러한 영혼은 흑인들의 내면에서 불타오르는 것이니까. 그가 말했다. "그런 건 가르쳐준다고 아는 게 아니야."

댄스시어터오브할렘이 해답이 될 수 있지 않을까? 피부색이 아닌 오롯이 재능만으로 돋보일 수 있는 발레단에 있으면 훨씬 더 쉬울 거야. 마침내 난 내가 그토록 사랑했던 「지젤」, 「실비아」, 「신데렐라」와 같은 고전 발레의 주인공이 될 수도 있다.

당장이라도 아메리칸발레시어터에서 뛰쳐 나와 아서 미첼의 품에 안기고 싶었다. 안 될 게 뭐 있어? 아서는 내가 존경하는 인물이었고, 난 그가 건네는 위로의 말을 소중히 아꼈다. 댄스시어터오브할렘은 재능이 넘치는 전설적인 발레단이었다. 게다가 더는 인정을 갈구하며 고군분투하지 않아도 될 것이다. 내가 좋아하는 고전 발레 작품의 역할인 키트리, 클라라, 오로라 역을 출 수도 있다. 대놓고 말로 하든, 아니면 무엇으로든 늘 주위에 떠돌고 있는 것 같은 비판에 시달리지 않고 긍정적인 피드백을 들을 수 있다. 무엇보다도 그 점이 내 마음을 끌었다.

그러다가 퍼뜩, 엄마 생각이 났다.

내가 자랄 때 엄마의 강점으로 보았던 것이—많은 아이를 홀로 키워야 한다는 두려움만으로 자신을 불행에 얽매이지 않게 하려던 그 용기가—오히려 결점이었다는 생각이 떠올랐다. 실비아 델라체르나는 그녀의 옷자락을 붙들고 있는 나와 내 형제자매와 함께 항상 도망치고 있었다. 그런데 이제 내가 엄마의 패턴을 그대로 따라가려고 하고 있다는 그 깨달음은 나를 두려움에 휩싸이게 했다.

도망치는 게 우리의 문제를 해결한 적은 거의 없었다. 일시적으로 숨을 돌리고, 순간적인 안도의 한숨을 내쉴 수 있게 해주었을지는 모르겠다. 하지만 머지않아 우리는 대부분 더 나쁜 상황에 부닥쳤다는 걸 알게 되었다. 결국 우리 앞에는 지나간 시간을 곱씹어볼 시간만 남겨지곤 했다. 우리가 뭘 한 거지? 왜 그랬던 거야? 어떻게 회복해야 할까?

며칠 후, 나는 아서에게 전화를 걸어 입단 제안은 감사하지만 응할 수 없다고 전했다.

그해 말, 댄스시어터오브할렘은 재정적인 문제로 문을 닫았다. 그리고 거의 10년 동안 다시는 공연하지 않을 것이다.

나는 미첼의 제안을 되짚어본 후에 결심을 굳히고 생각을 정리한 후 일기장에 이렇게 적었다.

'아메리칸발레시어터에서 좀 더 적응하자. 내가 얼마나 더 나은지 그들에게 보여주자.' 그리고 그 옆에 케빈 매켄지와 나머지 예술 스태프들의 이름을 하나씩 적어나갔다.

아서의 제의를 심사숙고하는 동안, 내가 얼마나 절실하게 아메리칸발레시어터에서 성공하고 싶어 했는지를 온몸으로 느낄 수 있었다. 어째서 내가 포기할 수 없었고, 도망칠 수 없었는지를. 다른 사람들보다 열 배 더 노력해야 한다면 기꺼이 그렇게 할 것이다. 내 노력을 알아줄 날이 올 것이다. 그동안 아메리칸발레시어터에서 수석 무용수가 되려는 꿈을 단념하려고 치열하게 싸웠다. 난 항상 알고 싶었다. 노력에 대한 보상을 받았든 그렇지 못했든, 내가 잘 버텨낸 것이었는지.

하지만 어둠 속에서 서서히 기어 올라오는 의심의 덩굴과 내 머릿속에 파고드는 목소리를 계속 누르고 있어야 했다.

엄마는 항상 내가 꿈을 위해 어린 시절을 포기할까 봐 두려워하셨다. 가끔 나는 엄마가 옳았던 것인지 궁금했다.

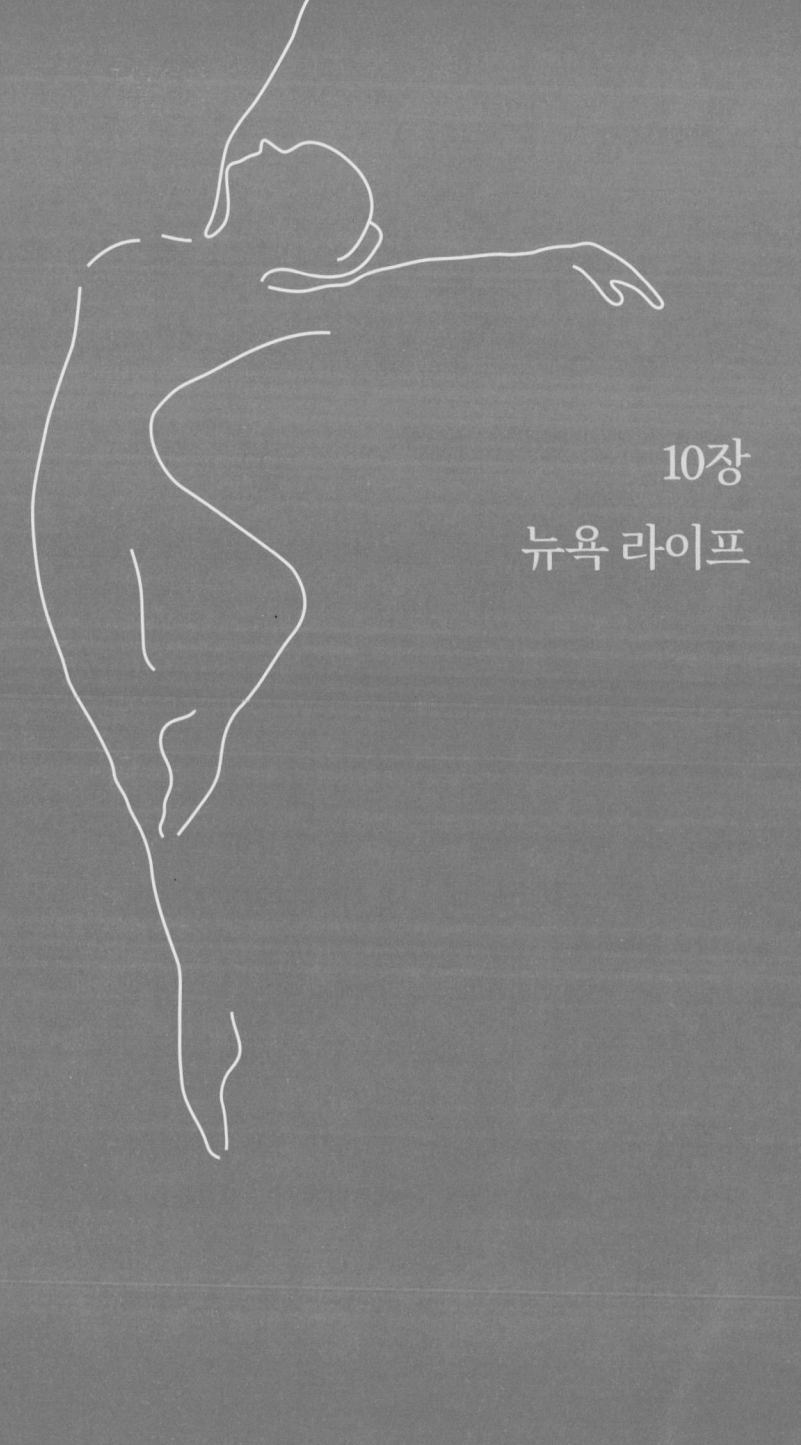

10장
뉴욕 라이프

 나는 매력도 없고 비만이야. 세상에 나 홀로 남겨졌지. 내가 이렇듯 절망 속에서 허우적거리고 있었을 때 나를 가라앉지 않게 도와준 친구가 있었다.
 바로 뉴욕시였다.
 물론 내 곁에는 친밀한 관계를 유지하고 있는 친구들과 빅토리아 로웰, 수잔 팔레스-힐, 레이븐 윌킨슨과 같은 활동적이고 성공적인 흑인 여성 멘토들도 있었다. 이들은 모두 내가 더 여성스러워진 육체적 자아를 받아들이고 나의 인종적 유산이 얼마나 멋진 일인지 깨닫는 데 도움을 주었다. 비록 어떤 사람들은 그렇게 인식하지 않았겠지만.
 뉴욕 거리에서는 아무도 나를 알아보지 못했고, 구릿빛 피부에서 풍만한 몸매에 이르기까지 나와 비슷한 수많은 인파에 둘러싸여 자연스럽게 섞일 수 있었다. 뉴욕 거리에만 나오면 나는 단숨에 기분이 좋아졌다.

발레 무대를 벗어난 그곳에서 사람들은 내 몸의 굴곡을 높이 평가했을 뿐 내 살이 빠졌는지 따위에는 신경 쓰지 않았다.

뉴욕으로 이사했을 때 난 두 가지 뚜렷한 리듬, 그러니까 아메리칸발레시어터의 벽 뒤쪽의 리듬과 그 바깥쪽 도시의 거리 리듬에 맞춰야 했다.

맨해튼의 극도로 예리한 예의, 그러니까 어떻게든 지하철 문이 닫히기 전에 손잡이에 매달린 낯선 사람의 눈과 마주치지 않기 위해서 풋크림 광고든 도시 터널 지도든 잽싸게 시선 둘 곳을 찾아야 한다는 걸 익히는 데는 번개처럼 빠른 뉴욕의 1분보다 아주 조금 더 걸렸다. 아마도 내가 즉시 표적이 되지는 않았겠지만, 순진하리만치 상대방 눈을 똑바로 바라보는 시선은 마치 내가 "나를 치세요. 나는 캘리포니아에서 왔어요."라고 쓰인 팻말을 들고 있는 것만큼이나 의심의 여지 없이 나에게 '관광객'이라는 딱지를 붙였을 것이다.

아메리칸발레시어터의 여름 집중 프로그램을 들었던 첫 여름에 지하철을 탔던 기억이 난다. 지하철 안은 수많은 인파가 한데 엉켜 더위에 허덕였고 사람들의 체취와 향수가 어지럽게 뒤섞여 있었다. 나는 낯선 사람들 사이에 끼어 때로는 부적절한 부위에 손길이 닿는 것을 느끼며 불안에 떨었다.

그해 여름, 난 길모퉁이에 서서 보행 신호를 마법처럼 빨간색에서 녹색으로 바꿔줄 버튼을 열심히 찾고 있었다. 신호가 바뀌기를 기다리며 서 있노라면 엄청나게 많은 사람이 차도를 무단으로 횡단하면서 과속 차량 사이를 쏜살같이 달려가곤 했다. 뉴요커들은 건너가도 좋다는 신호가 떨어지길 기다리느니 그게 더 낫다는 걸 알고 있어서였다.

하지만 그렇게나 거칠고 정신없이 서두르는 리듬으로 가득 찬 뉴욕시가 나를 구원해주었다. 아메리칸발레시어터의 코르 드 발레로 활동하면서 처음 몇 달간 일이 잘 풀리지 않는다고 느끼고, 남의 시선을 의식하면서 혼자라고 생각했을 때, 뉴욕이라는 도시는 내가 기댈 수 있는 유일한 장소였다. 심지어 흥분과 열정으로 진동하는 가운데에서도 이 도시가 언제나 익숙하고 변함없다는 사실에 늘 감사했다.

브로드웨이 890번지에 있는 스튜디오 밖으로 나올 때면 난, 마치 딴사람이 된 듯한 기분이 들었다. 그때만큼은 눈에 띄는 일 없이 자연스럽게 섞일 수 있었다. 누구보다 동료들을 아끼고 고맙게 생각하지만, 스튜디오 밖을 돌아다니면서 발레 무용수들이 아닌 다양한 경험을 한 사람들, 개인교습이나 헬리콥터 부모님에 의해 삶이 정의되지 않은, 혹은 다른 방식으로 나름의 풍요로움과 깊이를 찾은 사람들에게 둘러싸일 수 있어서 정말 좋았다.

그때까지, 나는 온통 발레리나가 되는 데에만 혈안이 되어 있었다. 그런 탓에 나의 모든 정체성을 빼앗겼고 머릿속엔 걱정투성이였다. 성공하지 못하면 난 뭐지? 난 누구지?

뉴욕의 가장 붐비는 거리에서 헤드폰을 끼고 있으면 독립적이고 자율적인 기분을 느낄 수 있었다. 그것은 자유로움이었다.

하지만 적응해야 할 것들도 많았다.

낮에는 따뜻하고 밤에는 시원한 산들바람이 부는 남부 캘리포니아의 건조한 기후에 익숙해 있었던 터라 덥고 습한 뉴욕에서의 첫 여름은 나의 모든 에너지를 빨아들였다.

캘리포니아의 느린 속도와 해변 복장을 버리고 뉴욕의 리듬을 따라잡기란 쉽지 않았다. 캘리포니아에서는 더울 때 항상 슬리퍼를 신었다. 그러나 샌들은 뉴욕 거리 곳곳에서 불쑥불쑥 튀어나오는 악취 풍기는 무수한 웅덩이를 당해낼 재간이 없었다. 난 도시 전역에서 쁘띠 알레그로를 추듯 그 악취 나는 웅덩이들을 뛰어넘었고 집에 돌아오면 발바닥에 묻은 흙과 때를 닦아내기 바빴다.

내가 살던 곳들은 캘리포니아에서 집이라고 부르던 아파트, 모텔 방, 콘도와는 하늘과 땅만큼 차이가 컸다. 이사벨 브라운의 집에서 나온 이후부터 나는 어퍼웨스트사이드에서 혼자 생활을 꾸려나갔다.

처음 구한 아파트는 친구들과 내가 '지하 감옥'이라고 부르는 곳이었다. 고물가 도시인 뉴욕 생활의 이상한 특징 중 하나는 창문과 자연광이 있는 아파트에서 살고 싶으면 기본적으로 임대료를 더 내야 한다는 거였다. 그전까지, 그건 아무리 초라한 숙박 시설에서 살더라도 가장 기본이라고 여겼던 주거 필수 요소였다. 난 수입이 많지 않았기에 그 도시에서 햇빛 한 점 들지 않는 아파트에 사는 수많은 사람 중 한 명이 되었다.

아파트 안에는 창살로 덮인 두 개의 창문이 5인치 정도 떨어진 벽돌 벽을 향하고 있었고 이케아에서 구매한 아동용 공예 테이블 위로 벙커 침대가 놓여 있었다. 당신이 침대에 앉는다면 아마도 천장에 머리를 부딪칠 거다. 부엌으로 통하는 좁은 공간에는 기숙사 방에 있었던 작은 냉장고가 있었다. 그래도 난 그 모든 게 좋았다. 온전히 내 것이었으니까.

내 아파트에 있었던 입이 떡 벌어질 만큼 거대한 바퀴벌레들도 전부 다 내 차지였다. 어린 시절 험악한 동네에서 살았을 때 역시 바퀴벌레가 나왔고 그때마다 항상 소스라치게 놀라곤 했다. 하지만 누구나 살고 싶어 하는 부유한 동네에 살고 있는데도 여전히 집 안에서 쥐와 벌레가 득시글거리다니 왠지 모르게 두렵고도 낯선 상황이었던 것 같다. 그나마 내가 집에 있는 시간이 많지 않았다는 건 다행한 일이었다. 밖에는 봐야 할—살아가야 할—삶이 너무 많았으니까. 아마도 그때가 내 인생에서 가장 많이 걸었을 때였을 거다. 더군다나 거의 온종일 밖에 있다시피 해서 쏟아지는 캣콜링❋을 뚫고 지나가는 건 일상다반사였다.

"잘 지내, 아가씨?"

"이봐! 전화번호 좀 받을 수 있을까?"

처음에는 머리카락이 쭈뼛 설 정도로 끔찍하고 불안했다. 대도시에서 나 혼자 사는 것도 모자라 나를 훔쳐보고 캣콜링을 하는 낯선 남자들의 관심까지 감당해야 하는 상황에서 나 자신이 무척 취약하게 느껴졌다.

그러나 얼마 후 난 그것들이 대부분 악의 없고 가벼운 행동임을 깨닫기 시작했다. 당신이 거만하게 행동한다면 태도가 돌변할 수도 있겠지만, 얼굴에 미소를 지어주거나 인사를 받아주면 대개 장난삼아 시시덕거리는 것에 지나지 않았고, 대체로 "좋은

❋ 남자가 불특정 여성에게 던지는 추파, 혹은 휘파람이나 야유

하루 보내세요."로 끝이 난다.

일부 남자들의 관심은 실제로 잠시 기분을 좋아지게 하는 효과도 있었다. 나는 뉴욕의 거리에서 뚱뚱하지 않았다. 호감 가는 매력적인 여성이었다. 사실 내 모습—검은 머리, 갈색 피부, 굴곡진 몸—은 도시의 무지개에 매끄럽게 녹아들었다.

아프리카계 미국인, 푸에르토리코인, 도미니카인, 심지어 동인도인까지 모두 나를 그들과 다르지 않게 여기는 것 같았다. 이 도시의 거리에서 각기 다른 외형과 악센트, 그리고 배경이 한데 섞이고 서로 사랑하는 모습을 보고 듣는 건 대단히 멋진 일이었다. 옆에서 춤을 추었던 가냘픈 백인 무용수들 사이에서 난 유난히 눈에 띄었을지 모른다. 하지만 이곳에서는 바로 그들이 더 어울리지 않는 사람들이었다.

나는 나의 영원한 공범 레일라와 함께 자주 할렘에 갔다. 우리는 세네갈에서 주식으로 먹는 야사 치킨이라는 이름의 레몬 맛이 나는 요리를 먹었다. 상인에게서 향을 샀고, 한때 맬컴 엑스Malcolm X가 걸었고, 애덤 클레이턴 파월 주니어Adam Clayton Powell Jr.가 설교했다는 거리를 거닐었다.

영화 〈페이드 인 풀Paid in Full〉❖을 보러 업타운에 갔던 기억이 난다. 「백조의 호수Swan Lake」의 오페라 고음부를 감상하는 것 못지않게 나는 펑크, 록, 소울에 흠뻑 빠져서 자랐다. 그리고 힙합이라면 사족을 못 썼다. 〈페이드 인 풀〉이 125번가보다 더 아

❖ 2002년에 제작된 영화로 1980년대 활동한 할렘의 악명 높은 아프리카계 미국인 마약상 리치 포터(Rich Porter)를 주제로 만든 영화이며, 제목은 에릭 비 앤 라킴(Eric B. & Rakim)의 힙합 앨범에서 따온 것이다.

래쪽에 있는 부유한 지역에서 상영하고 있을 줄은 꿈에도 생각 못 했다.

나는 그 영화를 보러 할렘에 갔고, 마치 집에 온 것처럼 편안했다. 한번은 업타운에서 머리를 콘로 스타일cornrows❖로 만들고는 시내에서 아메리칸발레시어터 스튜디오까지 걸어오는 내내 굵게 땋은 머리를 자랑스럽게 뽐낸 적도 있었다.

반면 브루클린은 그닥 끌리지 않았다. 맨해튼을 놔두고 굳이?

결국 레일라는 나를 질질 끌고 가다시피 했다. 자매 도시가 없어도 브루클린은 그 자체로 미국에서 가장 큰 도시 중 하나일 것이다. 크라운 하이츠Crown Heights의 하시딕Hasidic❖❖ 상점들과 나란히 붙어 있는 서인도식 레스토랑부터 파크 슬로프Park Slope의 웅장한 브라운스톤 건물에 이르기까지 이곳에는 나름의 고유한 정취가 있다. 그러나 브루클린은 맨해튼처럼 내 마음을 사로잡지는 못했다. 좀 더 나이가 들면서 레일라는 그곳의 여유로운 비어 가든 분위기를 선호하기 시작했지만 난 여전히 강 건너 진동하는 요란한 리듬이 더 좋았다.

주말에 쉬는 날이면 우리는 도시 곳곳을 누볐다. 소호의 자갈이 깔린 거리를 따라 쇼핑을 하거나, 아니면 센트럴 파크에 가서 몇 시간이고 산책을 했다. 때로는 여름 내내 늦가을이 되도록 혼자 그곳에 가서 음악을 들으며 일기를 쓰곤 했다.

쉬는 날에는 어김없이 브로드웨이에 있는 티켓 할인 부스 앞

❖ 머리카락을 단단하게 여러 가닥으로 땋아서 머리에 붙인 흑인 머리 스타일
❖❖ 유대교의 한 종파인 초정통파를 말하며 뉴욕 브루클린에는 하시딕 공동체인 사트마가 존재한다.

에 줄을 섰다. 내가 보고 싶은 거의 모든 브로드웨이 쇼의 표를 저렴하게 구할 수 있다는 게 무엇보다도 신나는 일이었다. 미술관과 조각공원을 거닐고 있노라면 마치 내가 교양 있고 세상에 대해 많이 아는 사람이 된 듯한 착각에 빠졌다.

여름이면 도시, 특히 어퍼웨스트사이드 어디에서나 볼 수 있는 거리 박람회의 보헤미안 분위기를 만끽했다. 시시 케밥이나 옥수수를 야금야금 먹고, 레모네이드를 들이켜면서 몇 시간씩 걸어 다녔던 것 같다.

아메리칸발레시어터와 함께 한 번에 몇 주간 투어를 떠날 때면 우리가 방문하는 장소가 아무리 흥미롭고 이국적이더라도 나는 꼭 '도시'로 돌아가고 싶은 마음이 간절했다. 뉴욕은 항상 나 없이 움직였고 성장하는 것처럼 느껴졌다. 뉴욕에 없으면 그 모든 게 그리웠다.

스물한 살이 되자 뉴욕의 색다른 모습이 펼쳐졌다. 밤새 계속되는 호화로운 라운지에서 사람들과 어울리면서 가끔은 포도주를 마시곤 했다. 그리고 레일라와 난 주말마다 춤을 추러 갔다. 우리가 가장 좋아하는 장소는 단연 로터스Lotus였다.

뉴욕시의 미트패킹 디스트릭트 중심부에 있는 이 지역은 한때 여장남자 혹은 남장여자 매춘부와 도축장으로 유명했다. 거리의 끈적끈적한 자갈길에서는 여전히 썩은 고기 냄새가 났다. 2000년대 들어 그 동네는 거짓말처럼 맨해튼에서 최신 유행을 선도하는 곳으로 탈바꿈했다. 그 가운데에서도 로터스가 가장 돋보였고 화려했다. 매일 밤 유명인, 젊은 전문직 종사자, 그리고 모든 멋진 젊은이들로 발 디딜 틈이 없었다. 레일라와 나는 이른 아침까지 그곳에서 춤을 추곤 했다. 쥬떼jeté나 아라베스끄, 몸의 곡선이나 기술에 대한 걱정은 싹 벗어던지고 뉴욕의 젊고 멋진 사람들 사이에서 파티를 즐기고 있다는 기분에 흠뻑 취해 땀에 온몸이 젖도록 신나게 엉덩이를 흔들었다.

> Looking so crazy in love's.
> 사랑에 미쳐버린 것 같아.
> Got me looking, got me looking so crazy in love.
> 나를 사랑에 미쳐버린 것처럼 보이게 해.

누군가가 내 어깨를 툭 쳤다.

"딕스 씨께서 당신과 자리를 함께하셨으면 합니다." 영화 〈베스트 맨The Best Man〉과 드라마 〈프라이빗 프랙티스Private Practice〉에 출연한 배우이자 스타인 타이 딕스Taye Diggs가 로터스의 VIP 구역에 있는 테이블에 앉아 있었다. 나는 그곳으로 걸어갔다. 알고 보니 그의 사촌 올루를 만나보라고 나를 초대한 것이었다. 그는 로스쿨에 다니는 학생이었는데, 이번 여름 동안 뉴욕에 있는 로펌에서 인턴으로 잠시 근무하게 되었다고 했다. 연갈색 피부의 온순하고 잘생긴 올루는 나의 첫 남자친구가 될 것이다. 그는 밤새 나를 눈여겨보았다고 말했다. 그리고 나중에 알았지만, 테이블 주위에 모인 타이 딕스와 그의 친구들에게 언젠가는 내가 자신의 아내가 될 것이라고 말했다고 한다.

우리는 쿵쾅거리는 음악 소리에 말소리가 묻혀서 서로 몸을 가까이 붙이고 귀에 대고 속삭였다. 올루와 난 단숨에 통했다.

흥미롭게도 흑인 아버지와 유대인 어머니 사이에서 태어난 올루의 조상 역시 나처럼 여러 인종이 섞여 있었다. 그날은 그가 다니는 에모리 로스쿨이 있는 애틀랜타로 돌아가기 전 뉴욕에서의 마지막 밤이었다. 그는 한 학년을 남겨두고 있었다.

나는 올루에게 내 전화번호를 주었고 3개월 뒤 그가 다시 뉴욕을 방문할 때까지 매일 전화 통화와 문자를 주고받았다. 장거리 데이트를 하는 동안에는 그가 몇 달에 한 번씩 뉴욕에 왔다. 그 후로 맨해튼에 정착하여 변호사로 활동하기 시작했다.

올루는 부분 채식주의자로 고기는 먹지 않고 생선만 먹고 자랐다. 그는 운동으로 좋은 체형을 유지했지만 체중이나 외모에 집착하지는 않았다. 우리가 사귀기 시작했을 무렵, 난 그에게 내가 느끼는 좌절감이나 두려움과 같은 힘든 감정을 토로했다. 그는 매우 섬세했고, 올바른 말로 나를 이끌어주고 격려했다.

올루는 모든 것을 아주 쉽게 받아들이게 했다. "오늘 밤은 소고기 대신 생선을 먹어." 그가 말했다. "유산소 운동을 해봐. 하지만 저항 운동은 줄여." 그는 내가 원하던 상태로 돌아가기 위해서 여기는 조금, 저기는 조금 바꿔야 한다는 식으로 설명해주었다.

"아메리칸발레시어터는 여전히 너에게 기대를 걸고 있어." 올루가 나를 안심시켰다. "그들은 여전히 너와 함께 미래를 내다보고 있다고. 넌 단지 이 작은 일에만 노력을 기울이면 돼."

어쨌든 나는 그가 나를 아름답다고 생각하는 것을 알았으니까 내 몸무게가 더는 엄청나게 부담스럽지 않았다.

올루에게는 감탄이 절로 나오게 만드는 표정과 자신감이 있었다. 내게서는 무대에 섰을 때를 제외하면 그런 기색을 찾아볼 수 없었다. 그는 내가 당당해질 수 있도록, 그리고 내가 춤을 넘어서서 소통하는 법을 배울 수 있도록 도와주는 걸 자신의 사명으로 삼았다. 내가 아메리칸발레시어터에서 도망쳐 댄스시어터 오브할렘에 합류할 필요가 없음을 깨닫게 해준 사람도 바로 올루였다. 그는 내가 진정으로 원하는 것을 이루고, 또한 내가 몸담은 아메리칸발레시어터에서 솔리스트와 수석 무용수가 될 만한 재능이 있다고 진심으로 믿어주었다. 하지만 나는 원하는 것을 요구하는 법을 배워야만 했다.

나는 내 생각을 직접 말하기가 두려웠다. 다른 사람들을 불쾌하게 하고 싶지 않았고 거절당하거나 오해받는 게 싫어서였을 거다. 내 의견을 말하려고 용기를 내려다가도 - 신디와 함께 살았을 때, 아메리칸발레시어터의 스튜디오에 입단했을 때 - 어려울 것 같은 조짐이 조금이라도 보이면 다시 조용히 입을 다물었던 것 같다.

하지만 올루는 다르게 접근해야 한다고 말했다. 나 자신에게 미안한 마음만 가져서는 안 된다고 했다. 나는 투쟁해야만 했다. 흑인 사회의 오래된 격언 중에 10배 더 얻으려면 10배 더 훌륭해져야 한다는 말이 있다. 난 그 말을 마음에 새겼다. 따라서 그 누구도 부정할 수 없을 만큼 뛰어나야만 했다. 하지만 내가 원하는 걸 아메리칸발레시어터에 알려줄 필요도 있었다.

변호사인 남자친구는 내가 논리를 전개하는 연습을 하는 게 좋으리라는 결정을 내렸다. 리허설이 어퍼이스트사이드에 있는 그의 작은 아파트에서 이루어졌다. 올루에게는 일을 배분하는

데 탁월한 능력이 있었다. 그는 내가 생각을 정리해서 다루고 싶은 주제를 메모하여 중요 항목을 표시할 수 있도록 시간을 주었다. 그러고 난 다음, 케빈인 척하며 방에 들어왔다.

"저를 밀어주십시오." 나는 입술을 바르르 떨면서 메모장을 읽었다. "고전 무용수가 되고 싶습니다. 저는 발레단의 강력한 단원이고, 그 역할을 할 수 있습니다. 그리고 이 발레단에 모든 것을 바치고 싶습니다. 예술감독님께서 제게 주신 기회에 감사드리며, 저를 신뢰하고 믿어주셨으면 합니다."

"하지만 자네는 현대 작품에 아주 잘 맞아." 올루가 케빈을 연기했다. "「Gong」에서 아주 눈부셨지. 자네를 위해 작품을 만들고 싶어 하는 현대 작품 안무가들이 있어. 그 작품들에 집중하는 건 어떤가?"

"현대 작품이 제 강점이라는 건 압니다." 내 목소리에 더 힘이 들어갔다. "하지만 저는 발레리나가 되고 싶습니다."

처음에는 정말 힘들었다. 적당한 말을 고르고, 종이를 보고 읽지 않고 내 생각을 표현하는 데 진땀을 뺐다. 그리고 올루를 실망스럽게 하거나, 그에게 이런 부끄러운 약점을 보여주고 싶지 않았다.

다시 생각해보니 나 역시 내 감정을 풀어놓는 게 두려웠던 것 같다. 사실 발레처럼 나에게서 열정을 끌어낸 것은 거의 없었다. 그래서 발레가 내게 얼마나 중요한지, 내게 얼마나 필요한지를 설명하다 보면 내 감정의 둑이 와르르 무너지면서 엄청난 기세로 내게 고통을 유발할 다른 감정들에도 불이 옮겨갈까 봐 무의식적으로 두려움을 느꼈다고 생각한다. 이를테면 띠돌이 어린 시절에 대한 기억, 엄마가 남자친구와 남편을 너무 자주 바꿔서 당혹스러웠던 느낌, 신디와 강제로 이별한 후에 여전히 마음속 깊이 남아 있는 트라우마 같은 수많은 감정의 둑이.

그러나 올루는 참을성 있게 아낌없는 지지를 보냈다.

"당신은 할 수 있어." 그가 부드럽게 말했다. "그들이 당신을 골랐어. 그들에게 당신이 할 수 있는 모든 것을 일깨워줘."

발레단 예술감독과의 미팅을 위한 것이든, 「백조의 호수」 공연을 위한 것이든, 리허설은 항상 내게 자신감을 심어주었고, 눈물과 긴장을 없애고 성공하는 데 필요한 것만을 남겨두는 데 도움을 주었다.

아울러 내 조바심에도 불구하고, 아메리칸발레시어터가 나의 재능을 인정했다는 사실을 깨닫기 시작했다. 내가 이 저명한 발레단에서 춤을 추고 있다는 사실 그 자체가 유례없이 드문 기회였다. 그렇지만 큰 그림에서 볼 때 내 위치에서 더 오래 버틸 수 있는 유색인종이 없을지도 모른다고 생각하니 겁도 났다.

서서히 내 자신감을 풀 죽게 하던 안개가 걷히기 시작했다. 나는 케빈과 대화하기로 하고 약속을 잡았다.

그를 만나지 않고 며칠을 보내는 건 얼마든지 가능한 일이었다. 경영 실무자인 동시에 예술감독인 케빈은 아메리칸발레시어터에 필요한 여러 업무를 담당하느라 한가할 틈이 없었고 보통 연달아 회의에 참석하곤 했다. 그래도 초연이 가까워지면 전체 발레단의 리허설은 물론 몇몇 주요 역할을 다루는 리허설을 감독하곤 했다. 이따금 주연을 맡게 되면 케빈과 개인적으로 리허설을 하기도 한다.

그런 경우가 아니라면, 그는 당최 보기가 힘들었고 모든 무용수가 알고 있기로는 매 공연을 매의 눈으로 지켜보고 있는 그림자와 같은 존재였다.

나는 케빈의 사무실에 갔다. 드디어 내가 말할 시간이 되었다.

"현대 발레가 제 강점이라는 건 알고 있습니다. 많은 발레리나가 저와 같은 동작을 선보이지는 못하니까요." 나는 그에게 말했다. "하지만 저는 고전 무용수로 훈련을 받았고, 그것이 제가 정말 하고 싶은 일입니다."

"그 말을 들으니 기쁘군." 그가 말했다. "자네에게는 두 가지 다 잘할 수 있는 재능이 있으니까."

바로 그거였다.

새로운 시작이었다. 그리고 차츰 균형을 찾아가기 시작했다. 코르 드 발레에서 보낸 첫 달은 단순히 극적인 신체 변화뿐만 아니라 가끔은 부정적인 내 피부색에 대한 반응, 그리고 동료와 친구들 간 경쟁으로 모든 게 너무 벅차고 힘들었다.

그러나 이제 알겠다. 케빈은 말하자면 기회의 사다리를 꺼내 내가 그토록 움켜쥐고 싶었던 상을 향해 자력으로 올라갈 기회를 연거푸 주고 있었던 거다.

예술감독의 역할은 복잡하다. 그들은 창조적인 힘이자 경영진이다. 그들은 발레단이 성장할 수 있는 기회를 만들어야 하고 개방적이어야 하면서도, 발레단의 역사와 그 역사가 대표하는 가치에도 충실해야 한다. 그들은 어떤 무용수가 발레단을 이끌고 극장의 좌석을 채울 수 있는지 결정해야 하며, 동시에 스튜디오에 들어가 무용수들 각자가 성장하는 데 필요한 동기도 부여해줘야 한다.

케빈은 즉석에서 무용수를 해고해야 할 수도 있다. 어느 날은 그들의 연기를 입에 침이 마르도록 극찬하다가 그다음에는 날카로운 비판을 가한 뒤 다가올 공연에 다른 누군가를 투입할 준비를 할 수도 있다.

케빈이 내가 성장하는 모습을 지켜본 건 틀림없는 사실이었다. 그리고 그에 따라 우리의 관계도 발전했다. 처음 그는 내가 매우 존경하는 권위 있는 인물이었고, 나는 그의 마음에 들고 싶어 했다. 그 후, 케빈은 내게 지도와 격려를 아끼지 않는 멘토가 되었다. 그리고 10여 년이 지난 지금 난 그를 어른 대 어른으로, 무용수 대 무용수로 대화를 나눌 수 있는 동료로 생각한다.

얼마 전 LA에서 투어를 돌며 공연하던 중에 문득 깨달음이 일었다. 내가 아메리칸발레시어터에서 성장을 거듭하는 동안 케빈과 내가 얼마나 멀리 왔는지를. 이제 어른으로서 서로에게 감사할 수 있다는 걸 처음으로 느꼈다. 19살 때는 감독님과 어떻게 소통해야 하는지도 몰랐다. 사실 10대 시절 내내 케빈과 함께 회의를 할 때마다 울지 않으려고 안간힘을 썼었다. 내 자신감은 더디게 발달했다. 케빈과 나는 감정적으로 잘 통한다. 다른 무용수들과 마찬가지로, 나 역시 이 점을 가장 소중히 여긴다. 바로 이 점이 그를 매우 훌륭하게 만들어주고, 아메리칸발레시어터를 가족처럼 느끼게 하는 부분이다. 그는 항상 우리를 위해 최선을 다하고 싶어 한다. 비록 그가 가장 사랑하는 무용수조차 비판하거나, 최악의 경우 그들을 내보내는 것이 그가 맡은 역할의 일부이긴 하지만.

내가 아메리칸발레시어터에서 가장 소중하게 여기는 의식은 무대에서 막이 내린 직후다. 케빈은 다른 발레 연출가와 교사들과 함께 우리 극장의 특별석에서 모든 공연을 관람한다. 당신이 만약 마지막 인사를 10분 정도 앞두고 자세히 살펴본다면 그들이 메트로폴리탄 오페라 복도가 관객들로 붐비기 전에 무대 뒤로 빠져나가려고 호화로운 좌석에서 슬그머니 일어나는 모습을 볼 수 있을 것이다. 박수 소리가 잦아들면 시계 초침은 거의 11시를 가리키고 우리 모두 그야말로 쓰러지기 일보 직전이 된다. 대부분 밤에는 화장을 지우고, 집에 가서 허기를 채우고, 거의 뻗다시피 잠에 빠진다. 그리고 다음 날 아침 10시에 있을 수업을 위해 8시에 간신히 눈곱만 떼고 잠에서 헤어나온다. 그러나 막이 다 내려질 때쯤 케빈은 이미 손에 메모지를 들고 무대 위에 올라와 있다. 그는 우리 수석 무용수 중 한 명을 가리키면서 짚어줄 것이다. "이건 자네가 꼬다coda❖ 중에 잘못한 거야." 그는 또 다른 무용수를 향해 촌평을 덧붙인다. "다음 공연에서는 한 박자 더 빨리 들어가도록." 우리 모두에게 해주고 싶은 말은 많은데 바쁜 공연 시즌에는 사이사이에 짬이 거의 없다 보니 듣기 좋게 돌려 말할 여유가 없다. 물론 케빈이 80명에 이르는 모든 무용수와 붐비는 발레단 현장에서 매 순간 우리가 하는 일에 주의를 기울일 수는 없다. 하지만 난 우리 모두 할 수 있는 한 최고의 아티스트가 되는 데 필요한 수정 및 보완 사항을 정확히 잡아내는 그와 예술 스태프들의 능력에 끊임없이 놀라곤 한다. 그건 우리 모두에게 중요한 공연 후의 의식이며, 시즌이 끝나면 바로 그러한

❖ 남녀 무용수가 춤을 추는 마지막 부분

인간적인 소통과 노력, 그리고 다시금 내 공연에 집중할 시간을 갈망하고 있음을 깨닫는다. 예술감독으로서 케빈은 맡은 바 책임을 다하느라 언제나 바쁘다. 하지만 그가 항상 그 자리에 있으리라는 사실을 알고 있는 것만으로도 나에게는 커다란 위안이 된다.

지나고 나서 보니 다 보인다. 케빈이 매 순간 나를 보살펴주었고, 그 모든 우여곡절에도 계속해서 나의 재능과 잠재력을 봐주었다는 걸.

예를 들어, 2002년에 내가 허리 부상을 치료하고 회사에 복귀한 지 불과 몇 달 지나지 않았을 때 케빈은 무용계에서 가장 권위 있는 대회 중 하나에 아메리칸발레시어터 대표로 나를 선정했다.

그레이스 왕비 재단The Princess Grace Foundation은 무용, 영화, 연극 분야의 가장 뛰어난 젊은 인재들에게 장학금 수여와 수습의 기회를 부여해주고 있다. 매년 케빈은 수상의 영예를 놓고 경쟁할 한 명의 젊은 무용수를 지명하는데, 그해에 나를 선택했다.

일 년간 떠나 있다가 돌아온 지 얼마 지나지 않아서 아메리칸발레시어터의 얼굴로 뽑힌 것은 마치 공연을 마칠 때마다 최고의 발레리나들이 받는 꽃다발과 같았다. 그건 바로 케빈과 발레단이 여전히 나를 얼마나 신뢰하고 있는지를 보여주는 것이다. 이뿐만이 아니다. 내가 다시 활동을 시작했다는 걸 고려해볼 때 그간 발레에 집중하지 못했다는 생각에 초조함을 느끼며 시간을 낭비하지 않고 상승세에 올라탈 절호의 기회가 생긴 셈이었다.

바로 대회 준비를 위해 한 달간 케빈과 연습에 돌입했다. 나는 조지 발란신의 유명한 「타란텔라Tarantella」를 출 것이다. 그 작품의 빠 드 되는 활기차고, 재미있고, 유혹적이었다. 1964년에 발란신이 뉴욕시티발레단의 수석 무용수였던 에드워드 빌레라 Edward Villella를 위해 창작한 안무였다.

나는 오랜 친구인 크레이그 살스타인과 호흡을 맞추게 되었다. 그는 아메리칸발레시어터의 여름 집중 프로그램에서 나의 첫 번째 파트너였고, 이후 스튜디오 컴퍼니에도 함께 들어왔었다. 크레이그는 나보다 1년 뒤에 메인 발레단에 입단했는데, 군무 무용수로서는 처음으로 「지젤」의 1막 「패전트Peasant」 빠 드 되를 추게 되었다.

마이애미에서 자란 크레이그는 발란신이 창작한 「타란텔라」의 무용수이자 마이애미시티발레단의 예술감독이 된 에드워드 빌레라와 잘 아는 사이였다. 크레이그는 훈련 기간 대부분을 에드워드와 직접적으로 함께 작업했다. 그는 결국 나와 마찬가지로 아메리칸발레시어터에서 솔리스트가 되었다.

「타란텔라」는 이 춤의 창작자인 발란신처럼 눈부시고 기발하다. 나아가 고전 발레의 경계를 넓힌 작품이다. 여기에는 그랑 쥬떼부터 빠르게 발끝으로 서는 동작에 이르기까지 서로 반대되는 요소들로 가득하다. 나는 양발을 붙이는 5번 자세에서 양발을 벌리는 2번 자세로 빠르게 이동하는 수많은 에샤뻬échappé를 수행했으며, 발레에 익숙하지 않은 관객들에게는 자칫 우스꽝스럽게 보일 수도 있는 많은 단계를 선보였다. 2번 자세에서 반대 방향을 가리키며 발을 벌리고 에샤뻬, 앙 뿌엥뜨를 시작한다. 그러고 나서 여전히 발끝으로 선 자세에서 다시 머리를 약간 옆으로 기울이고 뿔리에를 한다. 이는 정형화된 고전 발레에서는 볼 수 없는 불균형과 재미있는 효과를 선사한다. 크레이그와 나는 각자 들고 다니던 탬버린을 흔들며 손과 발을 두드렸다.

「돈키호테」의 플라워 걸 바리에이션도 준비했다. 발레리나로서 당신이 가장 좋아하는 발레 춤을 고르는 건 어려울 수 있다. 그건 마치 당신이 어떤 한 아이를 다른 아이보다 더 좋아한다고 말하는 것과 비슷하다. 딸보다 아들하고 장단이 더 잘 맞는다고 느낄 수도 있지만, 그런 애정을 드러내놓고 말하는 건 배신, 또는 상대방에 대한 모욕처럼 느껴지기도 하니까. 그렇긴 해도 「돈키호테」는 내 마음 한구석에 늘 특별히 자리해왔다고 말해야겠다. 그 작품은 내가 신디의 학교에 다니는 동안 처음으로 전체 길이를 공연한 첫 발레였다. 「돈키호테」의 바리에이션은 나를 발레계에 진출시켰고, 이 공연 후 LA 스포트라이트 어워드에서 최우수상을 받았다. 그리고 이제 다시 한번 그레이스 왕비상을 놓고 승부수를 띄운다.

아메리칸발레시어터가 나의 두 공연을 모두 촬영했고 난 그들에게 나의 모든 것을 아낌없이 보여주었다. 우리는 심사를 위해 비디오테이프를 그레이스 왕비 재단에 보냈다. 아쉽게도 수상의 영예를 누리지는 못했다. 그렇다고 승리감마저 느낄 수 없었던 건 아니다. 경쟁을 통해 나는 또 하나의 단계를 넘어설 수 있었고, 나에 대한 케빈의 믿음을 더 공고히 다질 수 있었으니까.

발레는 '나'라는 사람과 별개로 존재하지 않았다. 미스티라는 한 여성의 발전과 성장에 발맞춰 내 춤도 함께 발전했다.

아마도 상처에서 치유될 수 있음을 깨닫고 나서 얻게 된 자신감 덕분이었을까? 어쩌면 산페드로 출신의 소심한 소녀가 아수라장 같은 뉴욕시에서도 자기 힘으로 성공할 수 있다는 걸 깨달아서였을지도 모르겠다. 아니면 가끔 연갈색 피부의 발레리나를 비웃는 관중에게 몸을 낮춰도 얼마든지 다시 일어나 버틸 수 있다는 걸 알고 있어서였거나.

동기가 무엇이었는지는 모르겠다. 내가 아는 건 어느 날 잠에서 깨어나 내 인생에서 가장 중요한 감정적인 결정을 내렸다는 게 다였다. 나는 아버지를 만나고 싶었다.

그를 그리워한 적은 없었다. 내가 기억할 수 있었던 때부터 나에게는 이미 해럴드가 있었고, 그와 어머니를 갈라서게 만든 그 커다란 결점에도 그는 모든 면에서 멋지고 훌륭한 아버지였다. 로버트와도 아버지로서 연을 맺었지만, 내 어머니와 형제들, 특히 사랑하는 여동생 린지를 대하던 방식 때문에 그에 대한 기억은 흐려졌다. 그러나 실제로 나의 아버지였던 그 남자에 대한 호기심은 그 무렵 부쩍 커졌고, 이제는 행동에 옮길 준비가 되어 있었다.

엄마가 어느 날 왜 더그 주니어, 크리스, 에리카, 그리고 나를 데리고 캘리포니아로 가는 장거리 버스에 몸을 실었는지는 우리가 자라고 나서도 정확히 알 수 없었다. 엄마가 행복하지 않았다고 말했던 건 알고 있다. 그렇지만 서둘러 짐을 싸서 떠나는 건 엄마가 늘 하던 행동이었기에 처음 엄마를 그런 상황에 내몰게 한 상황이 무엇이었는지, 또는 그 이유가 갑자기 떠나야만 했던 다른 모든 상황 뒤에 숨어 있는 이유들과는 다른 것이었는지 곰곰이 생각해보지 못했었다.

그래서 엄마는 아버지에 대해 말하지 않았고, 우리도 특별히 묻지 않았다. 하물며 난 아버지의 사진을 본 적도 없었다.

왜인지는 모르겠지만 난 아버지가 우리 삶의 일부로 남지 못한 건 그의 선택이 아니었다는 생각이 들었다. 오히려 우리 아이들이 아마도 직관적으로, 엄마는 우리가 아버지와 접촉하는 것을 원치 않았다고 느꼈던 건 아닐까 싶다. 그래서 연락을 안 한 거였다. 어쨌든 우리 코플랜드 가족은 엄마를 중심으로 똘똘 뭉쳤으니까 우리는 엄마가 간간이 흘린 여리 이야기를 주워들으면서 그녀가 힘든 어린 시절을 보냈고, 삶이 순탄치 않았다는 것을 알았다. 우리는 그런 엄마를 보호하고 싶었다.

하지만 더그 주니어는 고등학교를 졸업한 이후 자신에게 이름을 지어준 남자를 찾고 싶다고 생각했다. 더그는 항상 독립적이었다. 게다가 자신의 뿌리에 깊은 관심이 있었다. 바로 우리 선조들이 목화를 따는 게 어떤 느낌이었을지 경험해보고 싶어서 천연 솜뭉치를 어렵사리 구했던 바로 그 어린 소년 아니던가. 그는 이제 그가 없었다면 존재하지 않았을 한 남자를 만나고 싶어 했다.

내가 한 열여섯 살쯤이었을 때로 기억한다. 엄마와 함께 처음으로 안락한 아파트에 사는 재미에 푹 빠져 있었고, 로리젠발레센터에서 꽤 만족스러운 수업을 받고 있을 때였다. 그리고 처음에는 샌프란시스코, 그다음에는 뉴욕에서 여름 내내 새 친구들과 어울리면서 한껏 들떠 있던 시기이기도 했다. 내 마음속은 온통 발레뿐이었던 그때.

"미스티." 어느 날 오후, 더그 주니어가 대학에서 수업을 마치고 집으로 돌아와 부엌에 함께 앉아 있을 때 나에게 말했다. "내가 우리 아버지를 찾았어."

"우리 아버지?" 나는 어리둥절해서 되물었다. 그때 해럴드는 몇 마일밖에 떨어져 있지 않았다. 도대체 무슨 말이지?

"그래!" 더그는 흥분해서 계속 말을 이어나갔다. "지금 위스콘신에 계셔. 내가 그를 찾아냈어. 전화 통화도 했다고. 조만간 돈을 모아서 아버지를 만나러 갈 거야."

아, 무슨 말인지 알았다. "오." 내가 말했다. "정말 잘됐네!" 더그가 매우 흡족해서 기쁘긴 했지만, 사실 나는 별로 관심이 없었다.

물론 엄마는 더그가 아버지를 수소문한 사실을 모르고 있었다. 그러나 이제 우리 아버지를 찾았으니 더는 비밀로 하지 않기로 했다. 어쨌든 더그 주니어는 성인이었으니까. 엄마는 내키지 않더라도 받아들일 수밖에 없었을 것이다. 결국 더그 주니어는 아버지를 찾아갔고, 아버지가 주신 사진 한 뭉치를 들고 돌아왔다. 우리가 놓친 세월이 고스란히 담긴 사진이었다.

아버지와 더그 주니어는 구릿빛 피부와 근육질인 몸이 거의 붕어빵이었다. 우리 아버지는 젊었을 때 뛰어난 운동선수였다고 한다. 크리스와 더그 주니어가 농구와 풋볼에 소질이 있었던 이유가 다 있었다. 바로 아버지한테서 재능을 물려받은 모양이다. 나 역시 가늘고 긴 뼈대를 가진 엄마보다 훨씬 더 근육질인 걸 보면 체격만큼은 확실히 아버지한테서 물려받은 게 분명했다.

더그 주니어로부터 전해 듣는 아버지의 이야기는 흥미로웠다. 하지만 거의 알지 못하는 아버지와 함께 우리가 잃어버린 삶을 되찾기에는 나머지 형제들 모두 각자 현재 삶이 너무나도 바빴다. 에리카는 고등학교 때 사귄 남자친구와 함께 살면서 나의 예쁜 조카인 머라이어를 키우고 있었고, 크리스는 로스쿨에 갈 준비를 하느라 학업에 전념하고 있었다. 그리고 난 아메리칸발레시어터와 함께 공연할 날만을 꿈꾸고 있었고.

하지만 코르 드 발레에서 몇 년을 보내는 동안 아버지에 대한 궁금증은 더 커져만 갔다. 목소리는 어떨까? 우리를 그리워했을까? 발레리나인 딸을 이떻게 생각할까? 그 모든 질문은 내 일기장을 가득 채웠고, 무용 수업 중에도, 혹은 어퍼웨스트사이드 거리를 거닐다가도 문득문득 내 머릿속을 파고들기 시작했다.

어느 날 나는 전화기를 집어 들고 더그에게 전화를 걸었다.
"아버지를 만나보고 싶어." 내가 말했다.
"좋아." 더그가 대답했다. "표를 예매하자."
그리고 2004년 8월 20일, 아버지를 만났다.

아메리칸발레시어터에서 잠시 쉬는 기간을 틈타 주말에 더그 주니어와 함께 위스콘신으로 날아갔고 거기에서 일주일을 머물렀다. 그곳에 있는 동안 고모할머니와 사촌 몇 명도 만났다.

그전까지 우리 코플랜드 일가 아이들은 해럴드의 가족과 함께 아주 멋지고 시끌벅적한 모임을 즐겼고, 나에게는 대부모인 캔틴 부부부터 버비, 심지어 로버트의 어머니인 마리 할머니까지 친척들을 대신할 만한 다수의 사람이 있었다.

하지만 처음으로 고모할머니의 향을 맡았을 때 비로소 깨달았다. 나에게 같은 핏줄인 어르신이 있다는 사실을 알고 있는 것만큼 좋은 건 없다는 걸. 엄마는 입양되어 거의 혼자서 컸다. 그러니까 이번이 내가 실제 조부모님에게, 나와 같은 조상을 가진 친척들에게 가장 가까이 다가간 셈이었다.

아버지는 상냥하셨다. 처음 인사했을 때는 무척 수줍어하셨고, 나를 두 팔로 감싸 안으셨다.

그는 캔자스시티에서 보낸 어린 시절, 또 독일인 어머니와 아프리카계 미국인 아버지 사이에서 태어나 그간 어떻게 살아왔는지, 자기 자신에 관한 이야기를 한 보따리 풀어놓으셨다. 그들이 처음 만났을 때 엄마가 얼마나 예뻤는지, 그가 엄마를 얼마나 아꼈는지, 그리고 네 명의 아름다운 자녀들을 얼마나 자랑스러워했는지를.

지금껏 전화 한 통화면, 비행기만 타면 될 일이었다. 이런 말도 안 되는 일이 어디 있지! 화가 났다. 그리고 슬펐다. 하지만 다른 한편으로는 내가 호기심이 이끄는 대로 움직여서 이제라도 아버지의 품에 안겼고, 나 스스로 노력했다는 사실에 기뻤다. 그날 신이 나서 일기장에 이렇게 적었다.

> 나는 아버지와 입술이 똑 닮았다. 내 눈이 아버지의 예쁜 녹갈색 눈이면 얼마나 좋을까. 아주 멋져 보일 텐데. 마치 나의 일부가 채워진 것 같아. 정말 행복하다.

아버지를 만나고 나서 휘몰아친 그 모든 감정 가운데 엄마에 대한 분노는 없었다. 진정한 여성으로 성장해가는 것, 그리고 혼자 어려운 결정을 내려야 하는 상황은 결국 내가 엄마를 더 잘 이해하는 데 도움이 되었다고 생각한다. 엄마가 종종 어려움을 감당하지 않는 선택을 함으로써 어려움을 해결했다는 건 알고 있었다.

더그가 그렇듯, 나 역시 엄마와 다르다. 어쩌면 다른 형제자매들보다 더 다를 수도 있다. 우리는 과거를 되돌아보았다. 도망치고 싶지 않았다. 그 상황을 받아들이고, 그것을 우리 손으로 뒤집고 바라보면서 더 좋게 만드는 방법을 찾아내고 싶었다.

그동안 내가 떠났던 모든 여행을 떠올린다. 아메리칸발레시어터와 함께 수습 무용수로 중국에 갔었고, 레일라와 처음 크루즈를 타고 멕시코와 자메이카를 여행했고, 스튜디오 컴퍼니와 함께 케이프 코드로 떠났었다. 그러고 나서 생각했다. 여기 위스콘신에서 아버지와 함께 시간을 보낼 수 있었다면 그 모든 걸 포기했을 텐데.

아버지와의 시간은 즐거웠지만, 그에게서 가슴 아픈 이야기도 들었다. 어머니가 아버지를 떠난 후, 그에게는 꽤 오랫동안 사귄 데비라는 여자친구가 있었는데 더는 자녀를 두지 않았다는 것이었다. 그가 오빠에게 말하길, 이미 멀리 떨어진 곳에 두 아들과 두 딸이 있어서 더 이상 자녀를 원하지 않았다고 한다. 난 아버지가 항상 우리를 사랑했고, 우리와 연락하며 지내길 바라셨다는 것을 알았다. 엄마가 떠나고 우리를 볼 수 없게 되면서 아버지의 삶은 막대한 타격을 입었다.

아버지를 처음 봤을 때 정말 깜짝 놀랐다. 사진과 비교하면 몸은 믿어지지 않을 만큼 쪼그라들어 있었고 머리가 희끗희끗했기 때문이다. 그의 녹갈색 눈은 여전히 반짝거렸지만 사진에서 보던 젊은 남자의 모습은 온데간데없었다. 아버지의 한창때 모습이 더그 주니어랑 닮았는데, 지금의 아버지는 그와 전혀 닮은 구석이 없다.

아버지 없이 성장했음에도, 우리 모두 장성해서 다들 잘 살아가고 있는 모습에 그 또한 나만큼이나 몹시 자랑스러워했다고 생각한다. 혼란스러운 어린 시절을 겪으면서도 내가 용케 프로 발레리나로 발돋움했다는 것, 형제자매들 역시 다 잘 풀렸다는 사실은 어찌 보면 경이롭기까지 했다.

오늘날까지도 우리가 어떻게 누구 하나 엇나가지 않을 수 있었는지 이해하기 힘들 정도다. 우리 형제자매가 처했던 모든 상황을 고려해본다면 말이다. 특히 나와 내 친형제들은 친아버지와 우리 모두 진정으로 유일한 아버지라고 여기던 해럴드를 빼앗기고 나서 입에 담지도 못할 욕설을 마구 쏟아내던 한 남자와 함께 살았다. 그 이후로는 갱단이 들끓는 동네에서 가족의 친구들과 더부살이를 했고, 낯선 사람들과 이리저리 이사를 다니다가 결국 허름한 모텔에 정착했다. 우리 중 누구도 감옥에 가거나, 혹은 마약에 손을 대지 않았다는 사실은 여전히 나에게는 놀라운 일이다.

우리는 모두 잘 살고 있다. 크리스는 뉴욕에 와서 나와 함께했고, 얼마 전에 뉴욕의 변호사 시험을 통과했다. 더그는 고등학교 때부터 연인이었던 레이븐과 결혼했다. 레이븐은 내가 자매처럼 아끼고 사랑하는 아름다운 여성이다. 그녀는 내과 의사고 더그는 보험업계에서 일한다. 그들은 여전히 캘리포니아에서 살고 있으며, 그곳에서 내 사랑스러운 조카 오리온을 키우고 있다.

나는 에리카가 많은 부분 우리보다 더 힘들었을 거라고 생각한다. 장녀로서 여러 가지 면에서 우리의 엄마 역할을 대신해야 했을 테니. 하지만 그녀 또한 멋진 삶을 살고 있다. 여전히 강인하고, 자신감 넘치며, 독립심이 강하다. 에리카와 제프는 10대 시절부터 20년 넘게 커플로 지낸다. 제프는 한때 도심을 가로질러 신디의 발레 학교까지 나를 태워다주곤 했다.

그리고 육상선수로 장학금을 받고 치코주립대에 다녔던 린지가 있다. 그녀는 멋진 청년과 결혼했고 내가 그녀의 결혼식에서 들러리를 섰다. 우리 막내 카메룬은 예술적인 기질이 나와 가장 많이 닮았다. 크리스와 더그처럼 운동 체질은 아니었지만, 그 대신 피아노 신동이었다. 그는 여전히 연주와 연기를 하고 있고, 노래하며, 곡을 쓴다.

나는 어린 시절을 떠올리며 우리가 더 나은 가정환경에 있었더라면 어땠을지를 상상하면서 속상해하지 않는다. 그 힘겨운 경험이 우리 모두를 전사로 만들어 가장 어려운 투쟁을 이겨낼 수 있도록 했다. 나는 비교적 이상적인 삶을 경험했으면서도 자신들이 가진 것에 감사하지 않는 사람들에게 좌절감을 느낀다. 아메리칸발레시어터에서 공연하는 동안 가끔씩 내 동료들이 가족과 늘 같은 휴양지에 간다며 투덜거리거나, 리허설을 하느니 일광욕이나 즐기고 싶다며 볼멘소리를 늘어놓거나, 아니면 아메리칸발레시어터가 뉴욕시티발레단과 비교해 얼마나 안 좋은지 등등 이런저런 하찮은 문제들로 불평불만을 쏟아내는 말을 우연히 듣게 되는 경우가 많았다.

그럼, 난 내가 겪었던 모든 일, 메트로폴리탄 오페라 무대에 서기 위해 힘들고 복잡한 상황을 감당하고 극복해내야만 했던 그 모든 일을 떠올리곤 했다. 도대체 뭐가 불만이라고 이 법석들이지? 난 속으로 웃었다. 나는 좋아하는 일로 먹고산다. 나에게는 나만의 예술이 있고, 대부분 시간을 그것에 전념하며, 대다수 사람이 이 기회를 얻고 싶어 꿈을 꾸는 동안 전 세계를 여행한다. 아메리칸발레시어터에서 누릴 수 있는 이 멋진 삶이 사라지고 더는 공연할 수 없게 되면, 그 무용수들 모두 그 삶이 온전히 자신들만의 것이었을 때 매 순간 그토록 아름다운 삶에 감사하지 못한 것을 후회하게 될 것이다.

내가 견뎌낸 것, 그리고 형제자매들이 견뎌낸 것들이 어떤 것인지 잘 알고 있기에 나는 더더욱 삶에 감사한다.

10년이 지난 지금도 난 여전히 친아버지를 알아가려고 고군분투하고 있는 것 같다. 마치 불가능한 일을 시도하면서 잃어버린 모든 시간을 되찾으려고 안간힘을 쓰고 있는 것 같기도 하다. 하지만 우리는 절대 포기하지 않을 것이다. 아버지와 그의 여자친구 데비는 위스콘신에서 살고 있다. 그래서 내가 시카고에서 공연을 할 때면 되도록 두 분이 시카고로 오신다.

그리고 매주 일요일 아침 10시에 울리는 전화벨 소리는 어김없이 아버지에게서 걸려온 전화다.

아버지를 만나고, 고모할머니의 손을 잡고, 이전에 알지 못했던 나의 일부와 연결되면서 내 안에서 무엇이 번득였는지는 잘 모르겠다. 하지만 위스콘신 여행에서 감정적으로 한껏 부풀어 오른 상태로 스튜디오에 돌아왔다는 것만큼은 안다. 나는 처음 신디의 스튜디오에 갔을 때 거울을 들여다보면서 내가 마침내 있어야 할 곳에 있다는 것을 깨달았다. 나는 마치 그날처럼 의욕이 넘쳤고 흥분되었다.

솔리스트 승급이 갑자기 내 마음속에서 크게 자리를 잡았다. 그것은 이제 종잡을 수 없는 신기루가 아니라 손에 닿을 만큼 가까이에 있었다. 나는 나 자신만을 위해 솔리스트가 되고 싶은 게 아니었다. 거의 20년 만에 난 아메리칸발레시어터와 함께 역사를 쓴 첫 흑인 여성 솔리스트가 될 수도 있다. 그러한 사실을 알고 있기에 너무 흥분된 나머지 현기증마저 일었다. 그것은 몇 년째 내 목표였다. 목표는 언제나 한 가지였다. 하지만 이젠 정말로 가능할 것 같았다. 그 기대가 나를 기운 나게 했다. 나는 항상 일기장에 적었다.

만약 이것이 흑인 여성들에게 발레계로 통하는 문을 활짝 열어준다면, 그건 내게 무엇과도 바꿀 수 없는 선물이 될 것이다. 그건 그만한 가치가 있다. 그래서 이 일을 하는 것이다. 오직 나 혼자만의 즐거움과 만족을 위해서가 아니다. 매일 아침 천근만근 같은 몸을 일으켜 세우면서 난 반드시 이 사실을 기억한다. 단지 나를 위해서가 아니라 다른 이들을 위해서 내가 무엇을 할 수 있을지를.

이듬해 난 레이저를 쏘듯 정교하게 나의 기술과 공연에 집중하기로 했다. 군무 무용수로 6년을 보내고, 이따금 내가 마땅히 받아야 할 보상이 더 빨리 주어지지 않는다고 느끼다가 실제로 많은 단원이 작품의 주요 역할을 맡는 솔리스트가 되지 못한다는 사실을 깨달았다. 단 한 걸음 차이에 불과한데도.

그러나 나는 그 기회를 얻게 될 것이다.

아메리칸발레시어터와 뉴욕은 나에게 많은 선물을 주었다. 그중 어떤 선물은 지금까지도 수수께끼다.

일곱 살 때 가족이 해럴드를 떠나 로버트와 함께 살기 시작했을 때부터 난 심각한 편두통을 앓았다. 그 통증을 억제해보려고 약도 먹었다. 로리젠발레센터에서 열었던 내 멋진 열여섯 살 생일 파티도 편두통 때문에 놓쳤었다. 그때 난 시끌벅적한 파티가 나 없이 진행되는 동안 어두운 방에 혼자 누워 있어야 했다. 그리고 때로는 너무 고통스러워서 비틀거리며 침대에 누워야 했다. 심지어 엎드려 있어서 거의 앞을 내다볼 수도 없었다.

뉴욕으로 이사했을 때 그 끔찍한 두통이 내 공연과 연습을 방해할까 봐 늘 마음을 졸였다. 하지만 스튜디오 컴퍼니에서 1년 동안 춤을 추고 나서 어느 틈엔가 편두통이 사라졌다는 걸 알게 되었다. 나는 달라졌다. 나는 나의 스트레스를 통제하고 있었다.

이제 내게 편두통은 없었다.

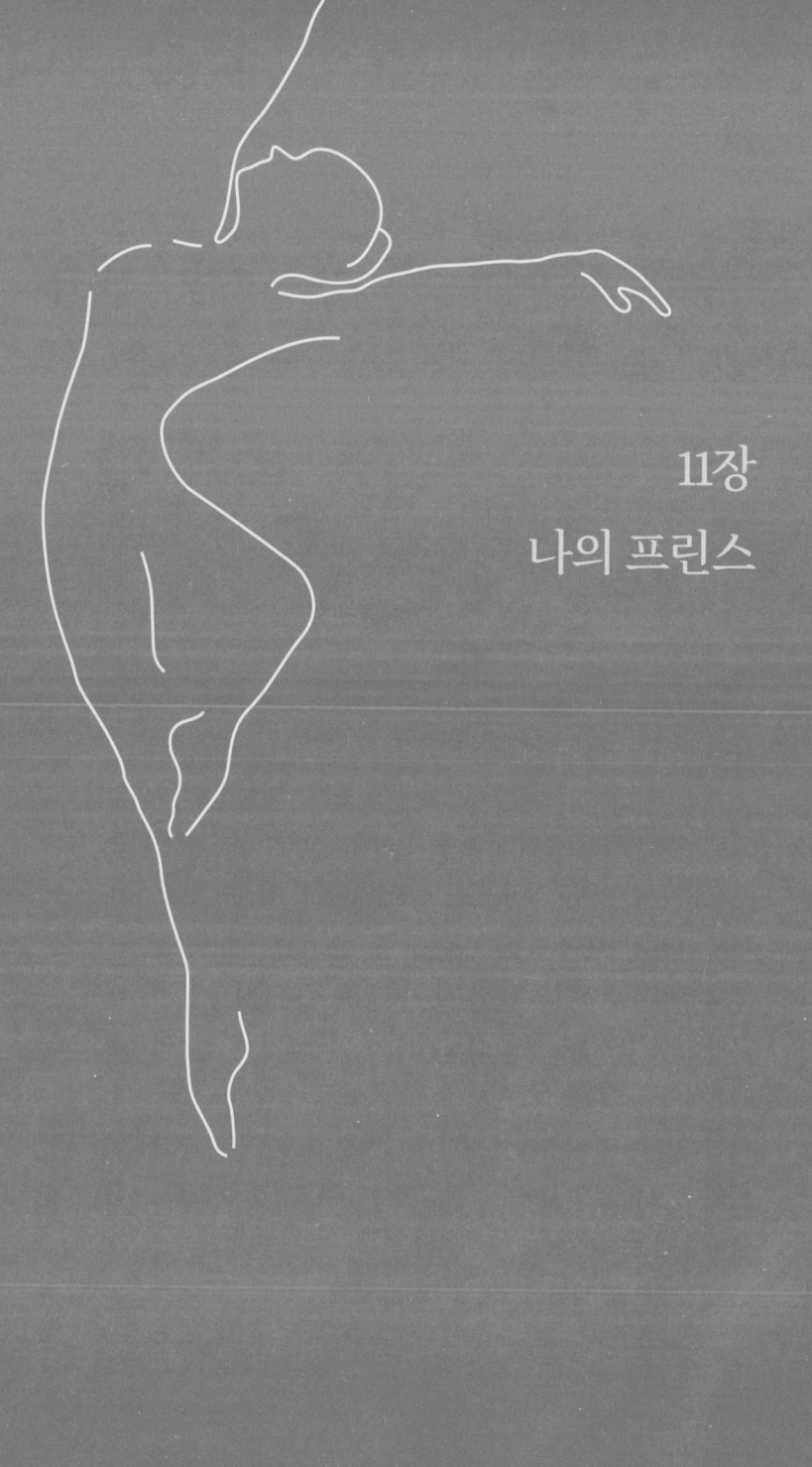

11장
나의 프린스

　케빈 말고도 나를 지도해주고 응원해주는 예술인들은 더 있었다. 이사벨 브라운이 그중 한 분이다. 그녀의 지도와 응원은 부드럽지 않다. 완고했고, 칭찬도 충분히 받을 자격이 있을 때를 위해 아껴두었다.
　뉴욕에서 스튜디오 컴퍼니와 처음으로 무대에서 공연했을 때 그녀가 참석하기로 했다. 그날 밤늦게 이사벨이 그녀의 어퍼웨스트사이드 브라운스톤에서 장미꽃을 들고 내 방으로 들어왔다. 나는 그녀가 왜 극장에서 직접 꽃다발을 건네주지 않았는지 궁금했다. 보통 일부 무용수들은 그곳에서 부모님과 친구들로부터 축하를 받곤 하니까.
　이사벨은 옆 탁자에 꽃병을 내려놓았다.

"네가 꽃을 받을 자격이 있을 만큼 잘했다는 걸 확인하기 전까지 꽃을 주문하지 않았거든." 그녀가 대답했다.

그게 바로 이사벨이다. 하지만 난 그녀를 사랑한다. 그녀의 집에 머물게 해준 관대함에는 여전히 감사하고 있다. 이사벨 브라운이 내게 재능이 있다고 말했다면 그건 틀림없는 진실이었다. 내게 진심을 알게 해준 그녀의 정직함에 감사한다. 아메리칸발레시어터에서 내가 받는 수업 중 일부를 담당했던 이사벨과 그녀의 딸 레슬리는 매의 눈으로 내 공연을 지켜보았다. 그리고 아낌없는 찬사를 보내주었고, 마치 내가 그들의 명망 있는 가족의 일원이 된 듯한 기분을 느끼게 해주었다. 코르 드 발레에 입단한 후, 레슬리가 나를 아메리칸발레시어터에서 가장 훌륭한 젊은 인재 중 한 명이라고 말했다고 한다. 브라운 왕가로부터 승인 도장을 받는다는 건, 마치 파바로티에게서 당신이 훌륭한 목소리를 가졌다는 말을 듣거나, 혹은 윌리엄스 자매로부터 당신의 강력한 백핸드가 환영받는 것과 같다.

그리고 또 한 사람, 나는 발레와는 거리가 먼 예술 형태의 절정에 있었던 아티스트로부터 영감과 격려를 받았다.

바로 가수 프린스Prince Rogers Nelson다.

당시 내 친구 캐일렌 라토는 발레리나들이 은퇴 후 그들이 받은 훈련과 기술을 새로운 일에 알맞게 사용할 수 있도록 도와주는 '전문무용수 직업전환센터Career Transition for Dancers'에서 일하고 있었다.

어느 토요일 아침, 문자 알림 소리에 잠에서 깼다.
'프린스에게 네 휴대전화 번호를 알려줘도 될까?'
프린스?
프린스의 조수 중 한 명이 캐일렌의 사무실로 전화를 걸어 내 연락처를 알아낼 수 있는지 물어본 모양이었다. 나는 프린스가 왜 나와 이야기하고 싶어 하는지 알 수는 없었지만, 캐일렌에게 당연히 내 번호를 알려줘도 된다고 말했다.

그날 늦게 내 핸드폰이 울렸다.

그의 말하는 목소리는 고혹적인 바리톤이었다. 이는 그가 히트곡을 부를 때 종종 소환하던 샹들리에를 산산조각 낼 것만 같은 가성과는 사뭇 달랐다. 그래도 그의 목소리를 알아채지 못할 리는 없었다.

비현실적으로 들릴 수도 있지만, 프린스가 전화했을 때 난 특별히 어떤 감정을 느끼지 않았다. 무엇보다도 그가 무엇을 원하는지가 몹시 궁금할 뿐이었다.

정확히 말하자면 난 그의 열렬한 팬은 아니었다. 보이 밴드, 래퍼, R&B 여가수들의 음악을 더 좋아했으니까. 하지만 그의 음악은 라디오와 MTV 채널에서 익히 들어 알고 있었다. 당연히 〈Purple Rain〉 뮤직비디오도 본 적 있었다.

프린스가 부드럽게 말했다. "제가 〈Crimson and Clover〉라는 노래를 리메이크하고 있는데, 당신이 그 비디오에 나왔으면 좋겠어요."

나는 멍한 상태에서 발레리나로 어떻게 그의 음악에 빠져들지 상상해보려고 노력했다. 그 모습은 특이했지만 짜릿했다.

"정말 굉장할 거예요." 내가 말했다.

나는 잠시 뉴욕을 떠나 있는 올루에게 그 제안을 이메일로 알렸다. 엄마한테도 전화를 걸어서 상황을 설명했는데 나보다 훨씬 더 흥분하는 것 같았다. 두 사람 모두 기회를 잡아야 한다고 말했다.

마침 아메리칸발레시어터에서 공연이 없었던 기간이었으므로 기본적으로 내가 원한다면 모든 걸 할 수 있었다. 프린스와 난 서로 맞는 날짜를 찾아냈고, 며칠 후 나는 비행기 일등석을 타고 로스앤젤레스로 떠났다. LA에 우리 가족이 살고 있었음에도 프린스는 베벌리 힐스 호텔에서 방을 예약해주었다. 한 사람이 쓰기에는 너무나도 크고 믿을 수 없을 정도로 호화로운 스위트룸이었다. 방에는 나를 환영하는 꽃, 샴페인, 손으로 쓴 쪽지가 놓여 있었다. 프린스의 조수는 우리가 비디오를 촬영하는 스튜디오까지 나를 데려다주고 다시 데리러 오는 일을 담당했다. 그 외에는 리무진을 타고 돌아다녔다.

다음 날 비디오 촬영 현장에 마련된 화장대 의자에 앉아 있는데 기다리던 프린스가 걸어 들어왔다. 그는 장식이 달린 지팡이를 들고 있었다. 하지만 매우 조용하고 겸손했다. 당신이 슈퍼스타에게 기대하는 그런 모습은 전혀 찾아볼 수 없었다. 프린스는 아무렇지 않게 다가와 인사를 건네고 나와 악수했다. 그는 거의 긴장한 것처럼 보였다.

나는 음악에 맞춰 즉흥적으로 내 춤을 안무할 예정이었다. 프린스는 내가 나의 예술 형식을 훨씬 너 잘 알고 있다는 점을 존중하여, 촬영장에서 그가 조용히 앉아 지켜보는 가운데 내가 순간 떠오르는 안무를 구상할 수 있도록 해주었다.

그날 저녁, 리무진이 와서 저녁 식사를 위해 나를 프린스의 집까지 데려다주었다. 내가 들어갔을 때 호화롭게 포장된 선물이 눈에 들어왔다. 상자 안에는 촬영장에서 입었던 유명 디자이너의 노란빛이 감도는 잿빛 드레스가 들어 있었다.

프린스의 직원 중 한 명이 나를 그의 집안으로 안내했다. 부엌 맞은편 거실에서 그가 도착하기만을 기다리면서 45분간 요리사와 이런저런 얘길 나누었다. 나는 그의 아름다운 집을 둘러보았다. 집안 모든 곳에는 바닥부터 천장까지 맞닿은 유리창이 있었고, 이는 그의 관능적인 보라색 피아노에 멋진 달빛 프레임을 선사했다.

마침내 복도에서 그의 힐이 또각거리는 소리가 들렸다. 프린스는 나를 식당으로 안내했고, 그곳에서 우리는 그의 요리사가 준비한 비건vegan 요리를 먹었다. 식탁은 믿기지 않을 정도로 길었다. 그가 맨 앞자리에 앉았고 내가 그 옆에 자리를 잡았다. 처음부터 프린스는 나와 발레에 관한 모든 것을 알아가는 데 무척 관심이 많았고 찬사를 아끼지 않았다.

나의 배경은 물론, 내가 어떤 음악을 즐겨 들었고, 그동안 어떤 공연을 선보였으며, 아메리칸발레시어터에서는 어떤 경험을 했는지 등 아주 많은 질문을 던졌다. 저녁 식사 후, 리무진이 나를 호텔로 데려다주었다. 그리고 앞으로 1년 동안은 프린스를 보지 못할 것이다.

그는 나에게 이따금씩 전화를 걸었다. 어느 날은 펑크 록 그룹 그레이엄 센트럴 스테이션Graham Central Station의 뉴욕 공연에 나를 초대하고 다시 한번 차를 보냈다. 그는 다시 한번 수줍어했다. 우리 두 사람은 큰 원형 테이블에 자리를 잡았다. 오직 두 사람을 위해 마련된 테이블이었다. 저녁 시간에 프린스가 무대에 올라 기타를 연주했다. 능숙하고 격렬했으며 열정적이었고 청중을 매료시켰다. 그의 그런 면을 본 건 그때가 처음이었다. 그렇게 밤이 막을 내렸다. 나는 집에 돌아왔다.

프린스는 늘 그런 식이었다. 홀연히 사라졌다가 갑자기 내 삶에 다시 나타났다. 신비롭기도 하고 신기했다. 한 5개월 정도 지났을까. 그가 또 전화를 걸어왔다.

"유럽에서 투어를 할 거예요." 프린스가 말했다. "당신이 공연의 한 부분을 맡았으면 해요. 어쩌면 당신이 솔로로 시작할 수도 있어요."

아메리칸발레시어터에서 공연이 없는 기간에 프린스와 함께 일하는 건 어렵지 않다. 하지만 리허설 중이거나 공연 시즌에 발레단 밖에서 다른 일을 도모하기란 쉬운 일이 아니다. 일단 발레단에 나를 빼달라고 요청해야 하고, 그렇게 되면 아마 내 임금은 삭감될 것이다. 하지만 더 중요한 건 이런 요청 자체가 대부분은 거절된다는 것이다.

결국 빠듯하게 기한을 맞춰야 할 것 같았다. 유럽 투어는 하반기에 예정되어 있었으므로 다행히 자유롭게 갈 수는 있었다.

평생 상상조차 하지 못했던 기회였다. 팝 아이콘과 함께 무대에 선다. 이뿐만이 아니라, 새로운 관객에게 발레를 선보일 수도 있다. 꿈은 아니겠지! 하지만 난 좀 더 평상심을 유지하려고 노력했고, 차분한 목소리로 대답했다. "갈 수 있을 것 같아요."

❦

파리의 샤를 드골 공항에 도착했을 때 프린스가 검은색 타운카town car❖를 타고 나를 기다리고 있었다. 호텔까지 가는 동안에는 많은 이야기를 나누진 않았다. 우리는 호텔 르 브리스톨Hôtel Le Bristol에 짐을 풀었다. 나는 프린스의 객실 밖에서 그를 기다리다가 우연히 여배우 레이첼 맥아담스Rachel Anne McAdams와 마주쳤다. 그녀는 영화 〈미드나잇 인 파리〉를 촬영하고 있었다.

그날 저녁 나는 프린스와 함께 가수인 에리카 바두Erykah Badu의 공연을 보러 갔다. 그녀의 공연은 마치 영적 교감을 나누는 행위치럼 느껴졌다. 영묘하고 관능적이었으며 틀림없이 자신의 인생에서 최고의 시간을 보내고 있는 것 같았다.

그날 저녁 늦게 에리카는 나와 함께 앉아 프린스가 애프터파티after-party❖❖의 잼 세션jam session에서 공연하는 모습을 지켜보았다. 밤이 끝도 없이 계속되었다. 프린스는 4시간 연속 연주를 계속했다. 그만큼 그는 자신의 예술을 사랑했고, 종일 작곡하고 연습한 이후에도 밤새도록 연주할 수 있는 사람이었다. 무용수로서 나는 그 열정을 완전히 이해했다.

원래는 파리에서 공연이 예정되어 있었으나 일정이 취소되었다. 이유는 기억나지 않는다. 그것에 관한 극적인 논평 기사가 있

❖ 일종의 렌터카로서 유리문으로 앞뒤 자리에 칸막이가 있는 자동차
❖❖ 시끌벅적한 파티가 끝난 후에 하는 소규모 사교모임

었고 분명히 그 일과 관련된 소송이 있었던 것 같다. 어쨌든 프랑스 니스에서 딱 한 번 공연을 할 수 있게 되었다.

우리는 며칠 후에 칸에 도착했다. 프린스의 밴드와 코러스 팀은 네그레스코 호텔Negresco Hotel에 묵었지만 숙소에 대해 매우 까다로웠던 프린스는 그곳에서 편안함을 느끼지 못했다. 우리 두 사람은 여기저기 차를 몰고 숙소를 찾아다녔고, 마침내 그랜드 하얏트 칸 호텔 마르티네Grand Hyatt Cannes Hôtel Martinez에 객실을 잡았다. 마지막 순간에 숙소를 찾아낸 건 꽤 드라마 같은 일이었다. 하지만 이 사람은 결국 프린스였다. 그는 해냈다.

공연 시간이 임박했고 난 공연장에 가서 분장실을 살펴보았다. 프린스와 내가 함께 사용해야 한다고 했다. 그가 사과했다. 나중에 알게 된 사실이지만, 그런 경우는 슈퍼스타에게는 거의 일어나지 않는 일이라고 했다. 난 괜찮았다. 우리는 분장하면서 농담도 하고 이런저런 이야기도 주고받았다.

프린스의 밴드와 코러스들이 무대에 올라갔다. 이제 내 차례다. 나는 리허설을 하지 않았기 때문에 무대에서 무엇을 해야 하는지 전혀 모르고 있는 상태였다. 하지만 딱히 걱정하지는 않았다. 여기는 내 구역이다. 이제 내가 가장 좋아하는 춤을 출 참이다. 아메리칸발레시어터와는 아주 멀리 떨어져 있어서 내 모습을 평가하는 눈들을 의식하느라 완벽한 전진, 도약 혹은 쥬떼 앙아방jeté en avant을 수행할 때 걱정할 필요가 없었다. 나는 자유롭게 춤을 추고 새로운 사람들에게 나의 사랑, 발레를 소개하면 그만이다.

한 1, 2분 정도 춤을 추고 있었나? 난 무릎이 거의 이마에 닿을 정도로 다리를 들어 올렸다가 내리고, 무릎을 곧게 펴고, 그랑 바뜨망grand battement을 선보이고 있었다. 그 순간 관객들의 비명과 환호가 터져 나왔다. 그때 나는 '사람들이 내 춤을 좋아해주고 있다'고 생각했다. 터지는 환호에 일말의 책임감마저 느끼면서 몸을 막 회전하는데 언뜻 무대 위로 걸어 나오는 프린스의 모습이 보였다. 그 환호성은 그를 위한 것이었다. 나는 혼자 낄낄거리며 천천히 무대를 빠져나갔다.

무대 끝에서 그를 자세히 살펴보았다. 느긋하고 호기심 많은 나의 새 친구를 전설적인 음악가 프린스로서 바라본 첫 번째 순간이었다. 난 그의 완벽한 변신에 놀라 입을 다물지 못하고 그 자리에 서 있었다. 그는 역동적이었지만 자신을 완전히 통제하고 있었다. 프린스의 팬들 역시 그가 그들에게 그랬듯 그에게 열광했다. 그 모습은 내가 직업적으로 본받고 싶었던 일종의 예술성과 관객 간 소통의 참모습이었다.

프린스는 1년 정도 다시 사라졌다가 2011년 가을에 갑자기 전화를 걸어왔다. 그는 나와 미네소타에 있는 자신의 자택에서 사진을 함께 촬영하면서 새로운 협업에 대해 논의하고 싶다고 말했다. 나는 동의했고, 예전과 마찬가지로 그가 무엇을 원하는지 잘 알지 못하는 상태에서 그를 만나러 갔다.

프린스는 오랜만에 미국 투어를 계획하고 있다고 말했다. 투어는 '웰컴 투 아메리카Welcome to America'라는 타이틀로 뉴욕 매디슨 스퀘어 가든Madison Square Garden에서 첫 공연이 시작될 거라고 말했다. 나는 프린스가 특히 투어의 시작 단계에서 투어의 형태와 흐름을 구상하고 도표로 작성하는 과정부터 나의 참여를 희망했다는 사실에 무척 감격했다.

우리는 함께 사진을 촬영했다. 프린스는 기타를 들고 있었고, 난 거의 2년 전에 <Crimson and Clover> 뮤직비디오를 촬영할 때 사용했던 토슈즈와 드레스를 착용하고 있었다. 그가 오롯이 카메라에 집중하는 동안 나는 그의 주변에서 삐루에뜨를 하고 포즈를 취했다. 몇 시간 후, 촬영을 마치고 프린스의 집에 있는 다른 방으로 가서 그의 직원들과 함께 자리에 앉았다. 그들은 우리가 사용할 사진을 고를 준비를 마쳤다. 나는 무용수로서 내 몸의 곡선을 가장 잘 포착한 사진을 몇 장 골랐다. 아무래도 그들보다는 독특한 발레의 특성을 보는 안목이 내가 더 탁월할 테니까. 그들은 내 의견을 존중했고 콘서트 때 판매할 포스터와 프로그램에 사용될 사진을 인쇄했다.

하지만 놀이시간은 끝났다. 더는 즉흥적으로 무대에 오르는 일은 없을 것이다. 이번 공연에서 프린스는 안무와 세트피스set piece를 원했다.

내가 뉴욕으로 돌아왔을 때 아메리칸발레시어터는 브루클린 음악원Brooklyn Academy of Music, BAM에서 열리는 「호두까기 인형」 시즌 준비가 한창이었다. 초연 전까지 브루클린 음악원의 시설을 다른 회사가 사용할 예정이라서 우리는 매일 리허설을 위해 뉴저지의 극장 공간을 사용하고 있었다.

아침 10시부터 밤 9시까지는 아메리칸발레시어터의 리허설이 있었는데 쉬는 시간에 극장을 찾아온 안무가와 만나 프린스의 콘서트 때 하고 싶은 춤을 따로 작업했다. 나는 프린스가 출연한 영화와 동명의 앨범 <Purple Rain>의 수록곡인 <The Beautiful Ones>에 맞춰 춤을 출 것이다.

아메리칸발레시어터와 거의 온종일 리허설을 하고 나면 리무진이 와서 나를 태우고 극장에서 뉴저지에 있는 아이조드센터 Izod Center로 데리고 갔고, 그곳에서 프린스와 함께 새벽 2시까지 연습했다. 그는 이제 특별히 나에게 원하는 것이 많아졌다. 하지만 난 그것이 편안했다. 발레리나로서 워낙 스트레스가 많은 환경에 익숙했던 데다 이전 공연에서 내가 하고 싶은 걸 맘껏 펼치는 재미도 있었지만, 기술적인 완벽함과 통제를 위해 다시 노력하는 것도 충분히 위안이 되었기 때문이다. 나는 준비되어 있었다.

프린스는 나와 안무가에게 쪽지를 써주곤 했다. 그는 내가 모든 단어와 음악 신호musical cue를 이해할 때까지 〈The Beautiful Ones〉를 반복해서 들어보도록 했다.

베이비, 베이비, 베이비, 뭘 하고 싶니?
Baby, baby, baby What's it gonna be?

가끔은 맨해튼의 리츠 칼턴에 있는 그의 스위트룸에서 연습했다. 프린스는 내가 식탁에서 춤을 추는 동안 곡을 연주했다. 식탁은 콘서트 때 무대 위에서 회전하는 피아노 대용이었다.

프린스와 함께 일하면서—그의 뛰어난 재기, 사소한 세부 사항 하나도 놓치지 않는 세심함, 나에 대한 신뢰를 경험하면서—내 자신감도 높이 치솟았다. 발레 교사의 지도 없이, 그의 비전이지만 주로 나의 비전에 기반을 둔 동작을 해내다 보면, 마치 내가 진정한 프로가 된 듯한 매우 독립적인 기분이 느껴졌다.

이전까지 난 발레의 영원한 늦깎이 학생이 된 것 같은 기분이었다. 그러나 프린스와 함께 작업하면서 춤의 시작부터 마지막 화려한 몸짓까지 스스로 안무의 모든 단계를 책임지는 완전한 예술가가 될 수 있었다.

나의 정서적인 돌파구—올루를 만나 사랑에 빠진 것, 나의 새로운 몸을 소중히 여기는 법을 배운 것, 아버지를 처음 만난 것—는 언제나 춤의 기술적 돌파구와 함께 찾아왔다.

제러드 매튜스와 함께 메트로폴리탄 오페라 하우스에서 조지 발란신의 차이콥스키 빠 드 되를 처음 선보였을 때였다. 2009년 5월의 일이었고, 그날은 나에게 의미 있는 전환점이 되었다. 발란신의 발레 작품에서 빠른 발동작은 나에게 항상 넘기 힘든 과제였다. 하지만 쉴 틈 없이 연습에 전심전력을 다했고, 그 결과 좋은 성과를 냈다. 그때를 계기로 공연할 때마다 내 기술은 향상되었다.

또, 아메리칸발레시어터가 아닌 다른 곳에서 공연 요청을 받고 참여했을 때에도 기술적인 돌파구를 찾을 수 있었다. 외부 공연에서는 항상 수석 무용수였기 때문에 아메리칸발레시어터 스태프들의 기대와 부담 없이 주요 역할을 소화할 수 있어서였던 것 같다.

이따금씩 내 머릿속에서만 존재하는 압박감이 있었다. 그리고 내 안에는 언제나 두려움이 자리했다. 언젠가 춤을 출 수 없는 날이 온다면? 우리와 같은 무용수들이 끊임없이 추구하지만 절대 도달할 수 없는 완벽함에 대한 환상을 더는 품을 수 없다면? 다시는 그 역에 캐스팅되지 않으면 어쩌지? 하지만, 아메리칸발레시어터 밖에서 춤을 출 때는 잃을 게 더 적었다. 걱정과 긴장이 순수하고 속박 없는 기쁨으로 바뀌기 때문이다.

나는 다른 발레단이나 안무가들과 함께 춤을 출 때만 폭발하는 자신감과 아드레날린을 경험한 게 아니었다. 프린스와 함께 공연할 때도 똑같은 자유로움과 짜릿함을 느꼈다.

프린스 또한 나처럼 완벽주의자였고, 내 공연에서 어떤 특정 요소를 보고 싶어 했다. 그렇더라도 발레는 내가 전문가였기에 내 춤을 안무하고 갈고닦고 다듬어서 무대에 올리는 건 오롯이 내 몫이었다.

프린스와 난 함께 거울을 바라보면서 미국 투어에서 그가 〈The Beautiful Ones〉를 부를 때 그의 주변에서 내가 취할 수 있는 자세를 이렇게 저렇게 해보았다. 당시 난 모든 콘서트에서 그와 함께 공연할 수 없었다. 아메리칸발레시어터가 브루클린 음악원에서 시즌 중이었으므로 쉬는 날에만 프린스와 함께 무대에 오를 수 있도록 허락을 받아서였다. 물론 프린스도 괜찮다고 했다. 그는 내가 브루클린 음악원에서 공연을 해야 하는 날에는 내 분량을 잘랐다.

몸이 지쳤음에도 기분은 날아갈 듯 좋았다. 그동안 메트로폴리탄 오페라에서부터 하바나의 칼 마르크스 극장, 홍콩의 문화 센터에 이르기까지 전 세계에서 공연을 해왔지만, 프린스와 함께 하는 미국 투어는 결코 내가 쉽게 경험할 수 있는 일이 아니었기 때문이다.

매디슨 스퀘어 가든에서 열린 첫 공연은 평소보다 약간 더 부담스러웠다. 유명인들이 객석을 가득 메운 가운데 공연장이 후끈 달아오른 열기로 뜨거웠다.

공연이 진행되는 동안 난 슬그머니 프린스의 작은 탈의실이 마련된 무대 아래쪽으로 갔다. 프린스는 내가 합류하러 오기 전에 노래 몇 곡을 연주하곤 했는데 그가 아래층으로 내려왔다. 우리는 말없이 포옹했다.

"자, 우리 잘해봐요." 프린스가 말했다.

그리고 프린스는 무대 아래에서 솟아오른 작은 사각 리프트 위로 발을 내디뎠다. 이윽고 프린스가 피아노 쪽으로 걸어가 연주하기 시작했다.

리프트는 다시 내가 밟고 올라가 프린스 옆에 나란히 설 수 있도록 내려오기로 되어 있었다.

하지만 어떤 까닭인지 리프트가 내려오지 않았다.

나는 파랗게 질려서는 어쩔 줄을 몰랐다. 오, 안돼, 그건 내 신호야! 난 무대에 서야 한다고!

정말이지 몇 분은 그러고 있을 줄 알았다. 다행히도 몇 초 지나지 않아 리프트가 나를 태우러 내려왔다.

나는 우아하게 피아노 쪽으로 걸어가 내가 있어야 할 자리를 찾았다. 그간 프린스는 내가 모든 가사와 화음을 놓치지 않도록 끈질기게 연습하게 했고 한 박자도 놓치지 않고 내 자리를 찾을 수 있도록 도와주었다. 나의 온몸에서 열정이 솟구쳤다.

내가 막 솔로 춤을 시작하려고 할 때였다. 갑자기 프린스가 노래를 멈췄다.

"신사 숙녀 여러분, 미스티 코플랜드입니다!" 심장이 두근거리기 시작했다. 그 어떤 리허설에서도 그런 적이 없었는데. 난 항상 뒤에서 빙빙 도는 백그라운드 무용수로 나 자신을 인식했던 것 같다. 그런데 프린스가 나를 청중들에게 소개한 것이다. 마치 내가 그와 동등한, 그의 동료인 듯이. 내 마음은 이미 허공을 가르고 있었다.

솔직히, 그 무대에서 발레리나로서 내 능력을 제대로 보여주었다고는 생각하지 않는다. 몇 년 전에 〈Crimson and Clover〉 뮤직비디오에서 입었고, 또 프린스가 콘서트 때도 입어야 한다고 주장했던 그 드레스는 S 사이즈였다. 나는 XS 사이즈였는데. 게다가 바닥을 쓸고 다니는 옷자락은 점프나 복잡한 회전을 하기에는 너무도 무거웠고 길었다. 바닥도 토슈즈를 신고 춤을 추기에는 적합하지 않았다.

나는 매우 관능적인 자태로 춤을 추었으나 대개 바닥에 끌리는 긴 옷자락 때문에 드레스의 무게가 가중되면서 더는 현기증을 참을 수 없을 때까지만 몇 번이고 삐께 턴을 돌고, 여러 번의 쉐네를 수행했다. 그래도 기술적으로 어려운 건 없었다. 균형 잡기에 까다로웠던 건 피아노 위에서 회전할 때 미끄러지지 않게 조심하는 것뿐이었으니까.

그럼에도, 난 결코, 절대로 잊지 못할 것이다. 무대에서 공연하는 동안 단 한 번도 발레를 본 적이 없는 많은 이들에게 조금이나마 발레를 경험하게 해주었다는 걸. 프린스와 나는 매디슨 스퀘어 가든과 로스앤젤레스의 포럼에서 몇 번의 공연을 더 함께했다. 그리고 그건 다른 무엇과도 비교할 수 없는 굉장한 경험이었다.

프린스는 발레를 즐겨 감상했고, 간혹 내 공연을 보기 위해 아메리칸발레시어터에 왔다. 그는 내가 어린 무용수였을 때부터 느끼지 못했던 자신감을 심어주었다. 더 나아가 그는 내게 아메리칸발레시어터 안에서의 나의 가치를 깨닫게 해주었다. 미첼이 내게 말하려고 했던 것처럼, 그 역시 내가 항상 그렇게 겸손할 필요가 없었다고 말했다. "넌 여왕이고 디바야." 그처럼 재능 있는 사람이 나를 신뢰한다는 사실을 알고 나서는 무대에서 난 완전히 다른 사람이 되어 있었다. 그와 함께했던 찰나의 순간들에 나는 영원히 감사할 것이다.

아메리칸발레시어터의 너그러움 덕분에 이 기회를 놓치지 않을 수 있었다는 사실 또한 놀랍고 감사한 일이었다. 사실 시즌 중에 외부 공연을 하는 것은 발레단 측에서 허락하지 않을 만한 일이다. 이는 발레단 내에서 내가 하는 일에 전폭적인 지지를 보내주었기 때문에 가능한 일이었다.

그와 같은 아낌없는 지지는 사실 처음부터 존재했다. 아메리칸발레시어터에서 춤을 추었던 처음 두 번의 여름, 의기양양했던 나날들을 자주 회상하곤 한다.

어느 날 트와일라 샤프의 「Push Comes to Shove」에서 바리시니코프와 처음으로 춤을 추었던 멋진 무용수 일레인 쿠도 Elaine Kudo가 나에게 다가왔다. 그녀는 내가 작년에 커크 피터슨이 창작한 「Eyes That Gently Touch」라는 현대 작품에서 내가 공연하는 모습을 보고 내 춤이 얼마나 아름다웠는지 꼭 말해주고 싶었다고 했다. 다른 두 개의 프로 발레단이 똑같은 작품을 공연한 걸 보았지만, 내 공연이 단연 최고라고 말했다. 그건 이루 말할 수 없는 영광이었다.

어디 그뿐인가. 어느 날 아메리칸발레시어터의 당시 보조 예술감독이었던 데이비드 리처드슨David Richardson이 나에게 와서 전날 존 미한이 나를 언급했다고 이야기해준 적도 있었다.

존이 데이비드에게 "이번 시즌이 매우 기대돼."라고 말해서 데이비드가 "왜?"라고 물었더니, 그가 아메리칸발레시어터의 수석 무용수가 된 뛰어난 젊은 무용수와 내가 등장하는 작품에 관해 이야기하면서 "미스티 코플랜드와 데이비드 할버그가 있으니까."라고 답했다고 한다. 다시 말해서 존이 데이비드에게 내가 매우 재능 있는 무용수라고 말했다는 것이다. 나는 인정받은 기분이 들었고, 감사하게 생각했다. 마음 같아서는 발롱을 성공시키고 절대 땅에 내려오지 않을 수도 있었다.

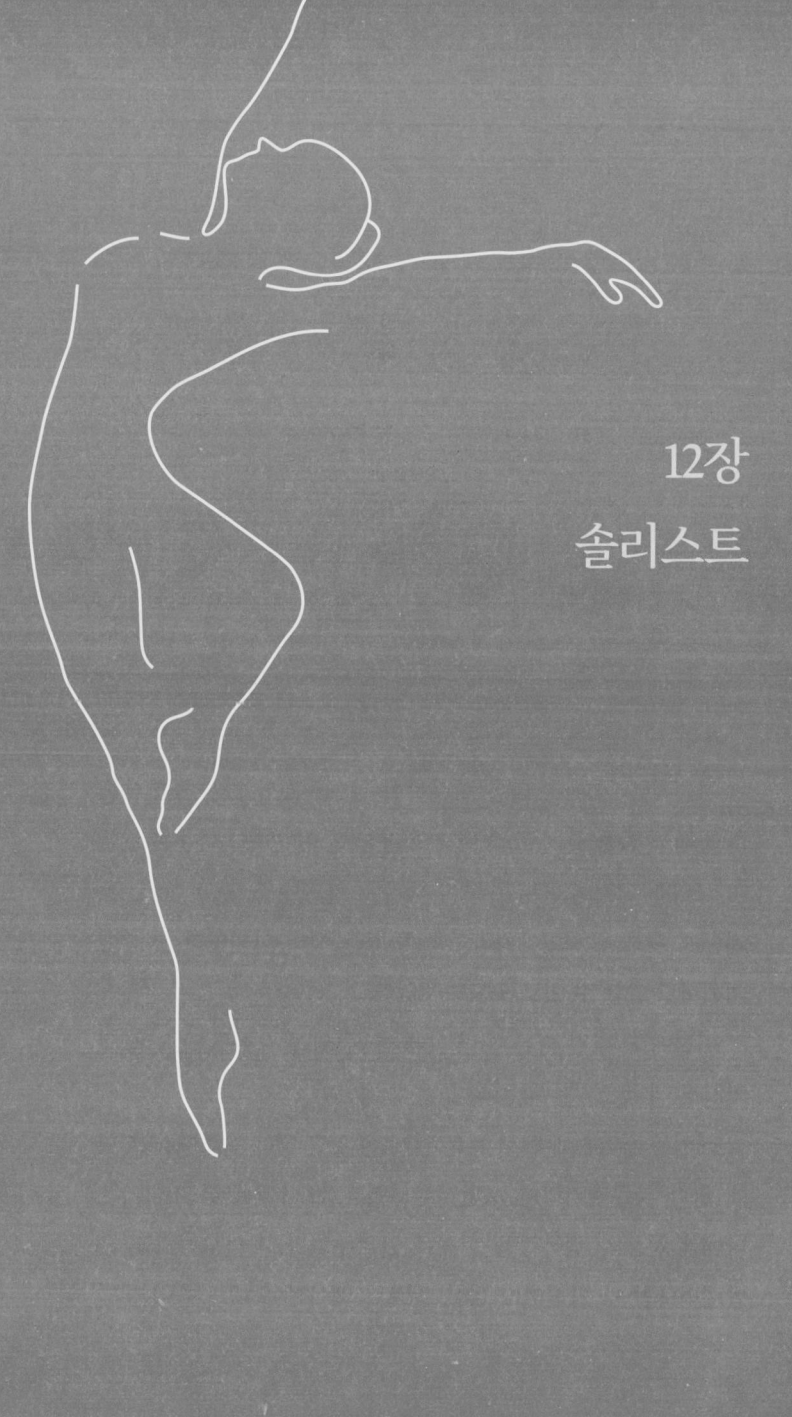

12장
솔리스트

 기술적인 돌파구, 다른 발레단이나 프린스와 같은 공연예술가와 함께 춤을 출 수 있었던 기회와 케빈 매켄지와 다른 사람들이 보여준 지지의 표명은 단지 내가 나의 재능을 믿고 춤, 문화, 예술에 관해서만 이야기하도록 도와준 것이 아니었다. 인종에 대해서도 말할 수 있도록 도와주었다.
 이전에 거쳐 간 다른 흑인 발레리나들의 발자취를 알게 된 것 역시도 내 목소리를 찾는 데 도움이 되었다.
 레이븐 윌킨슨에 대해 처음 알게 된 것은 발레 뤼스Ballet Russe에 관한 다큐멘터리를 보면서부터였다. 그녀에 관한 이야기는 나에게 분노와 행복감을 동시에 안겨주었다. 무엇보다도 젊은 발레리나인 나 자신이나 많은 동료가 레이븐에 대해 들어본 적이 없었다는 사실에 좀 화가 나기도 했지만, 마침내 레이븐을 알게 되어 기뻤다.

발레 뤼스가 남부 지역을 돌며 공연할 때, 레이븐은 KKK단의 위협에 맞서 싸웠다. 인종 차별적 폭력에 대한 세간의 소문을 접하고 그녀는 결국 원래 있던 발레단을 떠나 다시 춤을 출 수 있는 발레단을 찾아 네덜란드로 본거지를 옮겨야 했다. 그녀의 이야기를 보는 내내 눈물이 흘렀다. 하지만 이제 나는 흑인 발레리나로서 혼자가 아님을 알았고, 운이 좋게도 훨씬 덜 위험한 길을 걸어왔다는 것도 알게 되었다.

내가 틈만 나면 레이븐에 관해서 이야기해서였는지 매니저인 길다 스콰이어Gilda Squire가 조사를 해보기로 했고, 레이븐이 아직 생존한다는 사실을 알아냈다. 그것도 어퍼웨스트사이드에 사는 나와 불과 두서너 블록 떨어진 아파트에 살고 있었다는 사실을. 이는 마치 우리가 만나 서로 의지하고 지내라는 신의 계시처럼 느껴졌다.

길다는 레이븐에게 연락했다. 그녀는 처음부터 내가 나오는 TV 인터뷰와 나에 관한 많은 기사를 읽으면서 내 발레 여정을 지켜봤다고 한다. 난 감동했고, 또 무척 놀랐다.

마침내 길다는 할렘의 스튜디오 박물관에서 이벤트를 열었다. 두 세대의 흑인 발레리나인 레이븐과 내가 만나 공개 대화를 하는 행사였다. 처음으로 그녀와 대화를 나눴을 때는 이 행사를 홍보하기 위해 출연했던 한 라디오 생방송 인터뷰에서였다. 비록 전화로 나눈 대화였지만, 난 그때 그녀의 목소리만 듣고도 울컥했다. 할렘에서, 우리는 무대에 오르기 불과 몇 분 전에야 마침

내 서로의 얼굴을 볼 수 있었다. 나는 눈물을 흘리며 그녀를 꼭 끌어안았다. 그녀는 작고 섬세하며 아름다웠다.

그 후로 우리는 계속 연락하고 지냈다. 레이븐은 내 공연에 빠짐없이 참석했고, 공연이 끝나면 자주 함께 식사하러 나가곤 했다. 레이븐을 만나기 전부터, 그녀는 내 삶의 본보기가 되었다. 이제 레이븐은 계속, 사심 없이, 그녀를 넘어서서 더 멀리 나아가라고 격려한다. 레이븐은 이따금 내가 그녀보다 훨씬 더 많은 능력과 재능을 지녔다고 말하곤 하는데, 사실, 그 말은 믿어지지 않는다. 레이븐은 겸손하고, 유쾌하다. 그리고 재미있고 가슴 저미는 이야기로 가득 차 있어서 어떤 이야기도 두 번 이상 반복하는 법이 없다. 우리는 흑인 고전 발레 무용수라는 매우 드문 표현을 사용한다.

아프리카계 미국인 발레리나로서 내 목적의 일부는 발레계에서 레이븐의 이야기를 함께 나누고 사람들에게 우리의 역사에 대해 알려주는 것이다. 레이븐뿐만 아니라 애샤 애쉬, 알리시아 그라프 맥, 로렌 앤더슨Lauren Anderson, 타이 히메네스Tai Himenez, 그리고 발레계를 풍요롭게 했음에도 간혹 당연한 권리를 얻지 못한 무수히 많은 다른 검은 백조들에 대해서. 그들 모두에게 강한 유대감을 느낀다. 이 세계에서 우리는 쉽지 않았다. 발레는 여전히 많은 행운이 필요할 뿐만 아니라 많은 돈이 드는 직업이다. 흠잡을 데 없는 훈련과 정서적 지지는 말할 것도 없고. 당신이 간신히 나아가는 동안 주위를 둘러봐도 당신과 닮은 사람을 찾아볼 수 없다는 사실은 외롭고 두려울 수 있다. 애샤, 타이, 그리고 특히 레이븐 덕분에 나는 덜 외로웠다.

가끔은 같은 역할을 놓고 당신의 친구나 동료들과 경쟁해야 한다. 그건 절대 쉽지 않다. 더군다나 기울어진 운동장에서 경쟁한다면 심리적으로 훨씬 더 지칠 수 있다.

발레 선생님과 리허설에 들어가면서 끔찍하고 공허한 기분이 들던 때가 있었다. 그녀가 이미 나는 누군지, 무엇을 할 수 있는지 결정을 내렸다는 걸 알고 있었기 때문이다. 항상 그랬던 것 같다. 아무리 연기를 잘해도 난 캐스팅되지 않을 것 같았다. 그런데도 자신감 있는 표정을 잃지 않아야 한다는 건 정신적으로 고된 일이었다. 어떨 때는 내가 누구인지 항변해야 할 것 같다고도 느꼈다.

"하지만 우리는 너를 흑인이라고 생각하지 않아." 이 말은 내가 고전 작품의 배역을 얻어내거나, 내 연기 중 일부를 인정받는데 어려움을 느낀다고 고민을 털어놓으려고 할 때 동료들이 건넨 그야말로 한결같이 반복되던 후렴구였다.

물론 그들은 친절했고, 심지어 나와 공감해주려고 무척 애를 썼다. 만약 나를 흑인으로 생각하지 않는다는 걸 칭찬으로 믿고 있다면 평소 흑인을 어떻게 바라본 걸까?

그러나 난 계속 춤을 추었고, 연습했고, 공연했다. 그리고 모든 면에서 강해졌다. 마침내 누군가가 나의 타고난 겉모습이 아닌 내가 가진 재능에 집중하게 되었을 때, 그때 그 기분은 말로는 설명할 수가 없다.

3년 전 「잠자는 숲속의 미녀」에서 '장화 신은 고양이' 역을 맡앉을 때다. 메이크업 담당자가 내 얼굴을 하얗게 만들 만반의 준비를 마치고 파우더 용기를 들고 서 있었다.

나는 그녀를 바라보았다. "왜 꼭 고양이는 하얘야 하는지 이해가 안 가네요." 내가 도전적으로 말했다. "나는 갈색 고양이가 되고 싶어요."

그래서 그렇게 했다.

2007년, 케빈 매켄지는 그 유명한 에리크 브룬Erik Bruhn 대회에서 발레단을 대표할 두 명의 아메리칸발레시어터 무용수 중 한 명으로 나를 선정했다.

세계 4대 발레단(아메리칸발레시어터, 로열발레단, 왕립덴마크발레단, 캐나다국립발레단)의 예술감독들은 각자 최고의 젊은 무용수들을 선발한다.

케빈은 항상 나에게 더 특별한 뭔가가 있으리라 생각했던 것 같다. 그랬기에 남부 캘리포니아에서의 고교 마지막 해 훈련 비용을 충당해준 코카콜라 장학금부터 그레이스 왕비상을 놓고 벌인 경연 대회에서 나를 선발하기까지, 그가 제공할 수 있는 모든 장학금과 펠로우쉽, 혹은 워크숍 기회를 내게 주었을 것이다. 케빈은 나에게 더 나아가 수석 무용수가 될 기회를 주려고 했다.

그래서 나는 코르 드 발레의 동료 무용수인 제러드 매튜스와 함께 아메리칸발레시어터 대표로 대회에 참가하여 우승을 노리게 되었다. 친구이자 빠 드 되 파트너로 자주 함께 춤을 춘 제러드와 함께라서 마음이 더 놓였다.

그런데 하필 캐나다에서 열리는 대회를 3일 앞두고 점프 연습을 하다가 다치고 말았다. 캐나다에서 돌아온 직후 아메리칸 발레시어터와 투어에서 공연할 예정이었던 「백조의 호수」 중 빠 드 트루아pas de trois에서 점프하는 소녀 역을 준비하던 중이었는 데 중족골(발목과 발가락 사이의 뼈)에 피로 반응이 나타난 것이 었다. 청천벽력이 따로 없었지만 어떻게든 끝까지 밀어붙이기로 했다. 다음 날 하루 휴가를 냈고, 그 후에 바로 춤을 출 수 있을 까 해서 스튜디오로 돌아왔다.

탈의실 문을 연 순간, 방 한가운데에 낯선 여행 가방이 눈에 띄었다. 발레단의 다른 무용수가 나를 대신할 준비가 되었다고 대놓고 말하지는 않았지만, 그건 내가 받은 놀랍고도 분명한 메 시지였다. 정신이 번쩍 들었다. 절대 이 기회를 놓치지 않을 거 야. 그날 밤, 난 동증과 초조함 속에서도 캐나다에 가서 대회에 참가하기로 했다.

제러드와 난 아메리칸발레시어터의 스튜디오 컴퍼니와 함께 여러 번 공연했던 「잠자는 숲속의 미녀」 중 그랑 빠 드 되를 추 었다. 또한 지리 킬리안Jirí Kylián이 안무한 「Petite Mort」에서 발 췌한 현대 작품도 선보였다.

다른 세 발레단의 무용수들 모두 예상과는 다르게 친절했다. 각자 존경하는 감독님들에 의해 선발되어 대회에 나서게 된 것 자체가 얼마나 영광스러운 일인지, 또한 이렇게 큰 무대에 서야 하는 것에 얼마나 부담감을 느끼고 있는지 알기에 서로 동병상 련을 느꼈던 모양이다. 나는 특히 「잠자는 숲속의 미녀」에서 우 리가 취야 할 춤이 걱정스러웠다. 아메리칸발레시어터에서 내가 현대 작품의 역할에 더 뛰어나다는 평을 많이 들어서였는지 고전 발레의 가장 상징적인 배역을 연기하는 것에 다소 주눅이 들어 있었던 것 같다.

그날 밤 나는 역대 최고의 연기를 펼쳤다. 수상을 하지는 못했지만. 그러나 더 큰 상을 받았다.

몇 주 뒤, 케빈이 나에게 얼굴을 보자고 했다.

드디어 그가 나를 솔리스트로 승급하기로 결정을 내린 것이다. 케빈은 에리크 브룬 대회 날 밤 처음으로 나를 진짜 발레리나로 보게 되었다고 했다.

나는 20년 만에 탄생한 아메리칸발레시어터 사상 최초의 흑인 솔리스트가 될 것이다. 그건 역사적인 전환점이었다.

하지만 의외로 난 그의 말을 듣고 나서도 놀랄 만큼 침착한 기분을 유지했다. 13살 때부터 상상했던 것과는 전혀 다른 느낌이었다.

꿈속에서는 케빈에게 진심으로 감사하다며 무릎을 꿇고 눈물을 흘렸었는데. 이제 그 꿈은 현실이 되었다. 그토록 오랜 시간 열심히 싸운 끝에, 수년간에 걸친 의심을 떨쳐낸 끝에, 나 스스로도 솔리스트가 될 자격이 있다고 믿었다.

그리고 그때나 지금이나 난 처음부터 케빈이 내 뒤에 있었음을 깨닫는다. 그는 내가 성장하고, 성숙해지고, 더 뛰어난 발레리나가 될 수 있도록 격려해주었다. 전에 없던 별난 발레리나에게 무대 정중앙을 내주고, 세계에서 가장 저명한 무용단의 얼굴이 될 기회를 준 케빈에게 난 영원히 감사할 것이다.

장장 6년을 기다렸다. 이제야 내가 재능 있는 무용수이자 진정한 예술가임을 세상에 보여줄 준비가 되었다.

2011년 6월, 나는 덴젤 워싱턴, 제니퍼 로페즈, 케리 워싱턴, 쿠바 구딩 주니어, 스모키 로빈슨, 매직 존슨, 슈거 레이 레너드와 같은 유명한 보이스앤걸스클럽 졸업생들과 힘을 모아 클럽에 영감을 주기 위한 공익광고 촬영에 참여했다.

발레리나로서, 우리는 우리 기술에 쏟은 일생에 걸친 노력과 투지의 혜택을 느끼지 못하는 것 같다. 하지만 그런 비영리 조직 출신으로 딱 당신처럼 시작해서 자신들의 예술에서 뛰어난 능력을 보여준 사람들, 바로 당신이 우러러본 사람들에 둘러싸여 나란히 인정받는다는 건 굉장히 멋진 일이다. 출연진들은 우리가 마치 오랜 친구였던 것처럼 아주 자연스럽게 어울렸다. 우리 모두 클럽 아이들이었기에 서로 통하는 느낌이 있었던 것 같다. 덴젤은 나에게 멋진 이야기를 들려주었다. 젊어서 뉴욕에 왔을 때 그에게도 무대든 그 근처든 일단 기회가 오면 무조건 잡아야 했던 시절이 있었다고 한다. 메트로폴리탄 오페라 하우스에서 커튼 보이가 필요하다는 말을 듣고는 덥석 그 기회를 물었고 아메리칸발레시어터와 공연한 나탈리아 마카로바와 미하일 바리시니코프를 위해 커튼을 젖혀주었다고 한다. 케리는 나와 발레를 지원하는 일에 관심을 보였으며 놀랍도록 친절했다.

2012년에는 보이스앤걸스클럽 명예의 전당에 이름을 올리기 위해 샌디에이고로 갔다.

캔틴 부부, 그리고 어머니가 그 자리에 계셨다. 그리고 신디와 패트릭도 참석했다.

보이스앤걸스클럽 스태프가 미리 신디를 초대하고 싶은지 물었다. 나는 그들에게 "네, 물론이죠."라고 대답했다. 실은 수년간 간간이 브래들리 부부를 만났었다.

그러나 보이스앤걸스클럽 행사는 나의 자립권을 둘러싼 볼썽사나운 다툼 이후로 우리 모두—엄마, 캔틴 가족, 브래들리 가족—한 지붕 아래 모인 첫 번째 자리였다.

수상 연설을 통해 나를 발레로 인도해준 많은 분께 감사를 표했고, 신디에게 감사의 마음을 전했다. 그제야 그녀에게 정말로 감사를 표한 적이 없었다는 생각이 들었다. 벌써 한참 전에 감사 인사를 받아야 했을 분이었는데.

엄마, 엘리자베스 캔틴과 리차드 캔틴, 패트릭과 신디, 우리 모두가 이 엄청난 트라우마를 극복하고 그 이전에 있었던 일, 또 그 이후에 일어난 모든 일을 다 함께 축하할 수 있었다는 사실 그 자체가 너무나 자랑스러웠다. 이 얼마나 멋진 일인가! 처음으로 발레 바를 만졌던 보이스앤걸스클럽의 무대에 올랐고, 그들 모두 내가 일군 성공을 함께 누릴 수 있다니.

수상 연설을 하면서 더없는 행복을 느꼈다.

나는 그들의 환한 얼굴을 바라보았다. 그리고 더는 긴장하지 않았다.

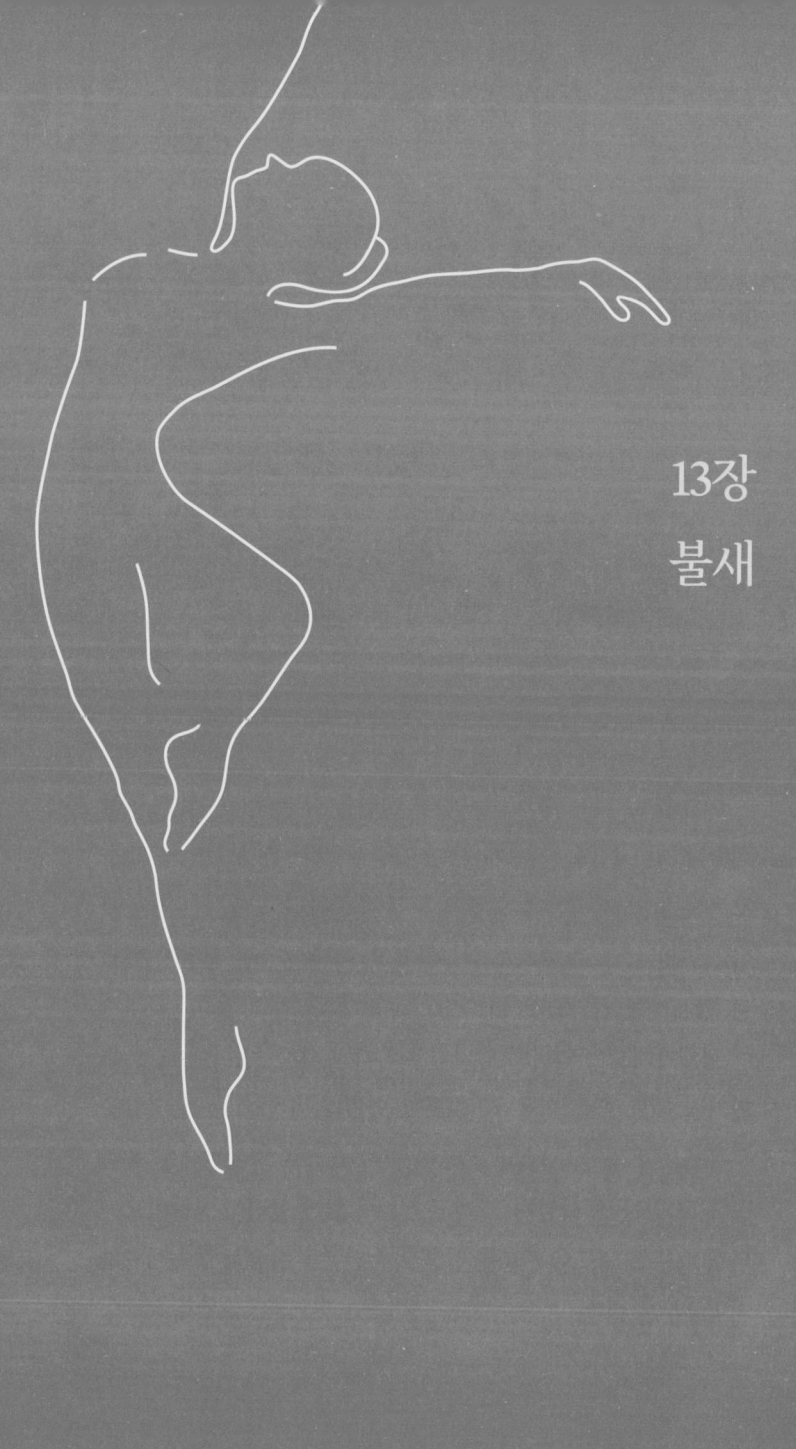

13장
불새

어렸을 때 나는 평가받는 것과 타인을 실망시키는 것을 두려워했다. 난 남들을 기쁘게 하는 사람이었다. 홀 모니터일 때는 모든 사람이 제시간에 수업에 도착하게 하려고 열심히 활동했다. 언제나 스스로 나서서 심부름했고, 식탁 청소를 도맡아 했으며, 형제자매들을 도왔다.

형제자매들이 엄마의 남자친구에 대해, 혹은 엄마에 대해 투덜거릴 때도 나는 입을 꾹 다물고 있었다. 수업에 늦을 위험을 무릅쓰느니 차라리 텅 빈 복도에 앉아 스스로 만들어내는 울림을 듣고 있는 게 나았다. 그리고 신디와 함께 살면서 공립학교에 다닐 때는 침대보로 텐트를 만들고 손전등을 사용해 밤늦게까지 시험공부를 했다.

이후, 나는 뜻밖의 길을 선택했다. 바로 발레리나가 된 것이다. 그건 내가 항상 평가를 받아야 한다는 걸 의미한다.

아메리칸발레시어터 스튜디오에서 리허설 할 때와 마찬가지로 메트로폴리탄 오페라 하우스 또는 브루클린 음악원에서 공연할 때 난 나를 믿어주는 모든 사람을 실망하게 할 위험을 각오한다. 아마도 나만큼이나 이런 위험을 감당해야 하는 사람은 없을 것이다.

나에게는 브래들리 가족과 함께 지낼 수 있도록 잠시 자기 곁을 떠나게 해줄 만큼 나를 사랑해준 엄마는 물론, 내게 아메리칸발레시어터와 춤을 추는 꿈을 선사해준 케빈 매켄지까지 내 편에서 나를 성원해준 수많은 사람이 있었다.

하지만 발레계에는 나의 생김새와 능력, 나의 동기를 둘러싼 비뚤어진 생각 때문에 여전히 나에게 상처를 주고, 계속 나를 비판하는 사람들도 많다.

프린스와 함께 무대에 선 내 모습을 보면서 발레를 비하한다고 느낀 블로거들도 있었고, 내가 뻔뻔스레 인종차별 카드를 '전술'로 뽑아 들었다며 진의를 매도하는 사람들도 있었다. 또한 내가 언론에 굶주린 아마추어 그 이상도 그 이하도 아니라며 그 증거로 나에 관한 많은 기사를 끌어다 올리는 이들도 있었다.

이런 신랄한 글들은 정말이지 읽고 싶지 않았다. 설령 호기심을 참지 못하게 되더라도 그것 때문에 상처받거나 분노하지 않기를 바랐다. 그러나 둘 다였다.

팔로마는 자신에 대한 비평을 읽지 않는다고 한다. 물론, 그녀는 그런 방식으로 대중과 단절할 수 있는 몇 안 되는 무용수에 속한다. 하지만 나에게 온라인과 소셜 미디어 활동은 팬과 소통하는 또 하나의 공간이다. 그들이 아메리칸발레시어터 공연 때마다 맨 앞줄에 앉는 팬이든 태블릿 화면으로 내가 춤을 추는 짧은 영상만 본 팬이든 상관없다. 하지만 어떤 사람들은 단지 내 인종 때문에 내가 춤을 추는 모습을 절대 보고 싶어 하지 않는다. 내가 무엇을 하든, 또 어떻게 하든 그들은 나를 좋아하지 않을 것이다.

팔로마의 해결책이 솔깃할 때가 있다. 당신의 예술성을 마비시키고 영혼을 갈기갈기 찢어놓는 댓글들을 상대하지 않아도 될 테니까 말이다. 팔로마는 자신이 사랑하는 일을 하며 살아가는 기쁨을 빼앗길까 봐 두려워하지 않는다. 나 역시 절대 그렇게 살고 싶지 않다.

당신과 일면식도 없고, 당신의 길을 걸어본 적도 없는 누군가가 색안경을 끼고 당신을 보고 판단을 내리는 게 어떤 기분인지 과연 설명할 방법이 있을까? 인터뷰를 하고, 프린스와 춤을 추고, 젊은이들과 소통할 모든 기회를 놓치지 않는 것, 바로 그것이 내가 하는 일이다. 그리고 그 이유는 발레를 좋아하기 때문이지, 결코 발레를 이용하려는 것이 아니다. 발레가 내게 준 기쁨과 은혜를 알고 있기에, 그것이 내 마음속에 희망을 주었기에 가능한 한 많은 사람과 공유하고 싶은 것뿐이다.

사람들이 나의 혼혈 뿌리에 관하여 이야기할 때는 흥미롭다. 대부분 흑인에게는 유럽이나 아메리카 원주민 집단에서 온 조상이 있다. 내가 고전 발레 작품에 어울리지 않는다고 말하는 사람들에게 난 항상 너무나도 명백한 흑인이었다. 그러나 이 배타적이고 폐쇄적인 세계에서 편견을 뛰어넘고 예상 밖의 성공을 거두고 언론의 관심을 받기 시작하자 느닷없이 이탈리아인 외할머니와 독일인 친할머니가 무대의 중심을 차지했다.

난 스스로 나 자신을 정의하고 싶다. 나는 흑인 여성이다. 내 정체성은 유리하게 사용할 카드도 아니고, 그렇다고 한번 주어진 이상 숙명처럼 달고 다녀야 할 꼬리표도 아니다. 나를 키운 것은 아프리카계 미국인 문화이며, 그것이 내 몸과 세계관을 형성했다. 물론 너무나 자주 목격되는 편견에 내 상처와 분노를 항상 잘 삭일 수 있다고 장담하지는 못하겠다. 하지만 난 내 생각을 펼치는 데 의지를 다질 수 있다. 앞으로도 몇 번이고, 내가 가르치는 일곱 살짜리 소녀들이 무용계를 혼탁하게 하는 편협한 사고방식을 여과 없이 드러내는 소리를 듣게 될 것이다. 아직 어린아이들인데 벌써 어른들의 그런 올바르지 못한 생각에 대처해야만 하는 상황에 놓여 있다. 이것은 매우 중대한 문제다. 나는 내가 춤을 추는 모습을 바라보는 모든 이들이 황홀경에 빠져 그 자리에서 넋 놓고 꼼짝없이 있기를 바란다. 하지만 내가 무대 여기저기를 높이 날아오를 때는 모든 갈색 피부의 소녀들, 날개가 부러진 아이들, 이제 막 날아가려는 아이들을 품에 안고 뛰어오르는 것 같은 기분이 든다.

언젠가 무용수로서 완벽한 밤을 만끽한 순간이 있었는지 누군가 물어본 적이 있었다. 가끔은 그런 것 같다. 완전히 균형을 느낀다. 모든 점프를 완벽한 착지로 마무리하고, 팔은 공기처럼 가볍게 떠 있고, 몸은 힘 있고 우아하게 아치 모양을 만든다. 바로 무용수들이 "좋아, 중심 잘 잡았어."라고 말하는 순간이다.

그러나 그건 매우 드문 경우다. 대신, 프로 무용수들은 항상 비스듬한 부분을 교정하고, 흐트러진 상태에서도 춤을 출 수 있도록 사력을 다한다고 생각한다. 우리는 몸이 불안정할 때 균형을 찾도록 훈련하고, 박자를 놓쳤거나, 혹은 발목이 뒤틀렸거나, 넘어졌을 때 최대한 신속하게 대처할 수 있도록 훈련한다.

모든 리허설 전에 내가 반드시 발레 수업을 빠지지 않는 이유가 그것이다. 그리고 항상 바에서 준비운동으로 시작한다. 처음 바를 만져본 산페드로의 보이스앤걸스클럽에서 그랬듯이. 어떤 날은 한쪽 다리로 몸의 중심을 잡는다. 그러다가 내가 피곤하고, 힘이 약해진 기분을 느끼면 몸을 곧게 펴고 다른 방법을 찾기 위해 체중을 옮긴다.

그건 나만의 정신적인 싸움이기도 하다. 말하자면 비판을 차단하고, 나에게 의지하는 모든 갈색 피부의 작은 소녀들을 기억하기 위해서다. 그리고 당당해 보이기 위해서. 끝까지 밀고 나아가기 위해서다.

내가 도쿄에서 「돈키호테」의 플라워 걸로 공연하고 있었을 때 「불새The Firebird」에 대해 처음 듣게 되었다.

2011년 가을이었고, 4년 차 솔리스트였을 때다. 이고르 스트라빈스키Igor Stravinsky가 작곡한 음악과 더불어 「불새」는 주문, 신비한 생물, 그리고 악을 이기는 사랑에 관한 이야기를 들려주는 고도의 예술적 기교로 이루어진 솔로 댄스와 발레의 가장 기발한 부분을 혼합한 작품이다.

이야기에 따르면 이반 왕자는 길을 잃고 마법에 걸린 정원으로 가게 되는데, 그곳에서 그는 아름다운 불새를 발견하고 마음을 빼앗긴다. 그녀는 달아나면서 그가 곤경에 처하면 그녀를 부르는 데 사용할 수 있도록 마법의 깃털을 두고 간다.

그다음에 떠돌이 왕자는 즐겁게 뛰노는 열세 명의 공주들을 만난다. 어린 소녀들은 마법사인 코셰이Kaschei가 던진 마법에 걸려 있다. 그는 모든 소녀를 혼자만 조용히 마음에 담아두고 싶어 한다. 그러나 이반 왕자는 춤추는 공주 중 한 명에게 홀딱 반했다.

이반이 사악한 코셰이와 맞붙었을 때, 그는 불새가 남기고 간 마법의 깃털을 흔든다. 그리고 그녀가 나타나 마법을 걸어서 사악한 마법사와 그곳에 있는 모든 사람이 지칠 때까지 의지와 무관하게 춤을 추게 만든다. 불새는 결국 왕자를 코셰이의 영혼을 품고 있는 알로 안내한다. 이반은 그 알을 깬다. 이내 공주들은 자신들을 무아지경의 황홀경에 빠지게 한 깊고 어두운 마법에서 풀려나고 마법사에게 희생되었던 다른 희생자들 또한 마법에서 헤어나온다. 마법의 정원은 다시 한번 햇빛을 받아 생기가 돌고, 불새는 천사처럼 왕자와 그의 사랑 위로 의기양양하게 날아오른다.

그것은 아름답고 상징적인 역할이다. 어느 날, 케빈이 나를 옆으로 불러서 내가 그 역을 배우게 될 것이라고 말했다.

다소 이례적인 일이었다. 아메리칸발레시어터 본사에 있는 게시판에는 보통 무용수들이 그해 발레단에서 공연하는 모든 발레의 역할을 보여주는 캐스팅 리스트가 걸려 있다. 각 역할 옆에는 나오는 순서대로 출연자 이름이 적혀 있다. 거기에 이름이 적혀 있다고 해서 주요 역할을 맡게 된다는 보장은 없다. 어쩌면 대역을 준비하게 될지도 모른다.

첫 공연이 시작되기 3~4주 전에 그 게시판은 공연하게 될 날짜를 기록하고, 마지막으로 당신이 수석 무용수로 무대에 설 것인지를 알려준다. 또한 아메리칸발레시어터는 시즌 동안 누가, 그리고 언제, 어떤 역할을 하게 될 것인지를 발표하는 보도 자료를 낼 것이다.

케빈은 내가 불새를 배우게 될 것이라고 직접 말해주었다. 발레단의 오프 시즌 중 리허설이 진행되는 상황이라서 그 방법이 나에게 소식을 전해줄 가장 편리한 방편이었을 것이다.

대역으로 춤을 추게 될 가능성을 염두에 두긴 했어도 알렉세이 라트만스키Alexei Ratmansky의 새로운 안무를 배울 수 있다는 생각만으로도 여전히 설렜다.

나는 리허설에 뛰어들었고 행여 주연을 대신 맡게 되더라도 준비가 되어 있다고 생각했다.

알렉세이는 기발하고 화려한 안무로 내게 도전해왔다. 그의 걸음걸이는 고전적이라기보다 현대적이었고, 실제로 그 동작을 설명할 수 있는 확고한 용어도 없었다. 「불새」에는 두 개의 큰 솔로와 빠 드 되가 있다. 첫 번째 솔로는 이 신화적인 피조물의 첫인상을 형성하기 때문에 매우 중요했는데, 알렉세이는 그것을 올바르게 이해시키는 데 집착했다. 3명의 출연자가 발레 춤을 공연하는데, 각각의 발레 춤에서 불새는 자신만의 독특한 모습으로 등장한다.

내가 무대에 등장하는 부분과 관련해서 알렉세이는 전속력으로 달려 나가다가 곡이 계속 연주되는 동안에 갑자기 멈추기를 원했다. 그러고 나서 불새가 자신의 힘과 야성을 보여주는 극적인 움직임을 수행하기를 원했다. 리허설 중 나는 거울을 보면서 계속 그 부분에 집중했다. 보통 고전 발레에서는 목을 척추와 일직선으로 유지하고 싶어 한다. 하지만 정체불명의 야생생물이 된 나는 턱을 앞으로 내밀었다.

알렉세이와 함께 하는 작업이 매우 특별했던 점은 보통 안무가들이 단순히 그들의 비전을 말로 표현하는 것과는 달리 알렉세이는 균형이 잘 맞진 않더라도 직접 삐께와 삐루에뜨를 보여줄 수 있었다는 것이다. 어떤 동작이든 보면 즉시 따라 하는 나의 능력은 매우 중요했다. 그리고 이런 본능적인 방법으로 스텝을 배우는 것 또한 신선했다. 많은 고전 발레 작품은 수 세기 전에 만들어졌기 때문에 당신은 그 창작자가 무엇을 의도했는지 정말로 알긴 힘들다. 그래서 그보다는 가정을 통해 해석해보려고 노력하는 것이다. 알렉세이의 현대 작품은 그렇지 않다.

그럼에도, 알렉세이의 비전을 움직임으로 표현하기란 쉽지 않았다. 그는 쉽게 표현하기를 원하지 않았다. 「불새」의 빠 드 되에서 이반 왕자는 그 정체불명의 생물을 사로잡으려고 하고, 그녀는 미친 듯이 매섭게 탈출하려고 한다. 그것은 낭만적인 포옹이 아니라 투쟁이다. 알렉세이의 안무는 그것을 반영했다.

나는 불새의 역할을 배우면서 댄스시어터오브할렘과 함께하는 안무 워크숍에도 참여하고 있었다. 아메리칸발레시어터가 두 달긴 여름 오프 시즌이었을 때 댄스시어터오브할렘이 마침 오랜

공백 끝에 다시 문을 열었다. 워크숍에서 최종 공연은 없을 것이다. 그저 나 자신과 다른 한 명의 젊은 여성 및 두 명의 젊은 남성에 의해 표현된 단순하고 아름다운 하나의 창조 과정이었다. 나는 버지니아 존슨의 지휘 아래 새로운 댄스시어터오브할렘의 정체성을 찾는 데 참여하게 되어 영광이었다. 나를 닮아가는 무용수들과 함께 나의 재능을 의심하지 않고 조건 없이 응원해주는 무용수들에 둘러싸여 위안을 찾았다.

우리는 다 함께 안무와 즉흥 연주로 바쁜 아침을 보내고 5분간 휴식을 취했다. 나는 바닥에 엎드려 전화기를 집어 들었고 지친 다리를 쭉 뻗으면서 멍하니 트위터를 검색하기 시작했다.

그리고 그렇게 알게 되었다.

「불새」의 공식 캐스팅을 알리는 아메리칸발레시어터의 보도자료 링크가 올라와 있었는데 아메리칸발레시어터의 게스트 수석 무용수인 나탈리아 오시포바Natalia Osipova가 첫 번째 출연자 명단에 있었다.

그리고 나, 미스티 코플랜드가 두 번째 불새로 당당히 이름을 올렸다.

나는 주요 발레단에서 불새를 연기하는 역사상 최초의 흑인 여성이 될 것이다.

내 눈에 눈물이 차올랐다. 잠시 아무런 말도 나오지 않았다.

"괜찮아?" 누군가 걱정스럽게 물었다. "집에 무슨 일 있어?"

"아니." 내가 말했다. "불새로 캐스팅되었어." 그때 참았던 눈물이 흘렀다.

주변에 있던 모든 사람도 눈물을 보이기 시작했다. 순식간에 나를 붙잡고 안아주려는 팔들이 사방에서 뻗어 나왔다.

발레단에 있으면 다른 단원들이 모두 다 내 가족 같다. 나의 가장 친한 친구들은 산페드로에서든, 샌프란시스코에서든, 물론 뉴욕시의 아메리칸발레시어터 내에서든 전부 다 내 옆에서 춤을 추던 아이들이었다.

나중에 아메리칸발레시어터의 많은 동료도 내가 일군 성취에 기뻐하며 진심으로 축하해주었다. 하지만 나는 그들이 내가 캐스팅되었다는 것을 알게 된 순간에 댄스시어터오브할렘 단원들과 다른 반응을 보였다는 것을 알고 있다.

비록 내가 그들 발레단의 정식 단원은 아니었지만, 우리는 다른, 더 깊은 유대를 공유했기에 거의 한 가족이나 다름없었다. 그들은 모두 흑인 무용수였고, 다른 사람들과 다르게 이 순간의 중요성을 인식했다. 영혼 깊은 곳에서부터. 그들에게는 내 앞에 놓인 온갖 장애물과 어려움을 굳이 설명할 필요가 없었다. 내가 고전 발레에서 춤을 출 수 있는 재능과 능력이 있다는 것을 보여주기 위해 십 년간 싸워왔다는 걸 누구보다 잘 알았다. 그들은 그 투쟁을 나와 함께했다. 그랬기에 아프리카계 미국인 무용수가 그런 상징적인 고전 발레의 주연으로 캐스팅되었다는 사실에 나 못지않게 자부심을 느끼며 감격한 것이었다.

나는 행복의 눈물이자 안도의 눈물을 흘렸다. 나는 믿어지지 않을 만큼 흥분되었다. 십 년 동안 짊어지고 있었던 부담이 서서히 가벼워지는 걸 느꼈다.

지금껏 해왔던 것보다 더 치열하게 리허설을 할 수 있을지 잘 모르겠다. 나는 모든 발레 수업을 리허설처럼, 모든 리허설을 마치 실제 공연인 것처럼 접근했다. 하루에 7시간씩, 일주일에 5~6일씩 6개월 동안 완전히 몰입했다.

내가 공연에 집중하는 동안 아메리칸발레시어터의 역사적인 결정이 발레계에 물결을 일으키고 있었다. 텔레비전, 문학, 그리고 예술계의 수많은 아프리카계 미국인 명사들이 내가 출연하는 첫 공연 입장권을 구매했다. 나의 멘토인 아서 미첼, 레이븐 윌킨슨, 그리고 수잔 팔레스-힐이 축하 전화를 걸어왔다. 압박감은 커졌지만, 이렇게 중요한 역할을 맡게 되어 한없이 기뻤던 나머지 긴장할 틈도 없었다.

뉴욕 메트로폴리탄 오페라에서 시즌을 시작하기에 앞서 우리는 캘리포니아 오렌지 카운티에 있는 세거스트롬아트센터 Segerstrom Center for the Arts에서 처음 「불새」를 선보였다. 그건 마치 귀성과도 같았다. 엄마와 내 형제자매들 모두 그곳에 왔다. 그 후, 프린스는 조용하고 겸손한 태도로 가족, 친구들과 내가 이룬 성취를 함께 나누고자 작은 축하연을 열었다.

발레 블로그 토크에서 나의 연기와 이반 왕자 역을 맡은 에르만 코르네호Herman Cornejo의 연기를 극찬했다.

"에르만의 솔로를 보게 되어 너무 좋았다. 그는 참으로 놀라워 보였다." 블로그에는 이렇게 쓰여 있었다. "그리고 미스티는 —그녀의 발! 그녀의 팔! 그녀의 다리! 그녀의 등!—믿어지지 않을 정도였다. 에르만과 미스티 둘 다 등을 사용해 움직였다. 팔다리가 뒤죽박죽이 아니라 중심에서 모든 것이 뻗어 나왔다. 그들은 떨어져 있을 때나 함께 있을 때나 모든 합이 환상적이었다. 이는 특히 이 발레에서 그들이 낭만적인 커플이 되지 않을 것이기에 매우 중요하다."

"이보다 더 좋은 캐스팅은 없다고 확신한다." 블로그 토크는 계속되었다. "메트로폴리탄 오페라 무대에서 다른 사람들의 감상을 듣고 싶다."

그리고 나는 기술적으로만 뛰어난 것이 아니라 스타일과 관련하여 강하다는 평가도 받았다.

"불새는 오데트/오딜과 확실히 다르지만, 미스티는 이제 내가 「백조의 호수」에서 정말 그녀를 보고 싶게 만드는 저세상 급 드라마와 우아함을 가지고 있다. 이 발레는 그녀가 그저 기량 면에서만 불붙은 게 아님을 보여준다. 나는 우리가 그녀를 더 많이 볼 수 있게 되기를 바란다!"

《L.A. 타임스》의 블로그에 실린 리뷰 역시 칭찬으로 나를 격려해주었다.

라트만스키가 수정한 줄거리와 앞으로 뒤로 움직이는 춤의 특징이 마침내 두 번째 출연진의 모습에서 명확하게 나타났다. 코르네호는 능숙하게 긴장감을 유지하고 자신의 에너지를 통제하면서 코플랜드의 유기적이고 생동감 넘치는 연기에 더욱 힘을 실어주었다. 그 모든 것들과 더불어, 관객들의 기립 박수는 온전히 마음에서 우러나온 것이었다.

우리는 하루가 다르게 기세를 올렸고, 긍정적인 평가를 끌어냈으며, 공연을 계속 정교하게 다듬어나갔다. 메트로폴리탄 오페라 무대에서의 첫 공연이 다가오고 있었다.

그동안에 내 몸은 한계를 벗어나고 있다는 신호를 끊임없이 보내고 있었다.

피로 골절은 몸이 느끼기 힘들게, 아주 살금살금, 결국에는 무시할 수 없게 될 때까지 서서히 부상으로 진행됐다.

코르 드 발레에서 첫해를 보낼 때 허리 아래쪽에 발생한 피로 골절로 처음 심각한 부상을 입었다. 그때는 통증을 일찍 감지했으나 이번에는 그렇게 빨리 알아차리지 못할 것이다.

메트로폴리탄 오페라에서「불새」를 초연하기 6개월 전쯤, 왼쪽 정강이에서 통증을 느끼기 시작했다. 나는 혹독한 리허설 과정에서 부상을 입었다. 그리고 뉴욕에서 있을 첫 공연을 앞두고 투어를 진행하면서 다리에 지속해서 부담을 가했다.

오렌지 카운티에서 불새로 두 번의 공연을 펼치는 동안 통증 때문에 숨이 목구멍에 턱 걸린 듯한 순간이 있었다.

나는 그 이유를 추론해보려고 했다.

온종일 운동하고 연습하잖아. 내가 혼자 중얼거렸다. 당연히 다리가 아프겠지.

나는 그 통증이 더 큰 피해를 초래할지도 모른다는 생각에 수업 중에 점프를 뛰지 않았다. 그리고 리허설과 실제 공연을 위해 나의 그랑 쥬떼와 쁘띠 알레그로를 아꼈다.

하지만 내 상태를 입 밖에 내지 않았다. 불새 역할 외에도「라 바야데르」에서 두 번째 순서로 감자티Gamzatti역을 출 예정이었다. 통증을 호소하면 한 가지, 아니면 두 가지 역할 다 잃게 될까 봐 두려웠다. 난 내가 맡은 역할들을 위태롭게 하고 싶지 않았다. 그 주역들을 다 놓치지 않을 심산이었다.

이것은 갈색 피부의 작은 소녀들을 위한 거야.

나는 피로가 극에 달할 때까지 운동에 매달리면서 쇠약해진 다리에 대한 두려움을 마음 저편으로 힘껏 밀어내고 「라 바야데르」의 준비를 돕고 있는 발레 선생님과 힘겨운 시간을 보내고 있었다.

나탈리아 마카로바Natalia Makarova는 러시아에서 망명하기 전 마린스키발레단의 프리마 발레리나였고, 이후 아메리칸발레시어터의 수석 무용수가 된 전설적인 무용수였다. 나는 아메리칸발레시어터에서는 이례적으로 다른 무용수와 역할을 놓고 경쟁하게 되었다. 케빈은 분명히 나에게 감자티 역을 맡기고 싶어 했다. 하지만 나탈리아가 일주일 동안 나를 지켜보게 될 것이라고 말했다. 아무래도 나탈리아가 다른 무용수한테 마음이 기울어 있어서 내가 그 역을 맡기는 어려워 보였다.

치열하고 호된 과정이었다. 나는 나탈리아가 내 몸을—가슴과 체중을—문제 삼고 있다는 것, 그리고 그녀가 세팅하는 발레에 내가 출연하는 것을 원치 않는다는 사실을 알았다. 계속 눈물이 쏟아져 나오려고 했다. 하지만 탈의실에 혼자 있을 때까지는 꾹 참았다.

정신적으로나 육체적으로나 매우 집중해야만 한다는 것을 알고 있었기에 계속 연습에 매진했다.

이것은 갈색 피부의 작은 소녀들을 위한 것이다.

나는 불새로 초연하기 전, 한 공연에서 감자티 역을 출 기회를 얻었다. 그때까지는 어떻게든 리허설에서 육체적으로 내 몸이 감당할 수 없는 것마저 해낼 수 있을 만큼 정신적으로 강인한 지점에 도달할 수 있었다. 그렇게 해서 나탈리아가 내가 준비되지 않았다고 비난하는 걸 차단할 수 있었다.

그 후, 불새로 메트로폴리탄 오페라의 무대에 서야 할 시간이 왔다.

뉴욕에서 첫 공연을 무대에 올리는 날, 발레단에서 드레스 리허설dress rehearsal❖이 있었다. 그러고 나서 그날 밤늦게 초연이 끝나고 열릴 행사에 참석할 예정이었기에 머리를 자르기로 하고 메트로폴리탄 문을 나섰다.

극장 안에서 바깥으로 나온 순간 환한 햇살이 내 얼굴을 어루만졌다. 기분이 너무 좋았다. 나는 뉴욕의 숨결을 힘껏 빨아들였다. 엉금엉금 거리를 기어가고 있는 택시들과 그 근방을 어슬렁거리는 관광객들, 그리고 예술 애호가들. 항상 변함없이 나를 맞아주고, 또 그 품에 품어주는 나만의 도시에서 언제나처럼 위안을 얻었다.

그리고 돌아서서 고개를 들어 올렸다.

거기에 내가 있었다. 타오르는 듯한 강렬한 색상으로 휘감은 내가. 24피트짜리 대형 광고에는 메트로폴리탄 오페라 앞에서 발끝으로 선 채로 손을 흔들면서 기쁨으로 가득 차 뒤로 젖힌 내

❖ 실제 공연과 같이 분장하고 조명을 사용해 마지막으로 하는 총연습

얼굴, 힘과 여성스러움을 물씬 풍기고 있는 내 몸이 있었다. 미스티 코플랜드. 불새. 그 현수막은 시즌이 시작된 이래 한 달 동안 계속 그 자리에 있었다. 어느새 가슴이 뭉클해지면서 눈시울이 뜨거워졌다. 지금껏 뉴욕시에 살면서 단 한 번도 메트로폴리탄 오페라 건물 정면에서 흑인 여성을 본 적이 없었다.

몇 시간이 지나고, 난 붉은색과 금색의 화려한 의상을 입고 메트로폴리탄 오페라 하우스의 탈의실에 앉아 있었다.

그러나 내가 공연을 무사히 잘 해낼 수 있을지 확신이 서지 않았다. 고통스러웠다. 믿기 어려울 만큼 타는 듯한 통증이었다.

어떻게 춤을 추지? 거울을 보며 생각했다. 걸을 수나 있겠어?

오늘 밤이 지나면 한동안은 다시 춤을 출 수 없으리라는 걸 깨달았다. 오늘 밤 많은 사람이 나를 응원하기 위해 공연장을 찾았다는 걸 알고 있었고, 나의 고투와 이 순간의 중요성을 알았다. 그것으로 충분했다. 무대에서 무슨 일이 일어나든, 나에게는 한 개인의 성취보다 더 큰 목적이 있다.

이제 시간이 되었다. 나는 일어나 무대 쪽으로 걸어갔다.

나는 이제 산페드로에서 아주 멀리 떨어진 곳에 있었고, 처음 메트로폴리탄 오페라 하우스 무대에 경이로움과 불확실한 상황 속에서 소심하게 발을 내디뎠던 열아홉 살 소녀일 때와는 아주 달랐다.

난 솔리스트였고, 세계에서 가장 존경받는 고전 무용단의 상징적인 발레 작품에서 주인공 역을 연기할 참이었다. 나를 보살펴주고 지지해준 사람들도 있었고, 프로 발레단의 공연을 한 번도 본 적은 없지만 나의 존재에 이끌린 사람들도 있었다. 그들 모두 어두운 관객석에서 기대에 부풀어 나를 기다리고 있다.

하퇴부가 욱신거렸지만 쿵쾅거리는 심장의 고동만큼 세지는 않았다. 나는 둘 다 무시했다. 이것은 내가 수년 동안 갈망해온 것이다. 이제 밀고 나아가야 할 시간이다. 첫 번째 입장 직전 잠시 무대 끝에서 멈춰 섰다.

샹들리에가 올라가고 오케스트라가 연주를 시작했다. 조명이 무대 위를 비추었다.

나는 변신했다. 이어지는 90분 동안 나는 펄쩍펄쩍 뛰면서 질주했다. 나는 불새였다. 쥬떼가 있었고, 삐께가 있었고, 푸에떼가 있었다.

그리고 그 순간만큼은 고통을 느끼지 않았다. 그 모든 훈련, 연습, 보살핌이 바로 이 절정의 순간을 위해 한데 모였다.

"그건 브리제야." 롤라 데 아빌라가 내 귓가에 속삭이는 소리가 들렸다.

"너는 신의 자녀야." 신디의 말을 되새기고 기억했다.

"너는 무대 체질이야, 미스티." 내 생애 첫 공연 때 엄마가 했던 말이 떠올랐다. 그때 크리스 오빠는 뒤에서 〈Please, Mr. Postman〉을 불렀었다.

그들은 모두 나와 함께 그곳에 있었다. 그리고 더 많은 사람이 나와 함께 했다.

이것은 갈색 피부의 작은 소녀들을 위한 것이다.

공연 중에 박수 소리가 너무 커서 음악이 거의 들리지 않을 때도 있었다. 그리고 공연이 끝났다.

출연진들은 나를, 불새를 들어 올려서 그녀가 떠 있을 수 있도록 했다. 관객들이 자리에서 일어섰다. "브라보!"를 외치는 소리가 빗발치듯 내 귓가에 울렸다. 그들의 눈물을 볼 수는 없었지만, 그날 많은 관객이 나와 함께 춤을 추면서 기쁨의 눈물을 흘렸다고 들었다.

나는 꽃다발을 받아들었고, 쏟아지는 박수갈채에 온몸을 적셨다. 그러고 나서 돌아선 뒤 통증에 완전히 무감각해진 상태로 무대를 떠났다. 이틀 뒤, 마지막 남은 아드레날린이 다 없어지고 나면 통증은 날 쓰러트릴 기세로 다시 밀려올 것이다.

공연이 끝난 후 무대에서는 케빈 매켄지의 아메리칸발레시어터 감독 데뷔 20주년을 축하하는 파티가 열렸다. 그곳에서, 많은 친구와 지지자들이 나와 합류했다.

우리는 사진을 찍었고, 그 후 며칠 동안 연일 축하 메일과 메모가 쏟아졌다.

"네가 해냈어. 넌 이제 공식적으로 발레리나야! 감자티, 불새와 같은 비상한 역할에서 네 자신을 증명해냈어. 네가 정말 자랑스럽구나. 네가 나보다 더 많은 것을 이뤄냈지만, 난 아직도 누군가가 언제 진짜배기인지 알 수 있어. 너는 모든 발레리나의 전형이야." 나의 멘토이자 우상인 레이븐 윌킨슨의 글을 읽었다.

"우리의 삶에는 무수히 많은 특별한 순간이 있는데 지난 밤은 정말로 그런 순간 중 하나였다…. 그 무대에서 미스티를 보게 되다니 이 얼마나 즐거운 일인가!! 그녀의 놀라운 업적과 역사적인 성과를 함께 나눌 수 있다는 게 얼마나 자랑스러운지 모른다." 블랙 엔터테인먼트 텔레비전의 사장인 데브라 리가 썼다.

작가 베로니카 챔버스Veronica Chambers는 이렇게 썼다. "오늘 밤은 마치 당신이 어린 소녀들과 다 큰 소녀들 모두에게 날개를 건네준 것만 같았다."

감자티로 분한 내 공연에 대해서도 친절한 소감을 들었다. 리허설 기간 중 나를 가장 힘들게 했던 발레 선생님 마카로바가 과찬을 아끼지 않았다. 나는 일기장에 이렇게 적었다.

> 머리에서 베일이 벗겨졌을 때 박수 소리를 들으면서 자신감이 생겼고 장악력을 느꼈다. 케빈은 기뻐했고, 마카로바는 황홀해했다. 그녀는 내가 수완을 발휘해서 그녀가 요구한 모든 것을 해냈다고 말했다. 「불새」는 믿어지지 않을 만큼 성공적이었다. 그날 밤 자체가 대성공이었고, 나는 나를 뛰어넘었다.

흑인 커뮤니티와 많은 아메리칸발레시어터 직원들, 동료들, 그리고 비평가들로부터 받은 분에 넘치는 사랑과 지지에 가슴이 벅차올랐다.

《더 뉴요커The New Yorker》의 조안 아코첼라Joan Acocella는 다음과 같은 놀라운 비평을 게재했다.

> 불새는 새처럼 보여야 하지만, 우리의 마음을 움직이려
> 면 인간과도 비슷해야 한다. 그것은 오시포바에서 아메
> 리칸발레시어터의 솔리스트인 미스티 코플랜드에게 배
> 역이 넘어간 둘째 날 밤에야 일어났다. 코플랜드는 뉴욕
> 발레계에서 높은 위치에 오른 유일한 아프리카계 미국
> 인 여성이다. 이제 그들은 정치적인 이유에서뿐만 아니
> 라 예술적인 이유로도 그녀를 홍보해야 한다. 그녀는 충
> 분히 그럴 만한 자격이 있다.

유력 시사지에서 내가 예술성을 증명하고, 내가 할 수 있는 모든 것을 보여줬다고 논평한 것은 굉장한 지지였다. 너무 놀라서 기절하는 줄 알았다.

또한 불새로 공연한 지 며칠 후 발레계의 친구들, 그리고 거물들과 함께 저녁 식사를 하는 동안에는 거의 어리벙벙했다. 테이블에는 아서 미첼, 전 무용수 로레인 그레이브스, 댄스시어터 오브할렘의 상주 안무가인 로버트 갈랜드Robert Garland, 그리고 아메리칸발레시어터와 함께 일하는 내 친구 버논이 함께했다.

그 식사 자리에서 「불새」와 「라 바야데르」에서 나의 공연을 보고 자랑스러운 마음에 전화를 걸어주었던 아서가 나를 한껏 추켜세웠다. 내가 성공했다고. 내가 여왕이었다고. 나는 발레리나였다고.

아서는 거듭 찬사를 쏟아냈다. 그는 내가 억누르고 있던 열정을 어떻게 내 안에 품고 있었는지, 그리고 내가 어떻게 아메리칸발레시어터에서 내 옆에서 춤을 추는 사람들을 뛰어넘는 능력,

재능을 지녔는지를.

"너는 아름다워." 그가 말했다. "아름다운 곡선과 기술, 신체 조건을 모두 다 갖췄어. 게다가 품위 있고 영리해. 남들은 거의 가지지 못한 종합 패키지를 지녔다고. 네가 원하는 역할은 뭐든 다 할 수 있어. 너에게 한계는 없어."

나는 겸허하고 감사한 마음으로 그 자리에 앉아 있었다. 이 순간들이 얼마나 특별한지, 그리고 얼마나 운이 좋았는지를 깨달아야 한다는 생각이 들었다. 내 노력이 어떻게 이토록 달콤한 열매를 맺었는지를 생각했다. 앞으로 내 앞에 어떤 장애물들이 있을지 끊임없이 고민하는 건 잠시 미뤄두었다.

그렇다고 그 모든 것을 마냥 누리고 있기도 쉽지 않았다. 마음 깊은 곳에서는 언제나 늦깎이, 평생 학생, 그저 남을 기쁘게 하려고 노력하는 수줍은 어린 소녀였다.

그런 까닭에 「불새」와 「라 바야데르」 공연 이후 쏟아진 찬사와 열정으로 정상에 서서 발롱을 만끽하다가도 부정적인 말 몇 마디에 금방 움츠러드는 것이었다.

그래서 와르르 무너지는 거였다.

아서, 로레인, 그 밖의 많은 사람과 근사한 저녁 식사를 마치고 집에 돌아와 컴퓨터를 켰다. 그리고 내 감자티를 비판하는 블로거의 비평을 읽었다.

블로거는 내가 주역을 맡을 자격이 없으며, 아메리칸발레시어터가 단지 인종적으로 더 다양하고 포용적으로 비치기 위해 나를 솔리스트로 승급한 것은 잘못된 일이라고 말했다.

진저리가 날 만큼 끔찍한 기분이었다. 얼마나 더 노력을 쏟아부어야 하는 걸까, 그토록 많은 찬사를 받은 공연이었는데도 내가 여전히 이 투쟁을 계속해야 한다는 사실이 도저히 믿기지 않았다. 나는 일부 관객들 역시 이 블로거와 같은 우려를 표명하고 있다는 걸 알고 있었다.

그때 분노가 일었다. 분노와 함께 결심도 섰다. 한 번의 멋진 활약으로는 부족하다는 걸 깨달은 순간이었지만, 나는 이미 마음속 깊이 알고 있었다. 내가 계속해서 성장하고 배우고 더 많은 고전 작품의 주역을 맡을 기회를 모색할 것임을. 그래, 난 흑인이야. 그리고 나도 승급해서 무대의 중심에 설 자격이 있어.

아주 잠시 부정적이고 근시안적인 소수의 사람 때문에 내게 격려를 아끼지 않는 모든 이의 지지와 사랑이 들리지 않았다. 하지만 이내 다시 정신을 차렸다. 나는 결코 내 편으로 만들 수 없는 사람들이 있다는 사실을 직시해야만 했다. 그리고 설령 내가 수석 무용수로 승급한다고 해도 부정성은 더 커질 것 같다. 난 나의 특별한 순간들을 붙들고 계속 싸워야 했다.

그때는 몰랐다. 완전히 다른 전선에서 투쟁을 벌이게 될 줄은.

─────

"그럼, 어디서부터 시작할까."

2012년 6월 22일 금요일, 일기장을 펼쳤다. 5일 전, 나는 메트로폴리탄 오페라 시즌 전체 공연에서 하차했다. 그 영광스러운 밤은 내가 뉴욕의 불새가 될 유일한 시간이었다. 무대를 장악한 게 불과 일주일 전의 일이었지만, 마치 일생처럼 느껴졌다.

그 공연을 마치고 며칠이 지났을 무렵 견디기 힘든 고통이 찾아왔고 마침내 무언가가 끔찍하게 잘못되었음을 인정해야 했다. 10년 전, 처음으로 심각하게 다친 이후로 난 여러 차례 피로 골절을 겪었다. 뒤로 구부러진 내 무릎이 과신전✲인 탓에 그런 경향이 있었다. 즉 나는 앙 쁘엥뜨일 때 평소보다 정강이 앞쪽에 더 많은 압력을 가하고 있었던 것이다.

내가 로리젠발레센터에 처음 갔을 때, 다이앤은 내게 가장 기본적인 자세를 반복시켰다. 그리고 내가 완벽하게 표현할 수 있도록 몇 번이고 몸을 움직이게 했다. 가끔은 그녀가 분명히 기대했던 완벽을 이룰 방법이 없음에 한탄하면서 그녀를 미워하기도 했다. 이제는 그 끊임없는 반복이 다이앤이 나를 아끼려고 한 방법이었음을 이해하게 되었다. 나는 매우 유연했고, 부상에 취약했다. 그녀는 내가 다치지 않도록 모든 자세를 올바르게 수행하길 바랐던 것이다.

몇 년 동안 부상을 입었다. 그리고 항상 치유되었다.

하지만 이번에는 더 심각했다. 무릎 아래쪽에 있는 정강이뼈에 여섯 개의 피로 골절이 발생한 것이었다. 「불새」와 「라 바야데르」를 준비하던 6개월 내내 고통스러웠는데 나도 모르게 골절에 골절을 입고 있었던 모양이다.

나는 상심했다. 발레리나로서 무대에서 춤을 추는 동안 크나큰 감정적, 심리적 압박감을 감당하면서 내 피부색이나 체형을 가진 소녀는 진정으로 어울릴 수 없다고 느끼는 많은 이들의 비

✲ 관절의 각이 180도가 넘는 상태로 보통 손가락, 팔꿈치, 무릎이 펼쳐지는 범위가 정상의 범위를 지나치는 경우를 말한다.

판, 즉 기복이 심하다는 비판에도 용기와 자신감을 잃지 않으려 안간힘을 썼다.

나는 메트로폴리탄 오페라 앞에 걸려 바람에 바스락거리는 배너에서 내 얼굴을 보며 시즌을 시작했다. 잠시나마 흑인 여성인 내가 아메리칸발레시어터의 간판이었다. 그 후, 뉴욕에서 초연을 하는 동안 여러 전문가와 흑인 발레계의 전설들인 유명인들로 관객석이 꽉 찼다. 내가 그들을 대신하여 받은 박수를 진정으로 받을 자격이 있는 분들이었다. 정말로 놀라웠다.

지금은 이렇다.

불새와 감자티였던 그 시즌에서 중도 하차를 할 수밖에 없는 상황은 몹시 견디기 힘든 일이었다. 내 인생에서 진정으로 중요했던 모든 것이 사라지는 것처럼 느껴졌다.

의사는 큰 수술이 필요하다고 했다. 봄 시즌의 남은 공연에 대한 캐스팅은 계속 공지되었고 나는 마치 존재조차 하지 않는 것처럼 느껴졌다. 당신은 스타가 되고 1분 만에 부상을 입는다. 누군가가 당신의 스포트라이트 속으로 걸어 들어가고 당신은 완전히 사라져 그림자조차 찾을 수 없게 된다.

마음에 가득한 고통을 종이에 써 내려갔다. 나는 일기장에 이렇게 고백했다.

내가 얼마나 더 강해질 수 있는지, 얼마나 더 오래갈 수 있을지 모르겠다. 나는 정직하게 일했고, 때로는 힘에 부친다고 느껴지는 속도까지 나 자신을 밀어붙였다. 그리고 마침내 휴식을 취하게 되었다. 내가 가진 것에 감사하지만, 충분하지 않아서 슬프다. 하나님, 언제쯤이면 쉬워질까요?

물론 절대 쉬워지지는 않을 것이다.

발레처럼 인생에서도 자신만의 균형을 찾아가야 한다. 할 수 있는 한 자신을 밀어붙이되, 부상과 절망의 벼랑에서 물러나야 할 때를 알아야 한다. 도망치고 싶었다. 하지만 어디로 갈 수 있을까? 어떻게 갈 수 있지?

누군가에게 영감을 주는 사람이 되고 싶었고, 더 많은 것을 원했다. 프리마 발레리나가 되고 싶었다.

가끔은 계속 믿는다는 것이 바보처럼 느껴졌지만 포기할 마음은 없었다.

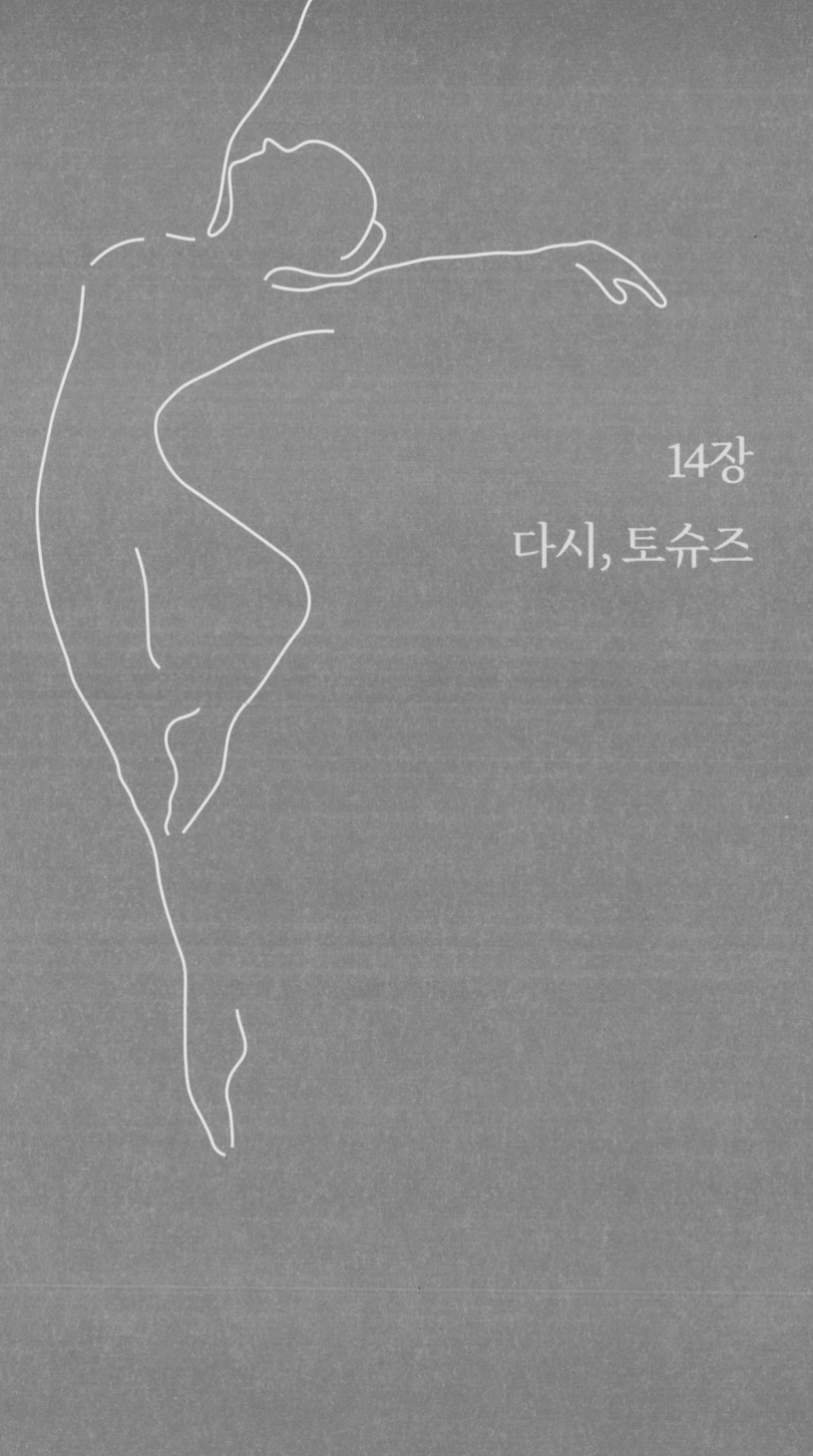

14장

다시, 토슈즈

2012년 10월 10일에 수술이 있었다. 7개월 후 나는 무대로 돌아왔다.

재활 기간, 보리스 크냐체프Boris Kniaseff가 창안한 바 아 떼르 barre à terre로 알려진 기술을 이용해 치료하면서 개인 플로어 바 수업을 듣기 시작했다. 봄 시즌에서 하차한 이후 강사인 마조리 리베르Marjorie Liebert와 친구가 되었다. 마조리는 나의 구원자였다. 내가 치유에 대해 고민하는 동안 내 마음과 정신을 긍정적으로 유지하게끔 도와주었다. 가장 어두운 시기였고, 이제는 나아가야 할 길도 목적도 없었다. 내 몸에 대한 감사도 그만두었다. 발레가 없다면 난 누구지? 하지만 마조리는 재활 기간 동안 내가 부상으로부터, 그리고 부상에 대해 배울 수 있는 모든 걸 해보라고 설득했다. 그 과정은 여전히 걸을 수는 없더라도, 예전보다 더 잘 무대에 복귀할 수 있다는 희망을 붙드는 데 보탬이 되었다.

마조리는 맨해튼의 어퍼웨스트사이드에 있는 내 아파트로 왔고, 나는 침대에서 도르르 몸을 돌려 바닥으로 내려오곤 했다. 막 깁스를 떼서 잘 걷지도 못했기 때문에 누워서 발레 바를 배, 등, 옆구리에 대고 움직이곤 했다. 마조리는 내가 통제할 수 있는 것들에 계속 집중하게 해주었다. 나는 내 뽀르 드 브라에 공을 들였고, 계속 스스로에게 도전 의식을 북돋워서 팔을 섬세하게 힘들이지 않고 드는 방식, 즉 발레리나를 발레리나답게 만들어주는 미묘한 차이를 개선했다.

수술 한 달 후, 아직은 발끝으로 설 수는 없었지만, 내 발의 모든 작은 근육이 계속 잘 드러나도록 다시 토슈즈를 신었다.

그때, 토슈즈를 처음 신었을 때가 떠올랐다. 내가 얼마나 흥분했었는지, 발레를 알게 된 지 몇 달 만에 앙 뿌엥뜨en pointe를 해냈을 때 신디가 얼마나 신기해했었는지도.

그 당시에는 그렇게 빨리할 수 있었던 걸 지금은 할 수가 없다니 참담한 기분이었다. 부상이 너무 늦게 프로 발레리나의 인생에 영향을 미쳤다는 게 가장 실망스러운 부분이었다. 그럴 때마다 마조리는 내 부상이 일시적임을 끊임없이 일깨웠다. 나에게는 앞으로 출 춤이 더 많다고 말했다. 그러니 목표나 꿈을 포기하지 말아야 한다고. 그녀의 말은 그 자체로 치유제였으며, 내가 의욕적으로 유연한 몸을 더 효율적으로 사용하고, 향후 또 다른 심각한 부상을 예방할 수 있도록 기술을 재평가하고 조정하도록 해주었다.

17년째 무용수로 일해왔지만 최근 부상을 치료하는 데 보낸 몇 달간만큼 몸과 기술에 집중한 적이 없었던 것 같다.

눈을 뜬 순간부터 밤에 머리를 누이는 순간까지 내 모든 것을 치료와 강화에 쏟아부었다.

3주에 한 번씩은 외과 의사의 지시대로 엑스레이 촬영을 했다. 근육을 주물러주고 강화하기 위해 일주일에 한 번은 마사지사와 침술사에게 진료를 받았다. 기계를 사용하여 다리에 힘을 되찾을 수 있도록 개인적으로 자이로토닉gyrotonic❖ 수업을 받기 시작했다. 등을 대고 누워서 내 체중의 압박 없이 점프하는 동작을 열심히 따라 했다.

정강이에 큰 수술을 받은 지 5개월 만에, 나는 다시 돌아와 아메리칸발레시어터와 리허설을 하고 있었다. 그로부터 두 달 후, 다시 「돈키호테」와 함께 무대로 돌아와 주역인 드라이어드 퀸 Dryad Queen으로서 초연했다.

너무 이르다는 걸 인정하지 않는다면 그건 거짓말이다. 난 온전한 균형감을 회복하지 못했다. 그 근처에도 못 갔다.

내 공연을 비평한 글을 읽었다.

글쓴이는 다음과 같이 썼다. '미스티 코플랜드는 절대 점프하지 않았다.'

마음이 아팠다. 특히 점프는 오랫동안 나에게 힘이 되어주었던 터라 더더욱 가슴을 후벼팠다. 여전히 수업 시간에 자주 도약

❖ 루마니아 국립발레단의 수석 무용수이자 체조 선수로 활동한 줄리오 호바스(Juliu Horvath)가 체조, 수영, 요가 등의 주요 동작과 원리를 응용하여 개발한 운동

하지 못했고, 사실 처음으로 그랑 쥬떼를 해내기 위해 필사적으로 밀어붙인 건 실제 공연 때뿐이었다.

그러나 내 능력에 훨씬 못 미쳤다.

아마도 치유에 이르는 내 여정에서 가장 힘든 부분은 수백 명이 보는 앞에서 스포트라이트를 받으며 회복하는 일이었을 것이다. 그 순간만큼은 최선이었더라도, 내가 알고 있는 최고의 모습은 아니었다는 걸 사람들이 알게 하는 것 말이다. 내 부상에 대해 잘 모르거나, 신경 쓰지 않는 사람들에게서 비판적인 평가를 받으면서 무대에 서는 건 참 괴로운 일이다. 그리고 내가 춤을 추는 모습을 처음 본 발레광이 내가 내 능력을 충분히 발휘하지 못한 공연에서 받은 인상을 비평의 근거로 삼을 수 있다는 걸 깨닫는 것 또한 괴롭긴 마찬가지다.

하지만 그것은 내가 다시 무대에 오르기로 했을 때 기꺼이 떠안아야 할 책임이다.

나는 나 자신, 내 팬, 그리고 아메리칸발레시어터에게로 돌아가 다시 노력해야 한다는 압박감을 느꼈다. 난감한 상황이다. 당신은 완벽하게 치료가 되어야 하고, 또 그렇게 되고 싶다. 하지만 동시에 너무 오랫동안 발레를 떠나 있고 싶지도 않다. 사람들에게서 잊히고, 여러 작품의 역할을 놓치고, 당신의 순간을 잃어버리고 싶지 않다.

일부 글쓴이들이 지나치게 비판적일 수 있음을 알면서도 내가 왜 굳이 비평을 읽는지 궁금해하는 사람들이 있다. 그들이 잔인하고, 주관적이고, 믿을 수 없을 정도로 일방적일 수 있다는 건 사실이다. 모든 운동적인 특성에도 발레는 스포츠가 아니다.

그것을 판단할 순수하고 깨끗한 방법은 없다. 쥬떼는 터치다운과 같지 않고, 쁠리에는 홈런과 다르다.

당신의 연기를 극찬하는 평론가가 있는가 하면, 똑같은 연기를 두고도 당신의 무수한 결점을 찾아내는 평론가도 있다. 또는 특정 무용수의 경우, 그들이 어떻게 연기하든 리뷰가 항상 훈훈해 보인다는 걸 눈치챌 수도 있을 것이다.

그럼에도, 나는 비평을 통해 배울 점이 있다고 믿고 있다. 어떤 사람들은 지나치게 편향되어 있거나 부당할 정도로 부정적일 수 있다. 그렇긴 해도, 사람들의 다양한 의견을 내가 개선할 수 있는 하나의 방법으로 보기로 했다. 예를 들어서 내가 팔을 드는 방식을 놓고 10명의 사람이 부정적인 의견을 제시했다면 팔의 움직임, 즉 뽀르 드 브라를 개선하는 데 집중적으로 초점을 맞출 것이다. 물론 똑같은 비평도 케빈을 통해 듣는 건 전적으로 수긍이 간다.

그는 내게 아직은 내 팔이 다리와 발의 능력과 표현력을 따라잡지 못했다는 내용의 비평을 읽어준 적이 있었다. 듣기 좋은 꽃노래는 아니었지만, 그때부터 난 내 팔을 가장 좋은 자질로 만들어야겠다고 결심했다. 이제는 나의 상체, 뽀르 드 브라, 예술성이 유연한 발, 예쁜 라인, 민첩한 움직임, 유연한 신체의 조정력 등 내가 가진 당연한 능력들을 뛰어넘어 무용수로서 내가 가진 최고의 자질이 되었다고 생각한다.

불과 지난 3, 4년 만에 나의 체력도 제 컨디션을 찾아가고 있다. 발레에서 나의 시작점이 그랬듯, 나의 발레리나 인생에 지구력도 대부분의 다른 무용수들의 경우보다 더 늦게 찾아왔던 것 같다. 지금은 지쳐도 여전히 내 발과 다리의 자세를 제대로 유지할 수 있을 만큼 튼튼해졌다고 느낀다. 그전에는 가끔 하체가 원활하게 움직이지 않았던 것 같다. 내가 늘 말하지만, 발레 기술에는 지름길이 없다. 당신이 완전히 익히고자 하는 동작이 걷는 것만큼 제2의 천성이 되도록 하려면 뭐가 됐든 반복하고 또 반복하는 수밖에 없다. 그 이후에야 당신은 달리기를 시작할 수 있게 될 것이다.

드디어 나는 달리고 있다.

미세 조정을 하려고 한 동작이나 스텝이 눈에 띄게 개선되었다는 걸 알게 되면 비판을 더 가볍게 넘길 수 있다. 나는 그 순간에 내가 할 수 있는 일을 했다는 것과 모든 사람을 기쁘게 할 수 없다는 것을 알고 있다. 그렇기에 거의 이루기 힘든 완벽함을 달성하기 위해 최선을 다하는 것, 그것으로도 충분하다. 그것이야말로 프로 발레리나의 목표다.

메트로폴리탄 오페라 시즌에서 하차하기 전, 그리고 회복기를 거치면서 나는 아메리칸발레시어터의 무대를 넘어 내게 찾아온 수없이 많은 놀라운 기회를 활용할 수 있었다. 일단, 멋진 사진작가 그레그 델먼Gregg Delman과 함께 발레를 기리기 위한 기념 달력을 촬영했다. 또한 다이어트 닥터 페퍼Diet Dr Pepper 광고 시리즈에 등장하는 여러 운동선수와 예술가 중 한 명이 되었다. 신예 발레리나들을 위한 마스터 클래스도 계속 진행해왔다. 이뿐만이 아니다. 어린 시절 나의 또 하나의 고향인 보이스앤걸스 클럽의 홍보대사로도 활동한다.

발레와 아메리칸발레시어터를 벗어난 나의 활동 때문에 일부 사람들로부터 오해를 사기도 했다. 발레계에는 대중을 비롯한 소외된 지역사회에 발레를 경험하게 하려는 나의 주된 호소나 열정을 인정하지 않으려는 사람들이 많다는 것 또한 알고 있다. 프린스와의 공연이나 다른 노력을 부정적으로 평가한 블로거처럼, 내가 '사람들에게 알리는' 것을 비난하는 이들도 있다. 그건 마치 발레가 끊임없이 사람들의 삶에 유의미한 존재로 남기 위해 생존을 모색하는 가운데에서도 변화를 두려워하는 배타적인 비밀 사회인 듯 느끼게 한다. 하지만 난 모든 사람이 누구든 원한다면 내 세계의 일부가 될 수 있다고 생각하기를 바란다.

내 목표는 다른 방법으로는 절대 발레를 접할 기회가 없거나, 혹은 감상할 수 없을 관객들과 그것을 공유하는 것이었다. 물론 모든 신예 무용수들이 캔틴을 교내 군무 팀 코치로 만나 그들의 잠재력을 발견하게 되거나, 노동자 계층에 발레를 소개하고 의욕적이며 재능 있는 사람들에게 무료로 교육받을 기회를 제공해주는 신디를 만나게 될 만큼 전부 다 운이 좋은 건 아닐 거다. 그렇다고 해서 아예 시작조차 할 수 없다는 뜻은 아니다. 나는 최근에 아메리칸발레시어터의 프로젝트 쁠리에Project Plié 설립을 촉진하는 데 도움을 주고 있다. 이는 발레단과 미국 보이스앤걸스클럽 간의 파트너십으로 내게 발레를 소개해주었던 과정을 공식화한 프로젝트다. 아메리칸발레시어터에서 훈련받은 발레 교사들을 전국에 있는 클럽으로 모셔와 이러한 기회가 없다면 애

초에 무대에 발을 들여놓지 못할 재능 있는 아이들을 스카우트 하는 것이다.

그들은 역사와 춤 이론을 배우고, 자신들의 재능을 갈고닦는 데 사용될 장학금을 받게 된다. 프로그램의 명목 대표로서 나는 남들과 다름을 대표하는 놀라운 상징성을 구현하게 될 것이다. 나는 다르고, 그것을 받아들인다. 사회경제적으로 혜택을 받을 수 없거나 잘 드러나지 않아 소외 당한 이들을 위해 문을 활짝 열어 주는 것, 난 그와 같은 가치가 지닌 힘을 알고 있다. 그것은 나 자신, 혹은 내 개인의 성취를 훨씬 뛰어넘는 힘이다.

새로운 무용수들을 이끌어주고 그들에게 조언해주는 것만이 내가 하려는 전부가 아니다. 여전히 개발되지 않은 발레 관객들도 아주 많을 뿐만 아니라, 이 예술 형식을 자주 접할 수 없는 불우한 어린이나 유색인종 어린이들에게 발레에는 배울 점이 많다고 생각한다. 연구에 따르면, 무용수는 자신의 기술을 연마해야 하는 신체적, 정신적 균형과 규율 때문에 추구하는 모든 시도에서 매우 높은 성공률을 보인다고 한다. 그건 누구나가 지닐 수 있는 소중한 자질이다. 그러나 춤을 접해보지 않으면 아이들은 그런 좋은 자질 자체를 발달시킬 수 없게 된다. 내가 살아가는 동안 즉각적인 변화를 보지 못하더라도 난 그 메시지를 전달하고 그와 같은 교훈을 기꺼이 전하고 싶다.

하지만 누가 뭐라든 처음부터 지금까지, 언제까지나, 내가 가장 사랑하는 건 무대에서 발레의 장엄함을 표현하는 것이다.

나는 불새의 이미지가 좋다.

그것은 공연의 흥거움, 움직임에 몰입할 때의 황홀함과 같은 무용수의 인생에서 가장 즐거운 순간들을 매우 전형적으로 보여준다. 하지만 그 순간들은 순식간에 지나간다. 그 사이에는 몇 시간에 걸친 혹독한 연습이 있고, 부상이나 다른 문제들로 당신이 최선을 다해 공연하지 못하거나, 혹은 춤을 추지 못하게 될 때 며칠, 몇 주, 아니 길게는 몇 달에 걸친 절망의 시간이 존재할 수도 있다.

정강이 부상에서 회복 중이었을 때, 나는 상당 시간 나를 되돌아볼 수 있는 시간을 가졌다. 가끔은 다시 춤을 춰야 하나 고민하기도 했다. 나에게 나아갈 다른 길과 목적이 있었을까? 아마도 내가 할 수 있는 한 앞으로 계속 나아갔을 것이다. 이제부터는 무용수라기보다 멘토로서 격려하고 영감을 주고 싶었다.

그런데 다시 무대로 돌아오고 나서 난 절대 가능하리라 여기지 않았던 방식으로 성장을 거듭했다. 결국 두 가지 모두 해낼 수 있다는 걸 깨달았다.

몇 시간을 연습에 투자해도, 발레에 내 인생을 바쳐도 내 일은 멈추지 않는다. 모든 무용수는 항상 자신의 자리를 대신할 더 젊고 더 나은 사람이 있다는 걸 알고 있다. 나이가 들수록 신체 능력은 떨어진다. 그렇지만 나이와 경험은 당신의 예술에 깊이와 복잡한 특성을 부여해준다. 그러니 계속 성장하고 끊임없이 탐구할 수 있다는 것에 여전히 들뜨고 설렌다. 결국 핵심은 그

균형을 찾는 것이다.

발레계에서 나를 어떻게 생각하는지 지나치리만치 걱정하는 건 아닐까 생각하기도 한다. 한때 신동으로 칭송받았던, 존중받을 만한 다재다능한 예술가로 받아들여질까? 아니면 영원히 비교 대상을 찾을 수 없는 별종, '흑인 발레리나'로 남게 될까?

하지만 내가 마음에 그린 선명한 순간들 속에서 난 나의 이야기와 지금까지 내가 이룬 성취에 울림을 느낀, 내 여정을 지켜본 모든 이들이 뭐든 늦게라도 시작할 수 있고, 다르게 보일 수 있으며, 불확실할 수 있고, 또한 여전히 성공할 수 있으리라는 걸 알고 있다.

내 두려움은 또 다른 흑인 여성이 엘리트 발레단에서 내 위치에 오르기까지 앞으로 20년은 더 걸릴 수도 있다는 우려에 있다. 만약 수석 무용수 자리에 오르지 못한다면 사람들은 내가 그들에게 실망감을 안겼다고 느낄 수도 있다.

나는 아직도 원하고 있다. 아메리칸발레시어터의 수석 무용수가 되는 것, 「라 바야데르」의 니키아, 비상하는 로미오의 줄리엣, 「백조의 호수」 속 오데트와 오딜, 그리고 지젤이 되기를. 하지만 내가 엘리트 발레단에서 최초의 여성 아프리카계 미국인 수석 무용수가 되든 그렇지 못하든, 내 목소리를 내고 사람들과 나의 이야기를 나누는 것이 이미 충분한 영향력을 미쳤음을 알고 있다.

내가 사랑하는 불새의 또 다른 이미지가 있다. 바로 그녀가 의기양양하게 나타나 잿더미에서 솟아오르는 불사조처럼 하늘로 비상하는 모습이다.

헐렁한 체육복 차림으로 참석했던 첫 수업에서 여기까지 왔다. 17년 동안 여기에 있음으로써, 일부 사람들만 이해하는, 어렵고, 엘리트적인, 아름다운 세상에서, 역사와 발레에 내 흔적을 남겼다는 걸 느낀다. 나는 영원히 온 힘을 다해 노력할 것이다. 그것이 마치 나의 마지막 공연인 듯이.

그리고 그 모든 순간을 사랑할 것이다.

감사의 글

난 내가 이토록 축복받으리라 생각하지 못했다. 나를 '나'라는 사람으로 만들어준 모든 것, 즉 나의 꿈, 나의 힘겨운 노력, 그리고 많은 이들에게 상상 그 이상의 더 큰 꿈을 가져야 한다고 격려해주고 싶었던 나의 바람, 그 모든 걸 함께 나눌 기회를 얻게 될 줄은.

우리 가족에게 평생 부여준 강인함에 고마운 마음을 전해야겠다. 에리카, 더그, 크리스, 린지, 카메룬. 우린 서로에 대한, 또 우리 자신에 대한 믿음이 있었기에 모든 어려움을 이겨낼 수 있었어. 엄마, 나를 끝까지 포기하지 않아줘서 고마워요. 아빠, 제 삶에 들어와 저를 당신의 딸로 성장하게 해주셨어요, 감사드려요. 신디, 울프, 패트릭. 우리의 운명적인 만남이 없었다면 제 인생은 어디에 있었을까요? 상상조차 안 간다는 말 외에는 달리 무슨 말을 할 수 있을까요. 비판 없이… 참사랑만으로 저를 당신의 가족으로 받아줘서 고마워요. 발레에 눈뜨게 해주셔서 고맙습니다! 저는 영원히 감사할 거예요. 그리고 저의 대부모님, 리즈와 딕. 제가 발레를 하는 동안 언제나 감화를 주시고, 또 제 삶의 일부로 남아주셔서 감사합니다. 당신의 지도와 사랑에 고마운 마음뿐입니다.

산페드로의 보이스앤걸스클럽! 미국의 보이스앤걸스클럽! 여러분이 지지하는 가치는 진정한 것이며, 또한 결실을 이루었습니다. 여러분은 제 삶을 바꾸고, 제가 미래로 나아갈 수 있도록 해주었어요. 멋진 미래가 되었죠!

아메리칸발레시어터, 저를 믿고 지지해주셔서 감사드립니다. 제가 아메리칸발레시어터의 자랑거리가 되었다니 더없이 영광스럽습니다. 여름 집중 프로그램에서 스튜디오 컴퍼니를 거쳐 발레단의 단원이 되기까지! 제가 전혀 새로운 유형의 발레리나가 될 수 있다는 분위기를 형성해주셔서 감사합니다! 두 번째 엄마인 수잔에게, 그 어떤 말로도 충분하지 않을 거예요. 당신의 멘토링이 제 견해와 사고방식을 바꾸었어요. 목표를 더 높게 설정해주었죠. 비키! 당신은 아마 내가 처음으로 만난 갈색 피부의 발레리나일 거예요. 시간을 들여 내가 혼자가 아님을 보여주고, 내 꿈이 무한할 수 있다는 놀라운 본보기가 되어주셔서 감사합니다.

다이앤, 로리젠발레센터에서 보낸 짧은 시간은 제 훈련에 결코 없어서는 안 될 중요한 시간이었습니다. 저를 봐주지 않고, 다른 학생들과 다르게 대우하지 않고, 제가 생각한 한계를 넘어서도록 격려해주셔서 감사합니다. 레이븐, 당신은 제가 다시 일어설 힘을 주셨고, 저 자신과 제가 처한 상황에 자기 연민을 갖지 않고 제가 옳다고 믿고 있는 것을 위해 싸울 수 있도록 격려를 아끼지 않으셨어요. 삶이 쉽지 않다는 걸 매일 저에게 일깨우셨죠. 이제 제 내면의 싸움은 훨씬 더 치열하답니다. 당신의 인내심은 감탄을 넘어서서 언제나 진정한 발레리나의 모범이 될 것

입니다! 마조리, 우리 둘 다 너무 잘 알 테니 말할 필요가 없겠네요. 우리끼리는 통하는 게 정말 많잖아요. 게다가 당신의 지식은 끝도 없고요. 그저 보고 있으면 감탄이 절로 나온다니까요. 덕분에 나 자신은 물론 내 몸에 대해서도 알게 되었어요. 고마워요.

길다, 당신이 없었으면 난 지금쯤 어디에 있을까요? 버넌이 우릴 소개해준 덕분에 이 마법 같은 공동의 성과를 일궈냈어요. 이렇게까지 높이 올라올 줄은 몰랐는데, 맙소사, 아직도 우리가 올라갈 곳이 더 많네요! 당신의 놀라운 비전을 실현해주어서 정말 감사해요. 당신이 발레를 내가 확신하지 못했던 그 수준까지 올려놓았어요.

터치스톤Touchstone(Simon & Schuster) 팀, 매건 리드, 그리고 스티브 트로하. 누가 알았겠어요, 여러분이 해낼 줄! 그런데 그 모든 일이 일어나고 있어요. 여러분 모두의 엄청난 노력과 믿음에 감사드립니다! 챠리시, 얼마나 아름다운 경험이었는지 몰라요! 내 거실에 앉아 한 친구와 도란도란 이야기를 나누는 기분이었어요. 이 책은 일과는 거리가 멀어요. 그건 바로 나 자신, 나의 과거, 나의 미래에 대한 탐구였습니다. 당신의 글이 제 이야기에 활기를 불어넣어주었어요!

마지막으로 소중한 올루에게. 우리의 관계는 내가 꿈꿔왔던 것 이상이었죠. 당신은 나의 가장 열렬한 팬이자 이성의 목소리였고, 필요한 순간에는 항상 좋은 의견을 내주었지. 늘 곁에 있어줘서 고맙고, 갈색 피부의 발레리나가 내 이야기를 보고 듣는다면 도움이 될 거라고 굳게 믿게 해주고, 또 멘토가 되라고 격려해줘서 고마워.

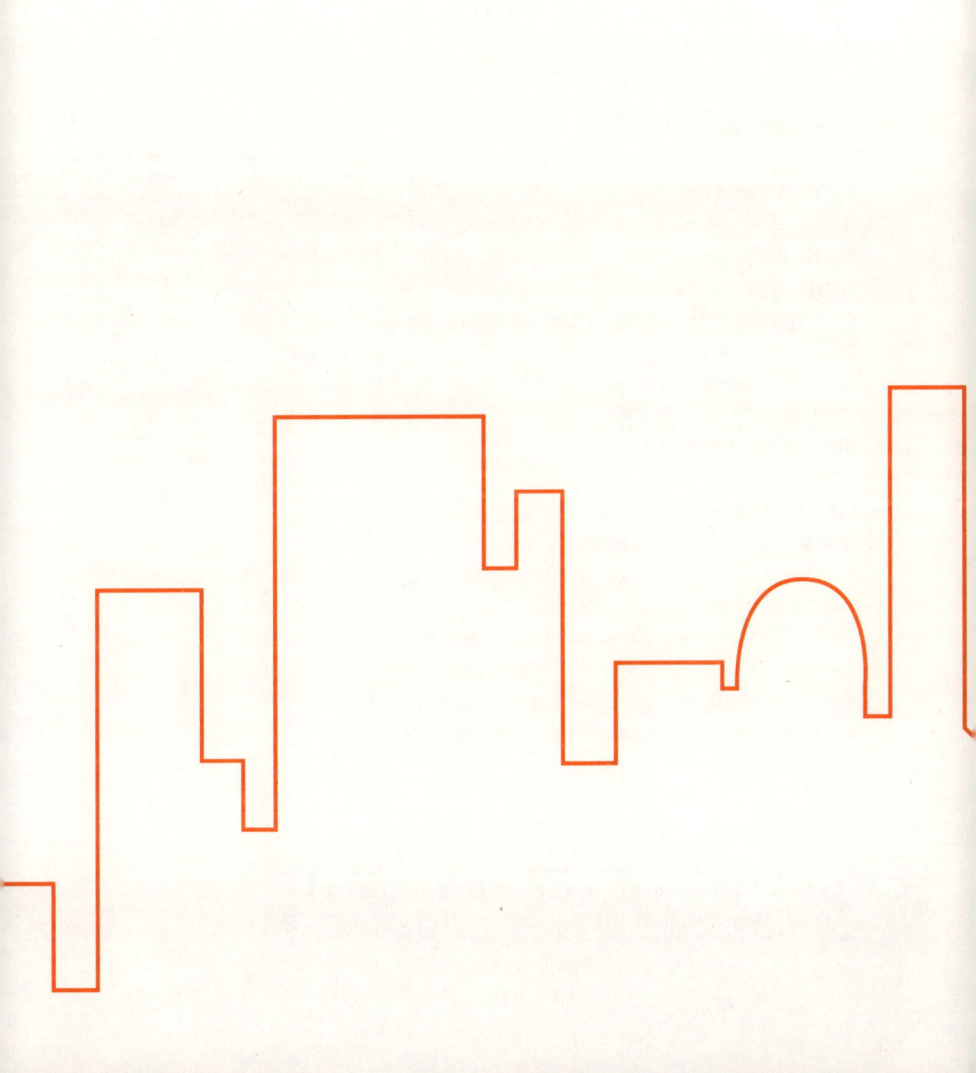

내가 토슈즈를 신은 이유
미국 최고 발레단 ABT 최초의 흑인 수석 무용수 이야기

발행일 | 2023년 6월 5일
발행처 | 동글디자인
발행인 | 현호영
지은이 | 미스티 코플랜드
옮긴이 | 이현숙
편　집 | 현다연
디자인 | 장은영
주　소 | 서울특별시 마포구 백범로 35, 서강대학교 곤자가홀 1층
팩　스 | 070.8224.4322
이메일 | dongledesign@gmail.com

ISBN　979-11-91925-10-4

LIFE IN MOTION
Copyright © 2014 by Misty Copeland
Korean-language edition copyright (c) 2023 by Dongle Design
Published by agreement with
Folio Literary Management, LLC and Danny Hong Agency

이 책의 한국어판 저작권은 대니홍 에이전시를 통한 저작권사와의
독점계약으로 동글디자인에 있습니다. 저작권법에 의해 한국에서 보호를 받는
저작물이므로 무단전재와 복제를 금합니다.

잘못 만든 책은 구입하신 서점에서 바꿔 드립니다.

> 좋은 아이디어와 제안이 있으시면 출판을 통해 더 많은 사람에게 영향을 미치시길 바랍니다.
> 투고 및 제안 : dongledesign@gmail.com